微课版

公有云服务架构与运维

（基于阿里云）

何亮 赵文正 郭盛◉主编
朱东 来继敏 金慧峰◉副主编

人民邮电出版社
北京

图书在版编目（CIP）数据

公有云服务架构与运维 ： 基于阿里云 ： 微课版 / 何亮，赵文正，郭盛主编. -- 北京 ： 人民邮电出版社，2025. -- （工信精品云计算技术系列教材）. -- ISBN 978-7-115-67551-4

Ⅰ. TP393.027

中国国家版本馆 CIP 数据核字第 2025TG9032 号

内 容 提 要

本书较为全面地介绍了公有云平台的基础服务，以及云应用的部署、架构设计与运维，全书共 7 个项目，包括公有云概述、云基础服务、云应用部署、云应用架构调优、云容器服务、云容灾备份服务和云安全服务。书中每个项目均配有项目实训案例，读者通过实践操作，能够巩固所学知识。本书旨在帮助读者全面理解公有云服务架构与运维的关键知识点，掌握公有云平台相关服务与应用的基本原理和运维管理技巧，为读者在云计算领域的职业发展提供有力支持。

本书既可以作为高校计算机及云计算相关专业的教材，又可以作为云计算从业者、系统管理员、架构师及对公有云服务感兴趣的读者的自学参考书，还可以作为云计算相关培训或竞赛的指导手册。

◆ 主　　编　何　亮　赵文正　郭　盛
　副 主 编　朱　东　来继敏　金慧峰
　责任编辑　王淑月
　责任印制　王　郁　焦志炜

◆ 人民邮电出版社出版发行　　北京市丰台区成寿寺路 11 号
　邮编　100164　　电子邮件　315@ptpress.com.cn
　网址　https://www.ptpress.com.cn
　固安县铭成印刷有限公司印刷

◆ 开本：787×1092　1/16
　印张：13　　　　2025 年 8 月第 1 版
　字数：373 千字　　　　2025 年 8 月河北第 1 次印刷

定价：49.80 元

读者服务热线：(010)81055256　印装质量热线：(010)81055316
反盗版热线：(010)81055315

前言

随着信息技术的快速发展和云计算技术的日益成熟，公有云服务已成为企业信息化建设的重要组成部分。本书系统介绍了公有云服务的关键概念、技术要点及运维实践，以帮助读者全面理解和掌握公有云平台的基础服务，以及云应用的架构设计原则与运维管理技巧，提升读者在公有云服务领域的实践能力。

本书的特色在于理论与实践结合，系统介绍与公有云相关的关键主题。全书共 7 个项目，涵盖公有云概述、云基础服务、云应用部署、云应用架构调优、云容器服务、云容灾备份服务、云安全服务等内容。

“公有云概述”项目带领读者深入探讨公有云的基本概念、特征和优势，为后续学习打下坚实基础。“云基础服务”项目详细介绍了云计算的基础设施服务，包括计算、存储、网络等核心要素对应的服务，帮助读者了解云服务的基本构成。

“云应用部署”和“云应用架构调优”项目重点探讨了如何在公有云环境下高效部署应用并对架构进行优化，以提升应用的性能和稳定性。“云容器服务”项目介绍了容器化技术在云环境中的应用，帮助读者了解容器化部署的优势和操作方法。

“云容灾备份服务”项目讨论了云环境下的容灾备份策略并进行了云容灾备份实战，帮助读者了解数据备份的重要性。最后，“云安全服务”项目重点关注公有云安全领域，介绍了安全防护策略、漏洞管理等内容，帮助读者树立云安全观念。

编者希望本书可以作为一份系统、全面的公有云服务架构与运维指南，帮助读者更好地迎接“云计算时代”的机遇与挑战。在学时分配方面，教师可根据各项目内容的难易程度合理分配学时。本书建议教师采用理论与实践一体化的教学模式，各项目的参考学时见表 1。

表 1　各项目的参考学时

项目	课程内容	学时
项目 1	公有云概述	4~6
项目 2	云基础服务	6~8
项目 3	云应用部署	6~8
项目 4	云应用架构调优	6~8
项目 5	云容器服务	6~8
项目 6	云容灾备份服务	8~10
项目 7	云安全服务	10~14
学时总计		46~62

本书由何亮、赵文正、郭盛任主编并统稿，由朱东、来继敏、金慧峰任副主编。本书的项目实训案例由江苏一道云科技发展有限公司提供，在此致以诚挚的谢意。感谢所有支持和帮助编者的人员。希望本书能够为读者带来实际的指导和启发，成为读者在公有云服务架构与运维领域的良师益友。同时，欢迎读者提出宝贵意见和建议，共同促进云计算技术的发展与应用。

由于编者水平和经验有限，书中难免有疏漏之处，恳请读者批评指正。

编　者

2025 年 3 月

目 录

项目 3

云应用部署……44

项目 4

云应用架构调优……59

项目 5

云容器服务 ………………………97

项目 6

云容灾备份服务 ………… 147

项目 7

项目1 公有云概述

01

【学习目标】

公有云概述-理论讲解

【知识目标】

1. 了解云计算的概念及发展。
2. 了解公有云的起源及发展趋势。
3. 了解阿里云平台及其技术、服务模式。

【技能目标】

1. 掌握阿里云账号的申请流程及规范。
2. 掌握阿里云OSS的申请流程。
3. 掌握使用OSS进行静态页面托管的方法。

【素质目标】

1. 引导学生关注行业动态，培养其敏锐的行业洞察力和对新技术发展趋势的适应能力。
2. 使学生理解公有云在现代企业信息化建设中的重要意义，培养学生从企业需求角度思考和解决问题的思维模式。
3. 培养学生的国际视野和开放包容的心态，激发学生的爱国主义情怀。

【项目概述】

本项目带领读者了解公有云（Public Cloud）的起源与发展、公有云平台以及阿里云平台。在本项目中，读者需要完成阿里云账号的申请，并简单使用阿里云对象存储服务（Object Storage Service，OSS）进行静态页面托管。

【知识准备】

云计算是一种基于互联网的计算模式，它通过将计算资源、存储空间和应用程序提供给用户，以实现按需获取和使用的服务。云计算的核心理念是将计算任务和数据存储从本地设备或数据中心转移到由云服务提供商管理的远程服务器上。按照部署模式可将云计算分为3种类型，分别是私有云（Private Cloud）、公有云和混合云（Hybrid Cloud）。

在接下来的任务中，读者需要着重了解公有云的起源、发展趋势和阿里云采用的技术、服务模式，以及如何简单地使用阿里云平台。

1.1 公有云的起源与发展

公有云是由第三方云服务提供商构建和管理的云计算基础设施，可供多个个人用户或组织用户共享使用。用户可以直接通过互联网访问公有云，并根据需要购买和使用云服务，如虚拟机实例、存储、数据库、安全等。公有云通常提供高度可伸缩、灵活且经济高效的计算资源，用户只需按照实际使用情况付费，无须购买和维护自己的硬件设施。

1.1.1 云计算的发展、特点和分类

1. 云计算的发展阶段

云计算作为一项革命性技术，不仅改变了计算和数据存储的方式，还改变了企业和个人对信息技术（Information Technology，IT）资源的使用方式。随着社会的不断发展及时间的推移，云计算在各个行业中扮演着越来越重要的角色，并逐渐成为推动社会实现数字化转型的引擎。

根据云计算的演变历史，可以大致将云计算的发展划分为以下 3 个阶段。

（1）早期阶段

在云计算发展的早期阶段，一些先驱公司（如 Salesforce 和亚马逊）通过提供软件即服务（Software as a Service，SaaS）和基础设施即服务（Infrastructure as a Service，IaaS）等服务，打破了传统 IT 模式的束缚。这为云计算的发展奠定了基础，并引发了人们对更强大、灵活和经济高效计算资源的需求。

随着 2006 年亚马逊网络服务（Amazon Web Service，AWS）平台的推出，IaaS 逐渐崭露头角。企业和开发者可以通过第三方云服务提供商租用虚拟机、存储和网络设备等基础设施，无须投入大量资金和精力即可建设及维护自己的数据中心。这种模式的引入大大降低了 IT 成本，并提供了弹性扩展的能力。

（2）PaaS、SaaS 的发展阶段

云计算的发展并不仅仅停留在基础设施层面。随着云计算技术的不断创新，平台即服务（Platform as a Service，PaaS）和 SaaS 等模式逐渐兴起。PaaS 提供开发环境和工具，使开发者可以快速构建、测试和部署应用程序，无须关注底层基础设施的细节。SaaS 则提供完整的应用程序，并且允许用户通过互联网直接访问和使用，无须进行安装和维护。这些模式的出现进一步简化了应用开发和使用的流程，加速了创新和数字化转型的步伐。

（3）多云和混合云的崛起阶段

随着云计算的普及，多云和混合云的概念逐渐受到关注。多云指企业或个人同时使用多个不同的云服务提供商的产品，以获得更好的资源选择并避免对单一云服务提供商的依赖。而混合云将公有云和私有云相结合，以实现资源的灵活分配和更高的安全性。多云和混合云模式提供了更多选择和更高的灵活性，满足了不同组织对资源和安全性的特定需求。

云计算从早期阶段发展到如今的多云和混合云的崛起阶段，为企业和个人带来了巨大的机遇及挑战。云计算的不断创新和扩展，为人们提供了更强大、灵活和经济高效的计算能力，推动了创新和数字化转型的进程。在未来，随着技术的进一步发展和需求的演变，云计算将继续发挥重要作用，并引领数字化时代的发展潮流。

2. 云计算的特点

云计算通过将广义的计算资源（包括计算能力、存储空间、网络资源等）提供给用户来满足其各种计算需求。与传统的本地计算模式相比，云计算具有以下特点。

（1）资源共享：云计算基础设施由云服务提供商管理和维护，多个用户可以共享同一组计算资源。这种共享模式使计算资源能够被高效利用，提高了资源利用率和经济效益。

（2）弹性扩展：云平台可以根据用户需求的变化，动态分配和释放计算资源。用户可以根据实际需要进行资源的扩展或缩减，从而避免传统计算环境中的资源浪费和过度投资。

（3）按需自助服务：云计算提供了一种按需使用计算资源的模式，用户可以根据自己的需求自

主选择和配置云服务，无须人工干预和等待。

（4）网络访问：云计算通过互联网提供服务，用户可以通过标准的网络连接从任何地方访问云资源。这种灵活性使得用户可以远程使用云计算服务，不受特定物理位置的限制。

（5）服务模式的多样性：云计算提供多种服务模式，包括 IaaS、PaaS 和 SaaS。用户可以根据自己的需求选择合适的服务模式，并通过云平台快速构建、部署和管理应用程序。

结合以上云计算的特点，能够看出云计算在多个领域得到了广泛的应用，如企业业务处理、数据存储与分析，以及移动应用开发等。它提供了灵活、可扩展和经济高效的计算能力，帮助用户降低成本、提高效率，并加快创新和业务发展的速度。

3. 云计算的分类

根据云计算的发展，可以将云计算按照不同的角度分类，下面是目前云计算的常见分类方式。

（1）以云计算的服务模式分类

按照云计算的服务模式，可将云计算分为以下 3 种类型。

① IaaS：提供基础计算资源，如虚拟机、存储空间和网络资源等，用户可以根据需要配置和管理操作系统及应用程序。

② PaaS：在基础设施的基础上，提供开发环境和工具，使开发者可以快速构建、测试和部署应用程序，无须关注底层基础设施的细节。

③ SaaS：提供完整的应用程序，并且允许用户通过互联网直接访问和使用，无须安装和维护软件。

（2）以云计算的部署模式分类

按照云计算的部署模式，可将云计算分为以下 3 种类型。

① 公有云：基于互联网提供服务，由云服务提供商管理和维护，多租户共享基础设施和资源。

② 私有云：建立在专有网络中，由单个组织或实体拥有和管理，提供独立的计算资源和服务。

③ 混合云：将公有云和私有云结合使用，可以在公有云和私有云之间灵活迁移及管理工作负载。

（3）以云计算的计算模式分类

按照云计算的计算模式，可将云计算分为以下 3 种类型。

① 边缘计算（Edge Computing）：将计算和存储资源放置在靠近数据源的边缘设备上，以降低数据传输延迟和减少网络拥塞，提高应用响应速度。

② 多云（Multi-Cloud）：使用多个来自不同云服务提供商的云平台，以实现资源的灵活分配和避免对单一云服务提供商的依赖。

③ 无服务器计算（Serverless Computing）：云服务提供商负责管理和分配计算资源，开发者只需编写和上传函数代码，云平台按需执行函数并收取费用。

以上列举的分类方式并不相互排斥，在实际应用中常常结合使用，用户可以根据具体需求和场景选择合适的云计算类型。

1.1.2 公有云的起源、发展和特征

1. 公有云的起源

公有云的起源可以追溯到云计算发展的早期阶段。在云计算兴起之前，企业和个人在需要计算资源时通常要购买及维护自己的物理服务器、存储设备和网络基础设施。这种传统的计算模式存在诸多限制，包括高昂的成本、资源浪费和较高的管理复杂性。

随着互联网的普及和技术的发展，一些先驱公司开始提供基于云的计算服务，为用户提供了新的解决方案。其中，由亚马逊推出的 AWS 平台被认为是公有云的开创者。AWS 以 IaaS 的形式提

供了计算、存储和网络等基础资源，使用户能够按需租用和使用这些资源。

公有云的成功推动了云计算的快速发展，并成为企业和个人获取计算资源及服务的首选方式。除了亚马逊云 AWS，其他知名的公有云服务提供商包括微软云 Azure（Microsoft Azure）、谷歌云平台（Google Cloud Platform，GCP）、IBM 云（IBM Cloud）等。这些公有云服务提供商通过不断创新和扩展，不仅提供 IaaS，还提供 PaaS 和 SaaS 等更高层次的服务模式。

2. 公有云的发展

公有云的概念起源于云计算发展的早期阶段，最早由 AWS 提出。AWS 在 2006 年推出了 IaaS，通过弹性计算云（Elastic Compute Cloud，EC2）和简单存储服务（Simple Storage Service，S3）等服务，为用户提供了可靠的计算和存储资源。

公有云改变了传统的 IT 资源管理方式，为企业和个人提供了高度灵活、弹性扩展及经济高效的计算能力。在众多公有云服务提供商中，亚马逊云 AWS 凭借其强大的技术能力和全球基础设施，成为公有云领域的领导者。AWS 的弹性计算云和简单存储服务等服务为用户提供了可靠的计算和存储资源，使企业能够灵活地使用计算能力，同时让开发者无须关注底层基础设施的细节。

公有云成为创新的重要推动力。通过公有云，企业和个人可以快速构建、部署及扩展应用程序，加速创新并缩短产品上市时间。同时，公有云在数字化转型中发挥了关键作用。它为企业提供了灵活的 IT 基础设施，支持数据分析、人工智能、物联网等关键技术的应用。通过公有云，企业能够更快速地部署和使用创新技术，实现业务流程的优化和效率的提升。

3. 公有云的特征

公有云的特征使其成为用户在选择云计算类型时的首选。其主要特征包括共享资源、弹性扩展、高灵活性等。下面将详细介绍公有云的特征，并说明公有云如何为用户提供高效、可靠和灵活的云服务。

（1）共享资源

公有云采用共享模式，多个用户可以共享同一组计算资源。云服务提供商对底层基础设施、网络和存储资源进行集中管理及分配，实现资源的高效利用。这种共享模式使用户无须投入大量资金购买和维护自己的硬件设备，可以根据实际需求获取所需的计算能力。

（2）弹性扩展

公有云具备弹性扩展的能力，即根据用户需求动态调整相关资源。用户可以根据业务需求的变化，快速扩展或缩减计算、存储和网络资源的规模。这种弹性扩展能力使用户能够灵活应对业务的高峰期和低谷期，避免资源浪费和过度投资。

（3）高灵活性

公有云服务提供商提供了丰富的服务组合，包括 IaaS、PaaS 和 SaaS。用户可以根据自身需求选择和组合不同的服务，构建适合自己业务的解决方案。公有云还支持各种操作系统、数据库和开发工具，为用户提供灵活且多样化的选择。

（4）高可靠性和安全性

公有云服务提供商在全球范围内构建了大规模的数据中心网络，具备高可用性和容灾能力。用户的数据和应用程序可以在分布式的数据中心中进行备份及存储，以确保数据和应用程序的可靠性及安全性。公有云服务提供商还采取了多层次的安全措施，包括数据加密、身份认证和访问控制，保护用户数据和应用程序的机密性及完整性。

（5）按需付费

公有云采用按需付费模式，用户只需支付实际使用的资源量对应的费用。这种灵活的付费模式使用户能够根据实际需求进行成本控制，避免传统 IT 基础设施中的高额固定成本。用户可以根据业务需求随时调整资源的使用量，以最优方式使用云服务。

在上述公有云的特征中，共享资源提高了资源的利用率，弹性扩展能力满足了业务需求的变化，而灵活的服务选择使用户能够构建定制化的解决方案。这些公有云的显著特征为用户提供了高效、可靠和灵活的云服务，推动了创新和数字化转型的进程。

1.1.3 公有云的发展趋势

1. 公有云现阶段发展

根据 Gartner 的预测，2025 年全球终端用户在公有云服务上的支出将保持强劲且持续的增长态势。云计算市场预计将长期稳定增长，预计 2025 年全球公有云支出将接近 8250 亿美元，到 2030 年底，全球公有云支出有望突破 1 万亿美元大关。

根据国际数据公司（International Data Corporation，IDC）发布的《中国公有云服务市场（2024 上半年）跟踪》报告，2024 年上半年中国公有云服务整体市场规模（IaaS/PaaS/SaaS）约为 1518.3 亿元人民币，折合约 210.8 亿美元。

总体而言，中国公有云市场呈现整体回暖趋势，人工智能（Artificial Intelligence，AI）大模型和智能算力服务成为助力公有云市场回暖的重要因素。随着人工智能技术的不断迭代，人工智能与行业应用的融合加速，各领域人工智能商业化落地范围扩大，加速了公有云市场复苏的步伐。

2. 公有云未来的发展趋势

公有云作为一种灵活且高效的计算服务模式，将在未来持续发展。下面介绍公有云未来的发展趋势。

（1）数据的爆发式增长

预计未来几年内，全球数据量将继续呈指数级增长。这些海量数据需要得到有效的存储、处理和分析，公有云将在其中扮演关键角色。公有云服务提供商将进一步扩大数据中心网络，提供更大规模、更高性能的存储和计算能力，以满足企业和个人对海量数据操作的需求。

（2）智能化的公有云服务

公有云将进一步整合人工智能、机器学习和自动化技术，实现智能化的数据分析、预测和决策。通过大数据分析和模型训练，公有云能够提供更精准的业务洞察和个性化服务，帮助企业提高效率、创新产品并增加收入。

（3）边缘计算的蓬勃发展

随着物联网设备的普及和边缘计算的兴起，公有云将向边缘节点延伸，实现更低延迟和更高效的数据处理。边缘计算使数据能够在更靠近数据源和终端用户的地方进行处理及响应，满足实时性和离线处理的需求。

（4）多云融合的趋势

企业在选择云服务提供商时，越来越倾向于采用多云融合策略。多云融合能够充分利用不同云服务提供商的优势，平衡成本、性能和灵活性。公有云服务提供商将进一步提供跨云平台的集成和管理工具，实现多云环境的无缝协同和数据流动。

（5）数据治理和隐私保护

随着数据隐私和合规性要求的增加，数据治理和隐私保护将成为公有云发展的重要趋势。公有云服务提供商将加强数据安全和隐私保护，采取合规性措施，并采用数据加密、访问控制和监管合规工具，确保用户数据的安全和合法性。

上述趋势将为企业和个人带来更强大、灵活及安全的服务，推动创新和业务增长。公有云将继续发挥关键作用，满足用户不断增长的数据需求，并为用户带来更多机遇。

1.2 公有云平台介绍

1. AWS

AWS 是全球备受欢迎的公有云平台，提供广泛的云服务，包括计算、存储、数据库、人工智能、机器学习等。AWS 具有全球化的基础设施和强大的生态系统，被广泛应用于各行各业。

2. 微软云 Azure

微软云 Azure 是由微软推出的公有云平台，其提供类似于 AWS 的广泛服务。Azure 与微软的其他产品和服务紧密集成，适用于企业级应用和混合云环境。

3. GCP

GCP 提供丰富的云服务，包括计算、存储、数据库、人工智能等。谷歌的全球网络基础设施和优秀的技术能力是 GCP 的优势之一。

4. 阿里云

阿里云（Alibaba Cloud）是中国备受欢迎的公有云平台，也是全球最大的公有云服务提供商之一。阿里云提供广泛的云服务，包括计算、存储、数据库、人工智能、大数据等。阿里云在中国市场具有强大的影响力，并在全球范围内扩展其业务。

选择阿里云作为本书项目承载平台的原因是阿里云具有以下优势。

第一，全球范围的公有云服务提供商。阿里云是全球最大的公有云服务提供商之一，在中国市场占据巨大市场份额并具有强大影响力。选择阿里云可以获得优秀的云计算技术和服务支持。

第二，丰富的云服务。阿里云提供广泛的云服务，涵盖计算、存储、数据库、人工智能、大数据等领域。无论是小型企业还是大型企业，都可以根据自身需求选择合适的云服务。

第三，全球化的基础设施。阿里云在全球范围内建立了多个数据中心，用于提供全球化的基础设施支持。这意味着用户可以将应用和数据部署在靠近其目标用户的地理位置，从而提供更低的延迟和更好的性能。

第四，强大的技术支持和生态系统。阿里云拥有一支专业的技术支持团队，并与众多合作伙伴建立了紧密的合作关系。用户可以获得来自阿里云及其合作伙伴的技术支持和解决方案。

1.3 阿里云平台介绍

阿里云是阿里巴巴集团旗下的云服务提供商，它提供一系列丰富的云计算产品和解决方案，涵盖计算、存储、数据库、人工智能、大数据等领域，可满足企业和个人在云计算方面的多种需求。

1.3.1 阿里云简介

阿里云全称为阿里云计算有限公司，成立于 2009 年，总部位于中国杭州。阿里云提供的弹性计算服务（Elastic Compute Service，ECS）、关系数据库服务（Relational Database Service，RDS）和 OSS 等产品已成为业内备受欢迎的云计算服务。截至 2024 年，阿里云仍是我国最大的公有云服务提供商，市场份额超过 40%，用户群体广泛。

阿里云致力于为企业、政府等组织机构提供更安全、可靠的计算和数据处理能力，让计算成为普惠科技和公共服务。在万物互联的数据处理技术（Data Processing Technology）时代，阿里云为其提供源源不断的创新动力。在阿里云的服务群体中，活跃着开发微博、知乎等产品的一大批明星互联网公司。在天猫“双十一购物狂欢节”、12306 春运购票等极富挑战的应用场景中，阿里云保持着良好的运行纪录。此外，阿里云广泛在金融、交通、基因、医疗、气象等领域输出一站式的大数据解决方案。

阿里云在全球多地部署了高效、节能的绿色数据中心，利用清洁计算资源支持不同的互联网应用。目前，阿里云在多个国家和地区设有数据中心。

1.3.2 阿里云采用的技术模式

阿里云采用了一系列优秀的技术模式支持其云计算业务。以下是阿里云采用的一些关键技术模式。

1. 分布式架构

阿里云采用分布式架构来构建其云平台。这意味着各个组件和服务可以在多个服务器或数据中心中进行部署和运行，实现了高可用性和弹性扩展。通过分布式架构，阿里云可以有效地处理大规模的计算和存储任务，提供稳定、可靠的服务。

2. 虚拟化技术

阿里云利用虚拟化技术将物理服务器划分为多个虚拟机实例，每个虚拟化实例可以独立运行操作系统和应用程序。这种虚拟化技术使用户能够灵活地配置和管理计算资源，实现资源的优化利用和弹性调配。

3. 容器化技术

阿里云广泛应用容器化技术，如 Docker 和 Kubernetes，实现应用程序的轻量级部署和管理。容器化技术可以将应用程序及其依赖项打包成容器，提供隔离和可移植性，并实现快速部署和水平扩展。

4. 大数据处理技术

阿里云拥有强大的大数据处理技术，通过引入分布式存储系统、分布式计算框架和大数据分析工具，可以高效地处理海量数据。阿里云提供的大数据服务包括分布式数据处理平台（MaxCompute）、数据集成与开发平台（DataWorks）和数据可视化工具（DataV），这些大数据服务可以帮助用户进行数据分析和挖掘。

5. 人工智能技术

阿里云将人工智能技术与云计算相结合，为用户提供丰富的人工智能服务。阿里云提供的人工智能服务包括人工智能平台（Platform of Artificial Intelligence，PAI）、自然语言处理（Natural Language Processing，NLP）、图像识别和语音识别等。这些服务使用户能够构建智能化的应用程序和解决方案。

6. 数据安全与隐私保护

阿里云注重用户的数据安全和隐私保护。阿里云采取多层次的安全措施，包括数据加密、访问控制、身份认证和审计日志等，确保用户数据的安全性。此外，阿里云遵守相关的数据隐私法规和合规性要求，保护用户的隐私权益。

以上是阿里云采用的一些关键技术模式。通过对这些技术模式的应用，阿里云能够提供高可靠性、可弹性扩展、高安全性和智能化的云服务，满足不同领域和行业的用户的需求。

1.3.3 阿里云采用的服务模式

和云计算常见的服务模式一样，阿里云也采用了类似的服务模式来满足不同用户的需求。下面根据不同的服务模式来介绍阿里云是如何向全球用户提供高质量服务的。

1. IaaS

在 IaaS 模式下，阿里云提供基础的计算、存储和网络资源，用户可以按需选择和管理这些资源，并搭建自己的应用环境。用户无须购买和维护物理服务器，可以通过阿里云的虚拟机实例、存储服务等来构建和运行自己的应用。

2. PaaS

在 PaaS 模式下，阿里云提供完整的应用开发和运行平台，用户可以在这些平台上进行应用程序的开发、测试和部署。阿里云提供的 PaaS 服务包括容器服务、函数计算服务、数据库服务等，为开发者提供了高度可扩展的平台和工具，简化了应用程序的开发和管理流程。

3. SaaS

在 SaaS 模式下，阿里云提供完整的应用程序，用户可以直接通过云平台使用这些应用程序，而无须关心底层基础设施和平台。阿里云提供的 SaaS 涵盖多个领域，如企业合作、在线办公、大数据分析等，为用户提供了即插即用的应用解决方案。

4. 混合云

阿里云支持混合云模式，即将公有云和私有云结合使用。用户可以将自己的私有云与阿里云的公有云进行互联，实现资源的扩展和灵活性。阿里云提供了混合云解决方案和工具，以帮助用户进行混合云部署和管理。

5. 数据中心合作伙伴

阿里云与合作伙伴共同构建了数据中心，通过数据中心合作伙伴（Data Center Partner）计划，将阿里云的云服务推广到更多地区和领域。合作伙伴提供基础设施并与阿里云合作，给本地的用户提供云服务。

通过上述服务模式，阿里云能够满足不同用户的需求，提供灵活、可靠和安全的云计算服务。用户可以根据自身需求选择合适的服务模式，以构建和运行自己的应用程序，依托阿里云强大的基础设施和技术支持，实现业务的创新与发展。

1.3.4 阿里云提供的核心产品

阿里云提供了一系列核心产品。以下是对一些核心产品的详细介绍。

1. ECS

ECS 是阿里云提供的核心计算产品，该产品提供虚拟机实例供用户使用。用户可以根据自身需求选择不同规格和配置的虚拟机实例，并灵活调整虚拟机实例的数量和计算资源，实现弹性计算和按需付费。

2. OSS

OSS 是阿里云提供的可扩展、安全的对象存储服务。用户可以将任意类型的数据（如图片、视频、文档等）存储在 OSS 上，并通过简单的应用程序接口（Application Program Interface，API）对数据进行访问和管理。OSS 提供高可用性和数据冗余，适用于各种场景，如备份存储、静态页面托管等。

3. RDS

RDS 是阿里云提供的托管关系数据库服务。它支持多种数据库引擎，包括 MySQL、SQL Server、PostgreSQL 和 Oracle 等，能够提供高性能、可扩展和安全的数据库解决方案。用户通过该服务可以轻松进行数据库管理和运维，享受高可用性和自动备份等特性。

4. 负载均衡

负载均衡（Load Balancer，LB）是阿里云提供的分布式负载均衡服务，用于将流量分发到多个应用服务器，实现高可用性和负载均衡。它支持传输控制协议（Transmission Control Protocol，TCP）、超文本传输协议（Hypertext Transfer Protocol，HTTP）和超文本传输安全协议（Hypertext Transfer Protocol Secure，HTTPS），具有自动扩展、健康检查和会话保持等功能，提供稳定可靠的应用程序交付。

5. VPC

阿里云专有网络虚拟私有云（Virtual Private Cloud，VPC）是阿里云提供的隔离虚拟网络环境，用于帮助用户在云上构建自己的专有网络。用户可以自定义 IP 地址范围、子网划分和路由策略，实现安全、可控的网络环境。VPC 还支持与用户本地数据中心的互联，实现混合云部署。

6. 人工智能服务

阿里云提供多种人工智能服务，如语音识别、图像识别和自然语言处理等。这些服务基于阿里云强大的人工智能技术和算法，可以帮助用户构建智能化的应用和解决方案，实现语音交互、图像分析和智能推荐等功能。

这些核心产品代表了阿里云在不同领域的优秀技术和解决方案。无论是小型创业公司还是大型企业，都可以根据自身需求选择合适的产品，并借助阿里云的强大能力推动业务创新和发展。

【项目实施】

任务 1.1　申请阿里云账号

在本任务中，读者需要访问阿里云官网，根据要求和规范申请阿里云账号，并独立完成账号充值。

公有云概述-项目实施 1

子任务 1.1.1　访问阿里云官网

在浏览器中输入阿里云官网网址，访问阿里云官网，如图 1-1 所示。

图 1-1　阿里云官网

子任务 1.1.2　注册阿里云账号

1. 注册账号

单击“登录/注册”按钮后，在进入的页面中，用户可以按照阿里云官方提供的两种注册方式，即“手机号注册”和“账号密码注册”进行账号注册。注册时，用户需遵循官方规定的要求，并且需要配合官方进行实名认证。

2. 账号充值

用户成功注册账号后，返回登录页面进行登录。登录成功后，即可进入阿里云平台，单击页面右上角的“控制台”按钮，进入阿里云控制台，如图 1-2 所示。控制台的作用是方便用户管理自己账号中的资源、安全、成本等内容，提升用户管理账号的便捷性。

图 1-2　阿里云控制台

在当前页面上方的“费用”下拉列表中选择“充值”选项，如图 1-3 所示，进入账号的充值页面。

图 1-3　选择“充值”选项

在账号的充值页面中，可以看到两种充值方式，分别为“在线充值”和“对公汇款”。用户可根据实际情况选择充值方式，个人用户一般选择“在线充值”。在充值时，用户可根据实际情况选择充值金额及支付方式。这里提供的支付方式包括“支付宝”和“企业网银”两种。

在线充值完成后，充值金额会实时到账。用户可以刷新浏览器页面查看账号中的余额变动情况，然后使用阿里云平台购买所需的服务。

任务 1.2　阿里云初体验

公有云概述-项目实施 2

本任务主要带领读者简单使用阿里云平台。读者需要先了解阿里云 OSS 的作用，根据指定的开通及创建流程完成对 OSS 的申请，并结合该服务完成静态页面的托管。

子任务 1.2.1 申请 OSS

1. 开通 OSS

单击图 1-2 所示阿里云控制台页面左上角的☰按钮，打开阿里云产品与服务列表。用户可以通过搜索关键词“对象存储”，在搜索结果中找到“基础存储服务”，并选择 OSS 对应的“对象存储 OSS”选项，如图 1-4 所示。

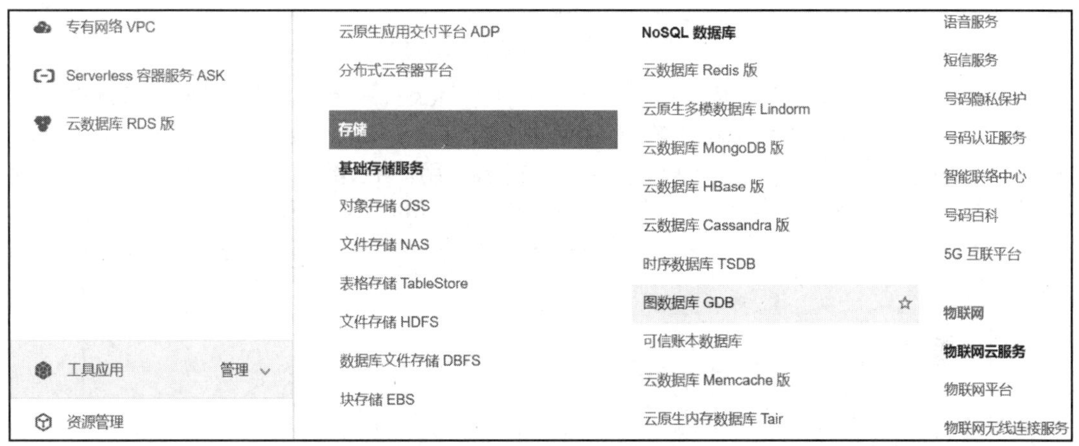

图 1-4 选择“对象存储 OSS”选项

首次使用服务时需要先开通服务。在进入的页面中，单击“立即开通”按钮，在进入的页面中勾选服务协议复选框，再次单击“立即开通”按钮，即可开通 OSS，如图 1-5 和图 1-6 所示。

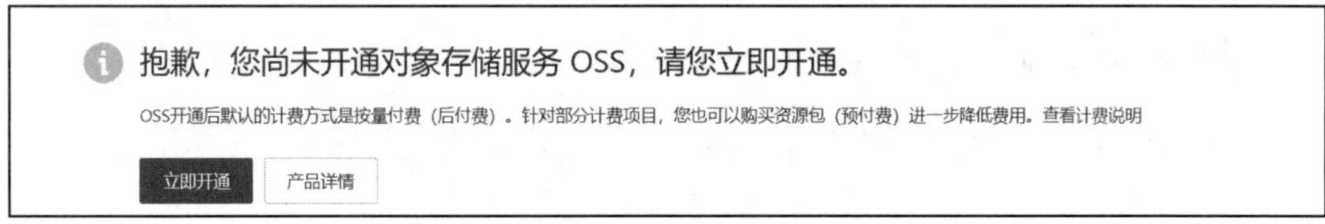

图 1-5 单击“立即开通”按钮

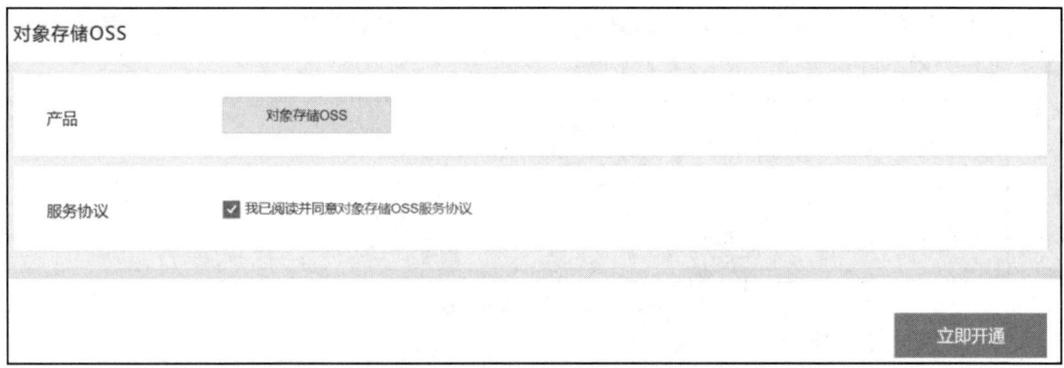

图 1-6 开通 OSS

2. 创建 OSS

开通完毕后，在打开的 OSS 控制台中单击“立即创建”按钮，如图 1-7 所示，创建 OSS。此时，进入 OSS 基础信息配置页面。

图 1-7　单击“立即创建”按钮

在 OSS 基础信息配置页面中，配置 Bucket 名称为“test01-oss-01”，地域为“有地域属性”“华东 1（杭州）”，存储类型为“标准存储”，存储冗余类型为“本地冗余存储”，如图 1-8 所示。其中，存储桶（Bucket）是对象存储中的一种逻辑容器，用于存放数据。换句话说，Bucket 为用户提供了一个统一的空间来存储数据，其中可以存储任意数量的数据对象。

图 1-8　基础信息配置 1

继续配置读写权限为“公共读”，如图 1-9 所示，其他选项均保持默认设置。配置完成后，单击“确定”按钮即可。

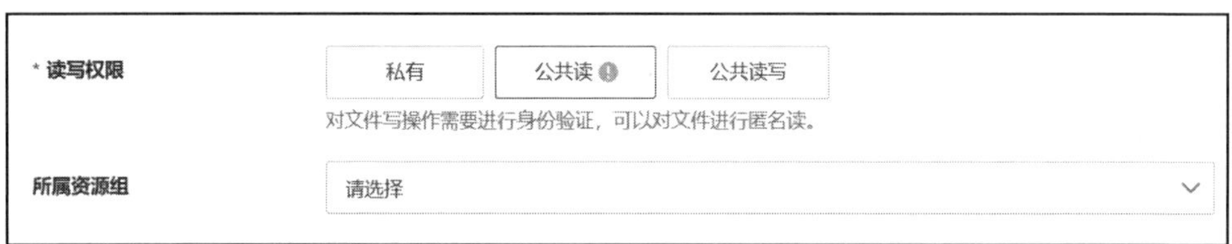

图 1-9　基础信息配置 2

子任务 1.2.2　托管静态页面

1. 配置静态页面

OSS 申请完毕后，进入已创建的 Bucket，在其左侧导航栏中选择“数据管理”→“静态页面”选项，如图 1-10 所示。

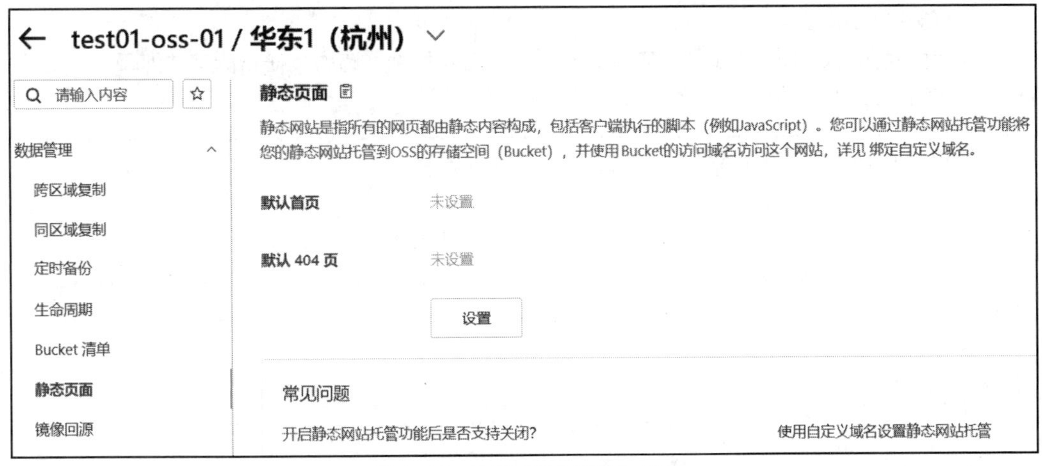

图 1-10　选择“静态页面”选项

在当前页面中单击“设置”按钮，配置默认首页为“index.html”，子目录首页为“开通”，文件 404 规则为默认的“Redirect”，如图 1-11 所示。

静态页面

静态网站是指所有的网页都由静态内容构成，包括客户端执行的脚本（例如JavaScript）。您可以通过静态网站托管功能将您的静态网站托管到OSS的存储空间（Bucket），并使用Bucket的访问域名访问这个网站，详见 绑定自定义域名。

默认首页　index.html　10/128

请填写作为默认首页的文件名，为空则不启用默认首页设置。

子目录首页　○ 不开通　◉ 开通

是否支持访问子目录时转到子目录下的默认主页。

文件 404 规则　Redirect

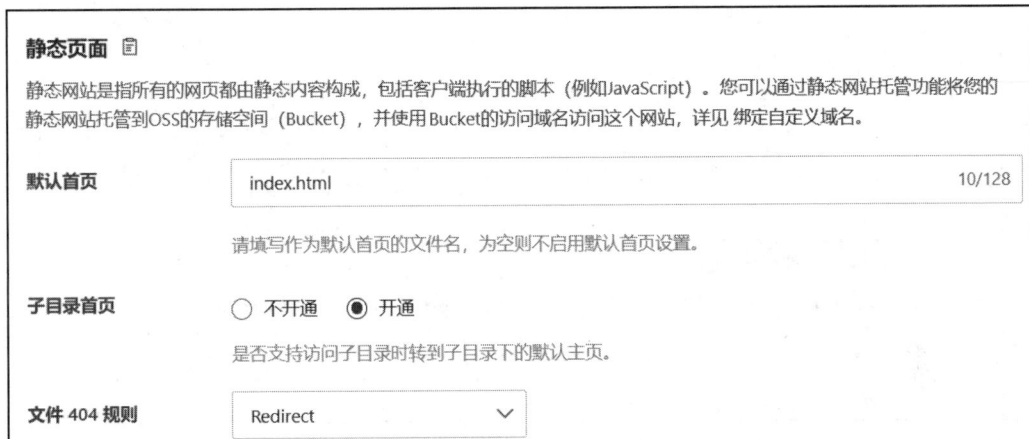

图 1-11　静态页面配置 1

继续配置默认 404 页为“404.html”，错误文档响应码为“404”，配置完毕后单击“保存”按钮，如图 1-12 所示。

默认 404 页　404.html　8/128

请填写作为默认 404 页的文件名，为空则不启用默认 404 页设置。

错误文档响应码　◉ 404　○ 200

配置返回错误文档时的 HTTP 响应码

保存　取消

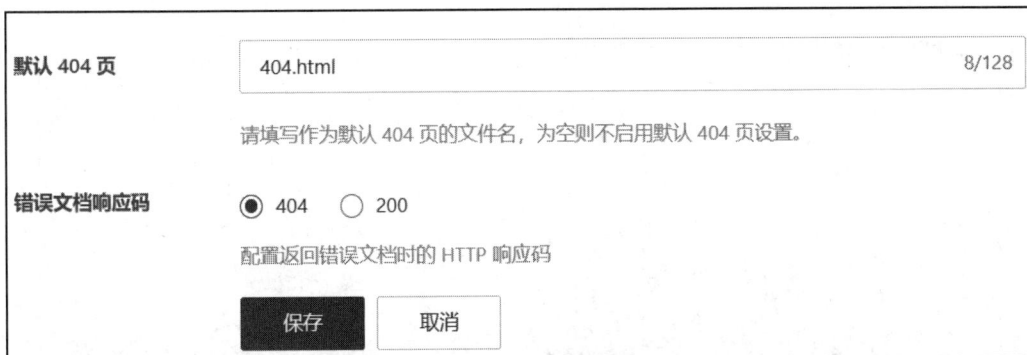

图 1-12　静态页面配置 2

2. 上传静态页面文件

在当前页面左侧导航栏中选择“文件管理”→“文件列表”选项，在右侧文件列表中单击“上传文件”按钮，如图 1-13 所示。

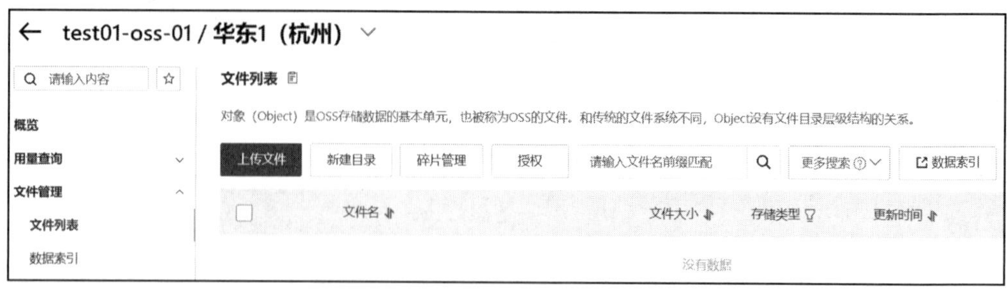

图 1-13 单击“上传文件”按钮

配置文件 ACL 为“公共读”，将目标文件夹拖曳至当前页面中，如图 1-14 所示，其余选项保持默认，单击“上传文件”按钮即可。

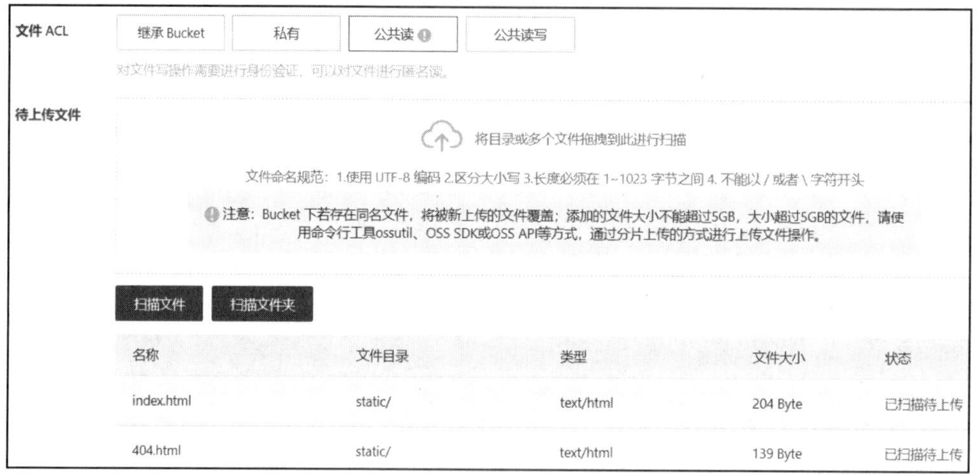

图 1-14 上传文件

上传成功后，状态栏的信息会更新为“上传成功”，如图 1-15 所示。

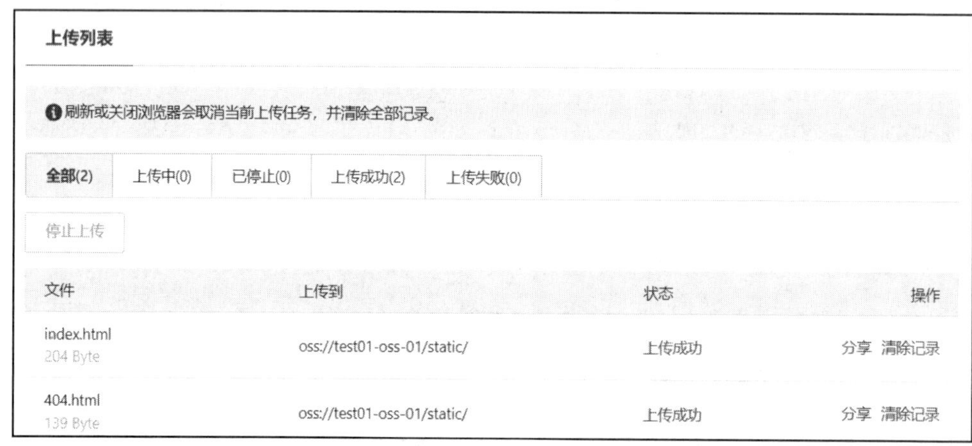

图 1-15 上传成功

3. 访问网页

返回文件列表，单击上传后的文件夹“static”，可以看到上传的两个 HTML 文件，在 index.html 文件后单击“详情”按钮，查看 index.html 详情，如图 1-16 所示。查看该文件的统一资源定位符（Uniform Resource Locator，URL），即可直接通过该 URL 访问对应的 HTML 网页。

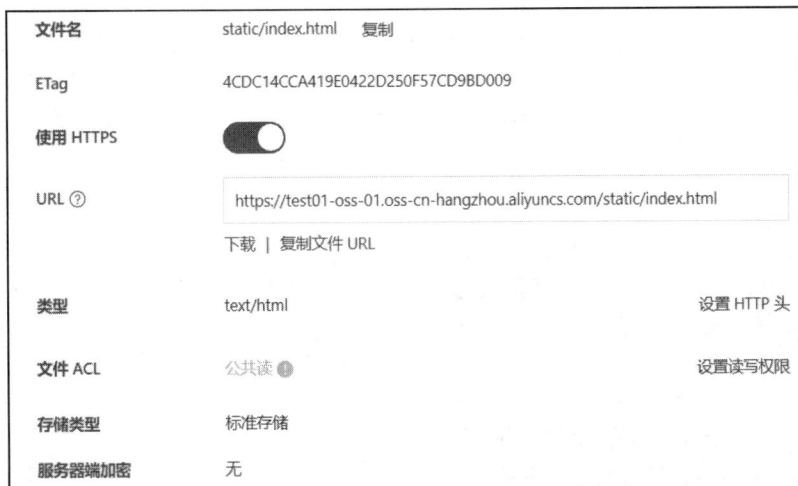

文件名	static/index.html 复制	
ETag	4CDC14CCA419E0422D250F57CD9BD009	
使用 HTTPS		
URL	https://test01-oss-01.oss-cn-hangzhou.aliyuncs.com/static/index.html 下载 | 复制文件 URL	
类型	text/html	设置 HTTP 头
文件 ACL	公共读	设置读写权限
存储类型	标准存储	
服务器端加密	无	

图 1-16 index.html 详情

需要注意的是，使用 OSS 默认域名访问 HTML 网页或图片资源时，会以附件形式将其下载。若需要通过浏览器直接访问，则可以使用自定义域名进行访问，也可以在自己的 Linux 操作系统中使用命令进行访问，命令如下。

```
# curl -L https://test01-oss-01.oss-cn-hangzhou.aliyuncs.com/static/index.html
<html>
    <head>
        <title>Hello OSS!</title>
        <meta charset="utf-8">
    </head>
    <body>
        <p>开始阿里云 OSS 托管</p>
        <p>这是索引页面</p>
    </body>
</html>
```

上述内容配置完毕后，静态页面已经成功托管。同时，阿里云 OSS 的计费模式非常灵活，存储费用和流量费用相对较低，适用于各种规模的应用和业务场景。

【项目小结】

本项目带领读者首先着手申请阿里云账号，这是进入云计算世界的第一步。通过简单的申请流程，读者可成功获得阿里云的使用权限。随后，读者可以进行阿里云的初体验，探索其页面和基本功能。在探索过程中，读者可以学会申请 OSS、托管静态页面等基础操作，初步了解阿里云平台的特点和优势。这次初体验可以让读者对阿里云的操作流程有直观的认识，为后续深入学习和应用监控、弹性负载均衡服务奠定基础。通过这个过程，读者不仅可以熟悉阿里云的使用方式，还可以为未来更有效地利用云计算资源积累宝贵的经验与技能。

【拓展知识】

云计算技术的发展需要专业人才的支持。为了满足云计算人才需求，我国政府出台了一系列云计算人才培养政策，如设立云计算相关专业、建立云计算人才培训和认证体系等，加强云计算人才的培养和储备。

总之，相关政策的出台，为云计算技术的发展提供了重要支持。政策的完善和落实将进一步提高云服务的安全性、稳定性和可靠性，推动云计算技术的广泛应用。未来，政府还将继续关注云计算行业在数据安全、隐私保护等方面存在的问题，加强对云计算行业的监管和管理。

【知识巩固】

1. 阿里云是由（　　）推出的云平台。

   A. 腾讯　　B. 阿里巴巴　　C. 百度　　D. 京东

2. 阿里云提供云服务中的（　　）。

   A. 计算服务　　B. 存储服务

   C. 计算、存储、数据库等多种服务　　D. 网络服务

3. 什么是公有云？公有云和私有云的区别体现在哪些方面？

4. 使用公有云所面临的挑战有哪些？

【拓展任务】

1. 注册一个个人阿里云账号，并在账号中充值 100 元。

2. 在任意地域申请一个 OSS，并按照下面的要求创建一个 Bucket。Bucket 名称为“test01-oss-001”，地域为“任意地域”，存储类型为“标准存储”，存储冗余类型为“同城冗余存储（推荐）”，读写权限为“公共读写”。

3. 编写一个简单的 HTML 文件，配置 Bucket 静态页面，将其托管至 OSS，并使用 URL 进行验证访问。

项目2 云基础服务

02

【学习目标】

【知识目标】

1. 了解阿里云专有网络的相关产品与架构。
2. 了解阿里云云服务器的相关产品与架构。
3. 了解阿里云云数据库的相关产品与架构。

云基础服务-理论讲解

【技能目标】

1. 掌握阿里云VPC的创建与使用方法。
2. 掌握阿里云ECS的创建与使用方法。
3. 掌握阿里云RDS的创建与使用方法。

【素质目标】

1. 引导学生认识到云基础服务对于国家信息化建设和社会发展的重要意义，增强学生为国家和人民服务的责任感及使命感。

2. 通过云基础服务相关的实践项目和案例分析，强调团队合作在云服务架构搭建与运维中的重要性，培养学生的团队合作意识和沟通能力。

3. 引导学生通过资源共享和动态分配实现节能减排，培养学生的环保意识。

【项目概述】

本项目中读者需要完成阿里云VPC、阿里云ECS、阿里云RDS的创建与使用，对于VPC服务，读者要学会对等连接、安全组等功能服务的配置方法；对于ECS，读者要学会使用云服务器安装一些服务；对于RDS，读者要学会创建和使用云数据库。

【知识准备】

公有云服务通常指由第三方云服务提供商为用户提供的云服务，一般通过互联网使用，其核心属性是资源共享。公有云作为数字技术发展和服务模式创新的集中体现，将在未来数年内继续蓬勃发展，并且为各领域之间的协同发展注入新的活力。

在接下来的任务中，读者需要着重了解关于阿里云专有网络产品、服务器产品、数据库产品的架构，并且掌握典型产品的创建与使用过程，更好地了解阿里云产品的使用方法。

2.1 虚拟专用网络服务

阿里云 VPC 是阿里云为个人用户或企业用户提供的专属云上私有网络，用户可以完全掌控自己定义的专有网络，如选择 IP 地址范围、配置路由表和网关等。用户还可以在自己定义的专有网络中使用阿里云资源。

2.1.1 VPC 简介

1. 阿里云 VPC

阿里云 VPC 可以帮助用户基于阿里云构建一个逻辑隔离的云上数据中心。VPC 由逻辑网络设备（如虚拟路由器、虚拟交换机）组成，可以通过专线或虚拟专用网络（Virtual Private Network，VPN）等连接方式与传统数据中心组成一个按需定制的网络环境，以将应用平滑地迁移上云。VPC 是一种私有化、安全化的云计算网络环境，可以帮助用户在云上构建自定义的 IP 地址空间、子网和路由表等网络资源，并提供高安全性、高可靠性、高弹性和易扩展的网络服务。

另外，用户可以在自己定义的专有网络中使用阿里云资源，如 ECS、RDS 和服务器负载均衡（Server Load Balancer，SLB）等。

2. 产品架构

云计算的发展离不开虚拟化技术，对于虚拟化技术的应用也越来越多。尤其是对于网络层面的虚拟化，如保证网络的弹性、安全性、可靠性和私密性，以及较高的互联性能等需求，催生了多种多样的网络虚拟化技术。

早期的解决方案将虚拟机的虚拟网络和物理网络融合在一起，形成一个扁平的网络架构，如大二层网络。随着虚拟网络规模的扩大，这种方案中的地址解析协议（Address Resolution Protocol，ARP）欺骗、广播风暴、主机扫描等问题会越来越严重。为了解决这些问题，出现了各种网络隔离技术，用于将物理网络和虚拟网络彻底隔开。其中一种技术是在用户之间使用虚拟局域网（Virtual Local Area Network，VLAN）进行隔离，但是 VLAN 的数量最大只能达到 4096 个，无法支撑巨大的用户量。

VPC 基于目前主流的隧道技术，用于隔离物理网络和虚拟网络。每一个 VPC 中都有一个独立的隧道号，一个隧道号对应一个虚拟网络。不同 VPC 中的 ECS 实例由于所在的隧道号不同，本身处于两个不同的路由平面，因此不同 VPC 中的 ECS 实例无法进行通信，实现了隔离。基于隧道技术和软件定义网络（Software Defined Network，SDN）技术，阿里云在硬件网关和自研交换机设备的基础上推出了 VPC 产品。

3. 产品构成

VPC 包含交换机、网关和控制器 3 个重要组件，如图 2-1 所示。交换机和网关组成了数据通道的关键路径，控制器使用自研协议下发转发表到网关和交换机，建立了配置通道的关键路径。此外，配置通道和数据通道互相隔离。VPC 中的交换机是分布式节点，网关和控制器均为集群部署且支持多机房互备，所有链路上均具备冗余容灾能力，从而提升了 VPC 的整体可用性。

2.1.2 VPC 主要特点

（1）私有化网络。用户可以在 VPC 内部创建自己的 IP 地址段、子网和路由表等网络资源，实现 VPC 与公共互联网的隔离。

（2）安全通信。VPC 支持设置安全组和网络访问控制列表（Access Control List，ACL），对流入和流出的数据进行过滤及访问控制，确保网络通信的安全性。

（3）灵活扩展。VPC 支持根据业务需求自定义 VPC 规模和网络架构，同时支持 VPC 之间的互联以及跨地域 VPC 的连接。

（4）高可靠性。VPC 通过多可用区（Availability Zone，AZ）的设计，确保其高可用性和故障恢复能力。

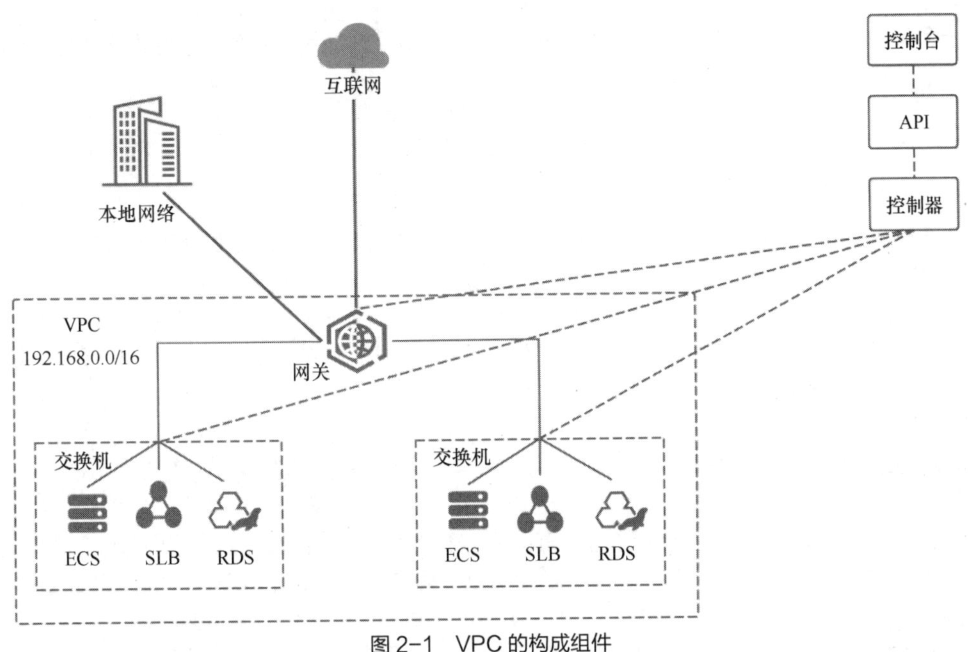

图 2-1 VPC 的构成组件

（5）丰富的配套服务。VPC 支持与其他阿里云服务，如 ECS、SLB、RDS 等的集成，为用户提供全方位的云计算解决方案。

2.1.3 VPC 应用场景

VPC 提供完全隔离的虚拟网络环境，配置灵活，可满足不同应用场景的需要。

（1）安全部署应用程序。用户可以将对外提供服务的应用程序部署在 VPC 中，并通过创建安全组规则、访问控制白名单等方式控制互联网访问。用户还可以在 Web 服务器和应用程序数据库之间进行访问控制隔离，将 Web 服务器部署在已配置公网访问的子网中，将应用程序数据库部署在未配置公网访问的子网中。

（2）部署需要主动访问公网的应用程序。用户可以将需要主动访问公网的应用程序部署在 VPC 中的一个子网内，通过公网网络地址转换（Network Address Translation，NAT）网关路由其流量。通过配置源网络地址转换（Source Network Address Translation，SNAT）规则，子网中的实例无须暴露其私网 IP 地址即可访问公网，并可随时替换公网 IP 地址，避免遭受外界攻击。

（3）业务系统隔离。不同的 VPC 之间存在逻辑隔离。如果用户有多个业务系统，并且生产环境和测试环境对应的业务系统需要严格隔离，则可以使用多个 VPC 进行业务系统隔离。当业务系统有互相通信的需求时，可以将两个 VPC 加入云企业网（Cloud Enterprise Network，CEN）实现互通。

（4）构建混合云。VPC 提供专用网络连接，可以将本地数据中心与 VPC 连接，扩展本地网络架构。通过这种方式，用户可以将本地应用程序无缝迁移至云上，并且无须更改应用程序的访问方式。

2.2 弹性计算服务

阿里云提供的 ECS 可以帮助用户降低 IT 成本，提升运维效率，使用户专注于核心业务创新。

经过十余年深厚技术积淀，阿里云提供的 ECS 技术先进、性能优异，致力于提供永不停机的计算服务。

2.2.1 ECS 简介

1. ECS

ECS 是阿里云提供的性能卓越、稳定可靠、弹性扩展的 IaaS 层云计算服务。对于云服务器 ECS，用户无须采购 IT 硬件，即可像使用水、电等公共资源一样便捷、高效地使用它，实现计算资源的即开即用和弹性扩展。ECS 持续提供创新型服务器，用于满足多种业务需求，助力用户的业务发展。ECS 提供了一个高度可扩展的计算环境，可以根据用户的需要弹性地创建和释放云服务器实例，并提供灵活的计费方式。

2. 产品架构

ECS 主要包含实例、镜像、块存储、快照、安全组、网络等功能组件，这些功能组件又包含许多类型。

例如，对于计算架构，阿里云提供了 x86、ARM 计算架构。在选型时，用户可以选择合适的、充分贴合业务场景的架构。对于存储类型，用户可以根据自己的实际业务场景选择不同配置的实例，搭配 1～65 块不同容量的存储磁盘。对于镜像，阿里云为用户提供了丰富的镜像类型，如公共镜像、镜像市场、自定义镜像、社区镜像等，以满足各类型用户对于应用环境快速部署和灵活管理的需求。

2.2.2 ECS 主要特点

（1）自动部署和弹性伸缩：可以根据实际业务需求，在几分钟内为用户创建和部署虚拟服务器。

（2）快速进行网络配置：可以将一个或多个 ECS 实例快速添加到 VPC 中，以保证某些业务实例之间的相互隔离和网络流量控制。

（3）多种实例规格选择：可以根据业务需求选择合适的实例规格，这些规格涵盖存储、处理能力、网络带宽等多个方面。

（4）更高的安全性能：可以通过阿里云提供的安全密码、安全组、网络 ACL 等功能，有效控制 ECS 实例的安全性。

2.2.3 ECS 应用场景

ECS 具有广泛的应用场景，既可以作为 Web 服务器或者应用服务器单独使用，又可以与其他阿里云服务集成，提供丰富的解决方案。

1. 网站应用

网站在初始阶段访问量较小，只需要一个低配置的 ECS 实例即可运行一些 Web 应用程序、数据库、存储文件等。随着网站的发展，用户可以随时升级 ECS 实例的配置，或者增加 ECS 实例数量，无须担心低配置的 ECS 实例在业务量突增时出现资源不足的情况。

2. 电商网站和票务系统

对于某些应用，如电商平台和票务系统，其访问量可能会在短时间内产生巨大的波动。用户可以配合使用弹性伸缩功能，自动化实现在访问量高峰来临前增加 ECS 实例，并在进入访问量低谷时减少 ECS 实例，以满足出现峰值时对资源的需求，同时降低成本。如果搭配 SLB，则用户还可以实现高可用的应用架构。

3. 数据服务

ECS 提供了大数据类型实例规格族，支持 Hadoop 分布式计算、日志处理和数据分析等业务场景。由于大数据类型实例规格族采用了本地存储架构，因此 ECS 在保证海量存储空间、高存储性能的前提下，可以为云端的 Hadoop 集群、Spark 集群提供更高的网络性能。

4. 高性能计算

ECS 适用于大规模高性能科学计算、并行计算、仿真计算等场景，如气象预报、生物制药、基因测序、图像处理等。

2.3 关系型数据库服务

RDS 是一种即开即用、稳定可靠、可弹性伸缩的在线数据库服务。RDS 具有多重安全防护措施和完善的性能监控体系，并提供专业的数据库备份、恢复及优化方案，使用户能专注于应用开发和业务发展。

2.3.1 RDS 简介

1. RDS

RDS 基于阿里云分布式文件系统和固态硬盘（Solid State Disk，SSD）高性能存储，RDS 支持 MySQL、SQL Server、PostgreSQL 和 MariaDB 引擎，并提供容灾、备份、恢复、监控、迁移等方面的全套解决方案，帮助用户解决数据库运维的相关问题。

RDS 可以帮助用户快速搭建和管理数据库环境，具有自动备份、恢复、性能优化等功能，并具有高可用性、可扩展性、安全可靠等特点，适用于各种不同规模和场景下的应用程序。

2. RDS 架构类型

RDS MySQL 和 RDS PostgreSQL 提供基于 x86 及 ARM 两大主流计算架构的实例产品，以满足用户对不同计算架构的需求。

（1）x86：每一个虚拟中央处理器（virtual Cental Processing Unit，vCPU）都对应一个处理器核心的超线程。

（2）ARM：每一个 vCPU 都对应一个处理器的物理核心，具有性能稳定且资源独享的特点。ARM 架构底层采用阿里云自研的倚天 710 处理器芯片，主要针对通用计算、云原生及 Android in Cloud 等场景，相对 x86 性价比更高。

2.3.2 RDS 主要特点

（1）高可用性：支持主备同步、自动切换等机制，保障数据的可靠性和稳定性。

（2）可扩展性：可根据业务需求实现读写分离、只读实例、分片等高级功能。

（3）自动备份与恢复：提供定期自动备份、增量备份和容灾备份等服务，并支持快速恢复实例。

（4）安全可靠：提供多种安全防护措施，如网络隔离、IP 地址白名单、数据加密等，以确保数据安全。

（5）管理便捷：提供 Web 控制台和 API，方便用户进行实例管理、监控和维护。

（6）多种数据库类型：支持 MySQL、SQL Server、PostgreSQL、Oracle 等多种常用的关系数据库类型。

2.3.3 RDS 应用场景

RDS 适用于各种不同规模的应用场景，具体如下。

（1）在线业务：可以作为 Web 应用、移动应用、电商平台等在线业务的数据存储和管理平台。

（2）数据仓库：可以作为企业数据仓库，支持大数据处理和多维分析。

（3）游戏行业：可以作为游戏后台数据库，用于存储游戏数据、用户信息等。

（4）金融行业：可以作为金融系统数据库，用于存储用户账号信息、交易记录等。

（5）物联网：可以作为物联网平台数据库，用于存储传感器数据、设备信息等。

此外，通过结合其他云服务产品，RDS 还可以适用于更多典型的应用场景。例如，通过数据传输服务（Data Transmission Service，DTS），用户可以将自建机房的数据库或者 ECS 上的自建数据库实时同步到任意地域的 RDS 实例。即使发生机房损毁的灾难，在阿里云云数据库上也会有数据备份。

RDS 可以搭配云数据库 Redis、云数据库 Memcached 和 OSS 等产品使用，实现多样化存储扩展。

【项目实施】

任务 2.1　虚拟专用网络服务实战

在本任务中，读者需要登录阿里云，根据指定的名称、网段、子网参数等信息，创建一个 VPC 网络和交换机，并根据指定的付费模式、带宽峰值等参数信息，结合实际的业务场景申请弹性公网 IP（Elastic IP Address，EIP）。

云基础服务-项目实施 1

子任务 2.1.1　申请 VPC 网络

1. 登录阿里云

使用浏览器访问阿里云官网，并在页面右上角单击“登录/注册”按钮，使用申请好的账号进行登录。

2. 选择专有网络 VPC

登录成功后，单击页面右上角的“控制台”按钮，并在进入的页面中单击左上角的≡按钮，打开阿里云产品与服务列表。搜索关键词“网络”，在搜索结果中找到“云上网络”，并选择 VPC 对应的“专有网络 VPC”选项，如图 2-2 所示。

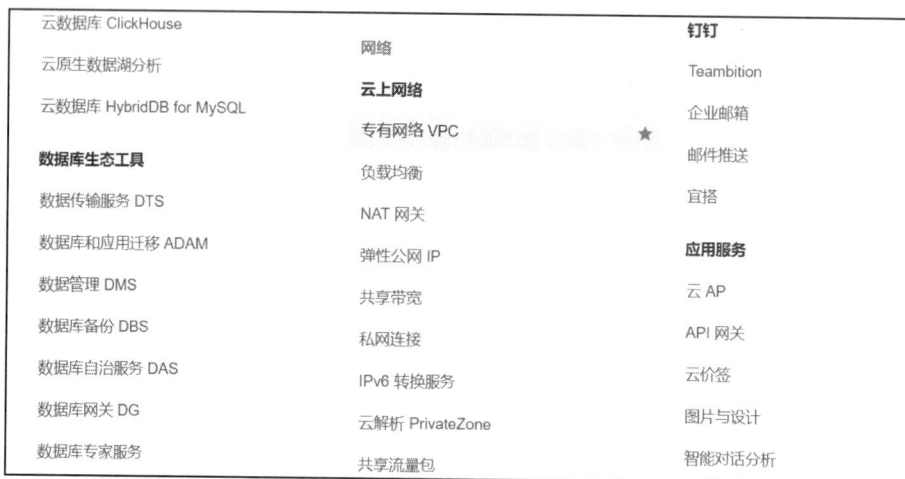

云数据库 ClickHouse
云原生数据湖分析
云数据库 HybridDB for MySQL
数据库生态工具
数据传输服务 DTS
数据库和应用迁移 ADAM
数据管理 DMS
数据库备份 DBS
数据库自治服务 DAS
数据库网关 DG
数据库专家服务

网络
云上网络
专有网络 VPC ★
负载均衡
NAT 网关
弹性公网 IP
共享带宽
私网连接
IPv6 转换服务
云解析 PrivateZone
共享流量包

钉钉
Teambition
企业邮箱
邮件推送
宜搭
应用服务
云 AP
API 网关
云价签
图片与设计
智能对话分析

图 2-2　选择“专有网络 VPC”选项

3. 创建专有网络

在进入的专有网络 VPC 页面中，单击“创建专有网络”按钮，进入创建页面。此时需要配置专有网络的参数信息，地域保持为默认的“华东 1（杭州）”，名称设置为“Test_VPC_1”，IPv4 网段设置为“192.168.0.0/16”，IPv6 网段设置为“不分配”，如图 2-3 所示。

专有网络
地域
华东1（杭州）
* 名称
Test_VPC_1 10/128
* IPv4网段
建议您使用RFC私网地址作为专有网络的网段如 10.0.0.0/8 ， 172.16.0.0/12 ， 192.168.0.0/16 。网段配置建议
192.168.0.0/16
一旦创建成功，网段不能修改
IPv6网段
不分配

图 2-3　专有网络配置 1

继续配置交换机的参数信息。名称设置为“Test_Switch_1”，可用区选择“杭州 可用区 G”，IPv4 网段设置为“192.168.1.0/24”。如后期有需求，可再添加 IPv4 网段。以上参数信息配置完成后，单击页面左下角的“确定”按钮即可，如图 2-4 所示。

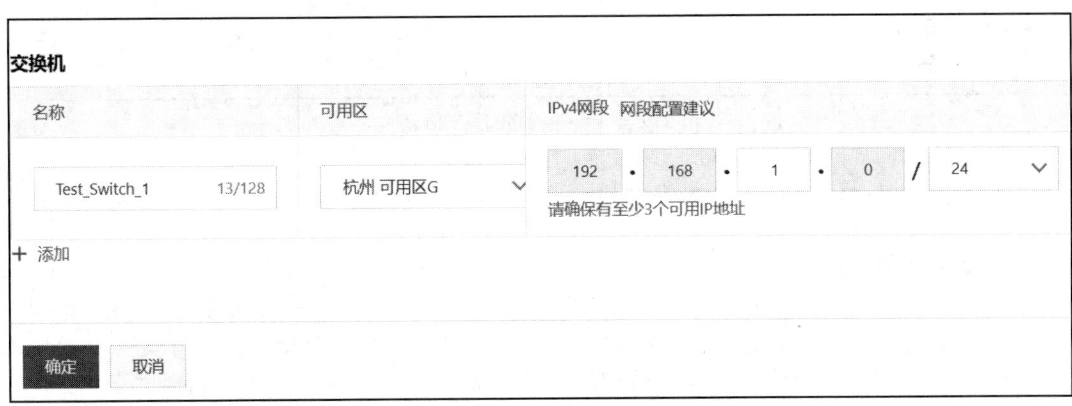

图 2-4　交换机配置 1

等待几秒，专有网络创建成功，如图 2-5 所示。

4. 查看专有网络基本信息

专有网络创建成功后返回专有网络列表，单击创建后的服务名称，可以查看专有网络的基本信息，还可以进行资源管理或网段管理等其他操作，如图 2-6 所示。

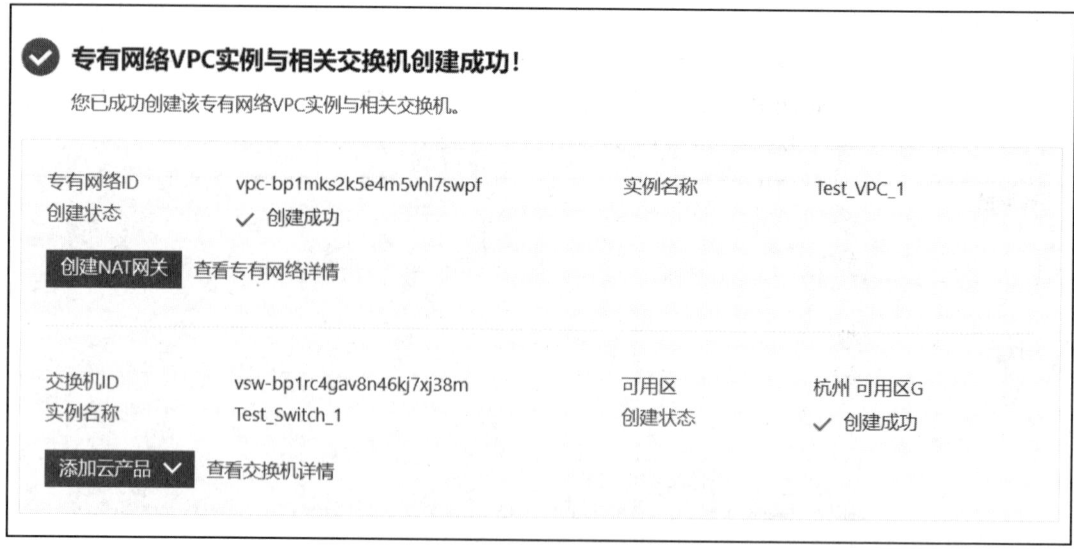

图 2-5　专有网络创建成功

基本信息 | 资源管理 | 网段管理 | 云企业网跨账号授权 | 边界路由器跨账号授权 | 高级特性 | 网络拓扑

专有网络基本信息

ID	vpc-bp1mks2k5e4m5vhl7swpf 复制	名称	Test_VPC_1 编辑
IPv4网段	192.168.0.0/16 (主)	创建时间	2023年4月22日 11:02:21
IPv6网段	开通IPv6	状态	✓ 可用
标签		默认专有网络	否
加入云企业网详情	尚未加入云企业网	地域	华东1（杭州）
资源组	rg-acfm3c6fflvc73y / default resource group	拥有者	当前账户
DHCP选项集	- 关联	路由器ID	vrt-bp1q482tn2d3bm0tach3o 复制
描述	- 编辑		

图 2-6　专有网络的基本信息

子任务 2.1.2　使用 VPC 网络

1. 使用对等连接

对等连接（Peering Connection）主要用于同地域 2 个或 3 个 VPC 简单互联的场景。通过对等连接，用户可以在网络层面为两个不同的 VPC 建立一个专属的数据通道。用户可以在每个 VPC 中自定义从该 VPC 到对端 VPC 的详细路由，在路由层面控制两个 VPC 中资源的互通范围。

用户还可以在自己的 VPC 之间创建对等连接，或者在自己的 VPC 与其他阿里云账号的 VPC 之间创建对等连接。创建对等连接的 VPC 可以在同一个地域，也可以在不同地域。

（1）创建对等连接

按照子任务 2.1.1 的操作过程，继续创建一个专有网络，要求将名称设置为“Test_VPC_2”，IPv4 网段设置为“172.16.0.0/16”，如图 2-7 所示。

配置交换机的参数信息，名称设置为“Test_Switch_2”，可用区设置为“杭州 可用区 G”，IPv4 网段设置为“172.16.1.0/24”，如图 2-8 所示。

专有网络

地域

华东1（杭州）

* 名称

Test_VPC_2 10/128

* IPv4网段

建议您使用RFC私网地址作为专有网络的网段如 10.0.0.0/8 ，172.16.0.0/12 ，192.168.0.0/16 。网段配置建议

172.16.0.0/16

一旦创建成功，网段不能修改

图 2-7　专有网络配置 2

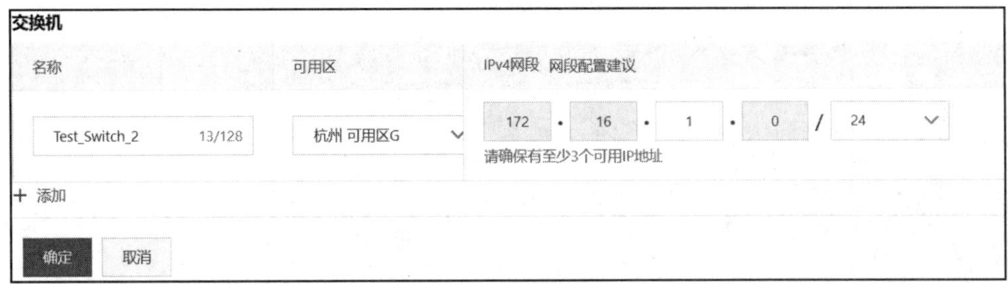

图 2-8　交换机配置 2

单击“确定”按钮，开始创建。创建完成后，查询专有网络列表，如图 2-9 所示。

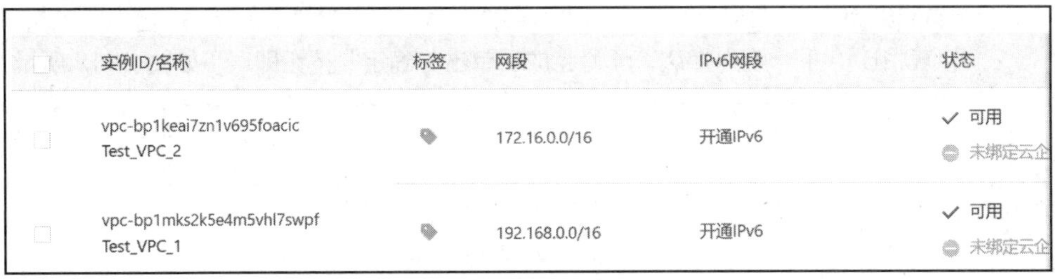

图 2-9　专有网络列表

在专有网络列表中，选择“VPC 对等连接”选项，进入对等连接创建页面，如图 2-10 所示。

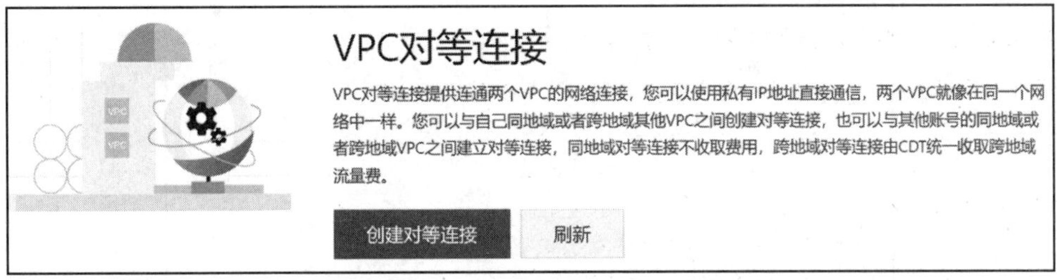

VPC对等连接
VPC对等连接提供连通两个VPC的网络连接，您可以使用私有IP地址直接通信，两个VPC就像在同一个网络中一样。您可以与自己同地域或者跨地域其他VPC之间创建对等连接，也可以与其他账号的同地域或者跨地域VPC之间建立对等连接，同地域对等连接不收取费用，跨地域对等连接由CDT统一收取跨地域流量费。
创建对等连接
刷新

图 2-10　对等连接创建页面

单击“创建对等连接”按钮，配置对等连接名称为“PTP-1”，发起端 VPC 实例为“vpc-bp1mks2k5e4m5vhl7swpf | Test_VPC_1”（简称为“Test_VPC_1”），接收端 VPC 实

例为“vpc-bp1keai7zn1v695foacic | Test_VPC_2”（简称为“Test_VPC_2”），如图 2-11 所示，完成后单击下方的“确定”按钮即可。需要注意的是，所有 VPC 目前均在同一个地域、同一个账号下，如需使其和不同地域、账号下的 VPC 实现对等连接，则需配置接收端账号类型、接收端地域类型，跨地域对等连接需要收取一定费用。

图 2-11　对等连接配置

（2）配置路由条目

进入已经创建好的对等连接“PTP-1”，单击“配置路由条目”按钮，弹出“配置路由条目”对话框，在这里需要配置两条路由条目才能使两个不同 VPC 之间进行通信。首先配置第一条路由条目，配置专有网络为“Test_VPC_1”，路由表保持默认，名称为“router1”，目标网段为“IPv4 网段 172.16.0.0/16”，下一跳为默认，配置完成后单击“确定”按钮即可，如图 2-12 所示。

图 2-12　配置第一条路由条目

继续配置第二条路由条目。配置专有网络为“Test_VPC_2”，路由表保持默认，名称为“router2”，目标网段为“IPv4 网段 192.168.0.0/16”，下一跳为默认，配置完成后单击“确定”按钮即可，如图 2-13 所示。

图 2-13　配置第二条路由条目

配置完成后，在对等连接下会产生两条路由条目，路由条目列表如图 2-14 所示。之后，在创建不同 VPC 云服务器时，它们之间便可以实现通信。

路由条目列表

配置路由条目　专有网络ID ▾　默认按专有网络ID搜索

地域	专有网络ID/名称	路由表ID/名称	目标网段
华东1（杭州）	vpc-bp1mks2k5e4m5vhl7swpf Test_VPC_1	vtb-bp15yqvyiymc3jfuuepp1 -	172.16.0.0/16 router1
华东1（杭州）	vpc-bp1keai7zn1v695foacic Test_VPC_2	vtb-bp1wewkqwllsu28y3p8eu -	192.168.0.0/16 router2

图 2-14　路由条目列表

2. 创建 EIP

EIP 是可以被独立购买和持有的公网 IP 地址资源。目前，EIP 支持被绑定到专有网络类型的云服务器 ECS 实例、专有网络类型的私网传统型负载均衡（Classic Load Balancer，CLB）实例、私网类型的应用型负载均衡（Application Load Balancer，ALB）实例、专有网络类型的辅助弹性网卡、NAT 网关和高可用虚拟 IP 上。

EIP 是一种 NAT IP，它实际位于阿里云的公网网关上，通过 NAT 方式映射到被绑定的云资源上。当 EIP 与云资源绑定后，云资源可以通过 EIP 与公网通信。

在专有网络列表中，选择“弹性公网 IP”选项，在进入的页面中单击“创建弹性公网 IP”按钮，进入 EIP 的参数信息配置页面。配置付费模式为“按量付费”，地域和可用区为“华东 1（杭州）”，线路类型为默认的“BGP（多线）”，网络类型为默认的“公网”，如图 2-15 所示。

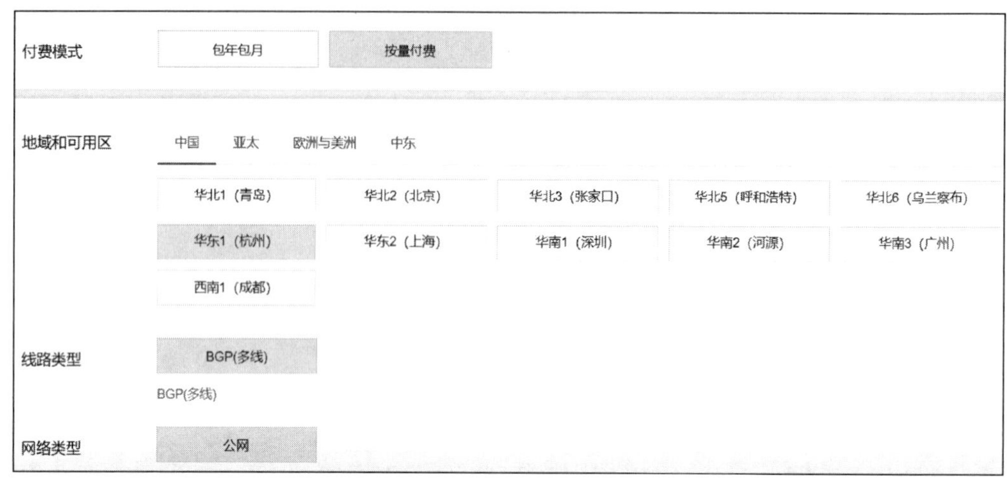

图 2-15　EIP 的参数信息配置

继续配置 EIP 流量，流量设置为“按固定带宽计费”，带宽峰值调整为“5Mbps”，名称设置为“Test_EIP_1”，如图 2-16 所示，其余选项均保持默认即可。以上内容配置完毕后，单击页面中的“立即购买”按钮。

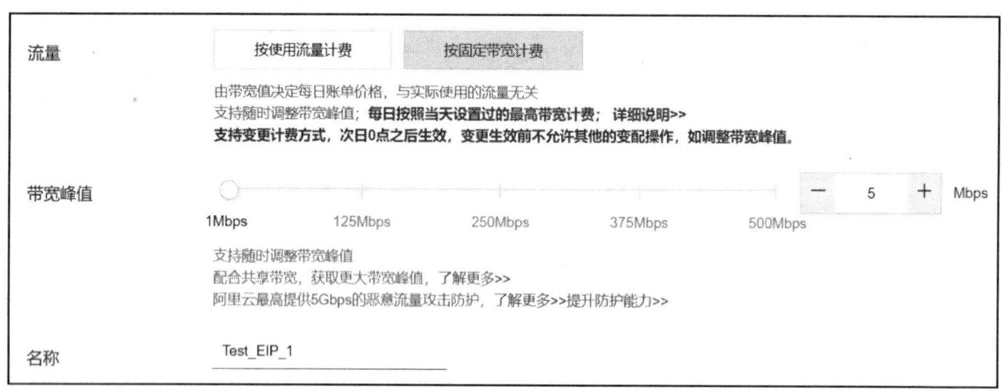

图 2-16　EIP 流量配置

任务 2.2　弹性计算服务实战

在本任务中，读者需要结合实际的业务场景，配置付费模式、实例规格（vCPU、内存大小）、系统镜像类型、磁盘空间大小，以及在网络和高级配置中配置服务器专有网络、EIP、root 密码等参数，完成云服务器的申请，并学会远程登录云服务器。

云基础服务-项目实施 2

子任务 2.2.1　申请 ECS

1. 选择云服务器 ECS

登录成功后，单击页面右上角的“控制台”按钮，并在进入的页面中单击左上角的☰按钮，打开阿里云产品与服务列表。搜索关键词“计算”，在搜索结果中找到“云服务器”，并选择 ECS 对应的“云服务器 ECS”选项，如图 2-17 所示。

计算	大数据计算	开发工具
云服务器	**大数据计算与分析**	**开发与运维**
云服务器 ECS ☆	云原生大数据计算服务 MaxCompute	移动研发平台 EMAS
轻量应用服务器	实时数仓 Hologres	应用实时监控服务 ARMS
弹性加速计算实例	Elasticsearch	Prometheus 监控服务
云桌面	实时计算 Flink 版	云监控
弹性云手机	日志服务 SLS	云网管
计算巢服务	智能开放搜索 OpenSearch	Web 应用托管服务（Web+）
VMware 服务	数据资源平台	Node.js 性能平台

图 2-17　选择“云服务器 ECS”选项

2. 创建云服务器 ECS

（1）基础信息配置

在进入的云服务器 ECS 页面中，单击“创建我的 ECS”按钮，进入 ECS 基础信息配置页面后，配置付费模式为“按量付费”，地域及可用区为“华东 1（杭州）”“可用区 G”，实例规格为“ecs.c5.large”，如图 2-18 所示。

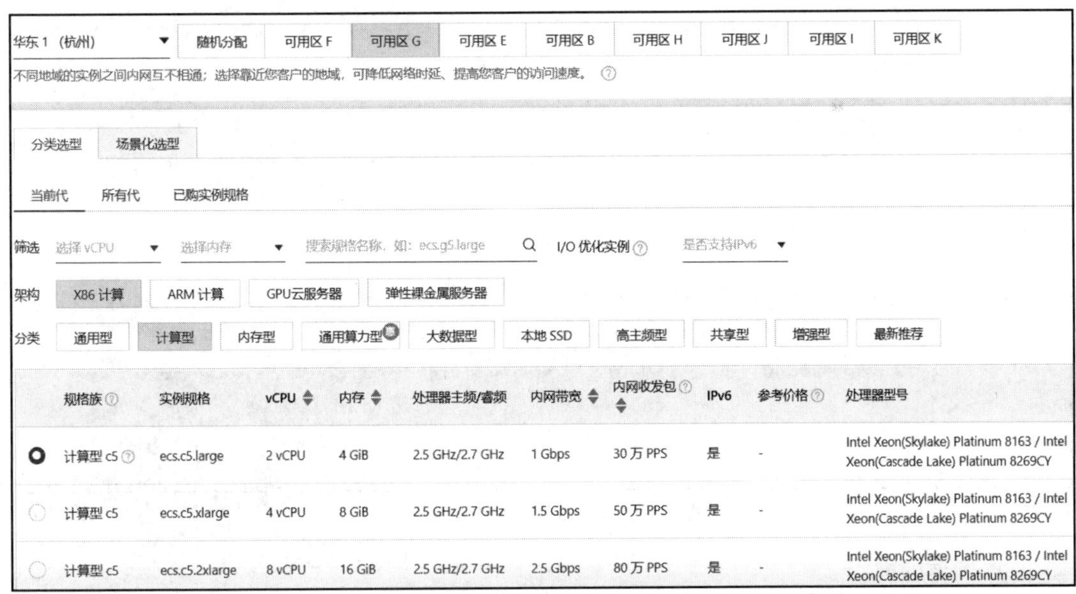

图 2-18　ECS 基础信息配置

继续配置镜像。镜像选用“公共镜像”“Rocky Linux”“9.0 64 位”，存储采用“ESSD 云盘”，其容量为“50”GB，对于快照服务可以根据需求进行配置，如图 2-19 所示（图中“GiB”表示“GB”），其余选项均为默认即可，以上内容配置完成后，单击“下一步：网络和安全组”按钮。

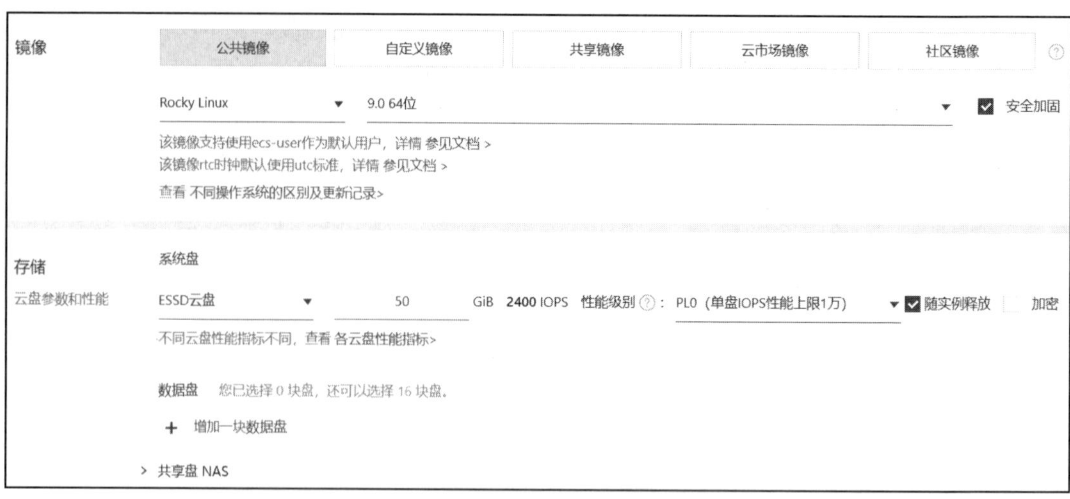

图 2-19　ECS 镜像配置

（2）网络和安全组配置

在网络和安全组配置中，设置专有网络为“Test_VPC_1”，暂不勾选“分配公网 IPv4 地址”复选框，配置安全组为“默认安全组（自定义端口）”，如图 2-20 所示，其余选项均保持默认。完成以上配置后，单击“下一步：系统配置”按钮。

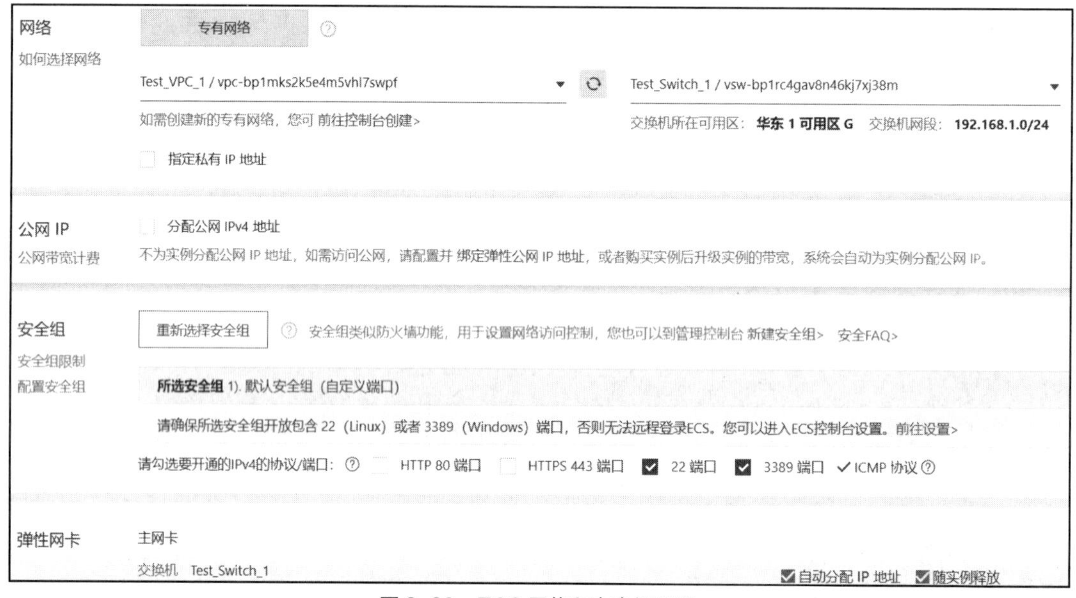

图 2-20　ECS 网络和安全组配置

（3）系统配置

在系统配置中，登录凭证选用“自定义密码”，配置登录名为“root”，登录密码可自行设置，但需要符合阿里云 ECS 密码配置规则。实例名称设置为“Test_ecs_1”，如图 2-21 所示。其他选项均保持默认设置即可。以上内容配置完成后，可根据实际需求进行“分组设置”，此处暂不设置，直接单击“确认订单”按钮。

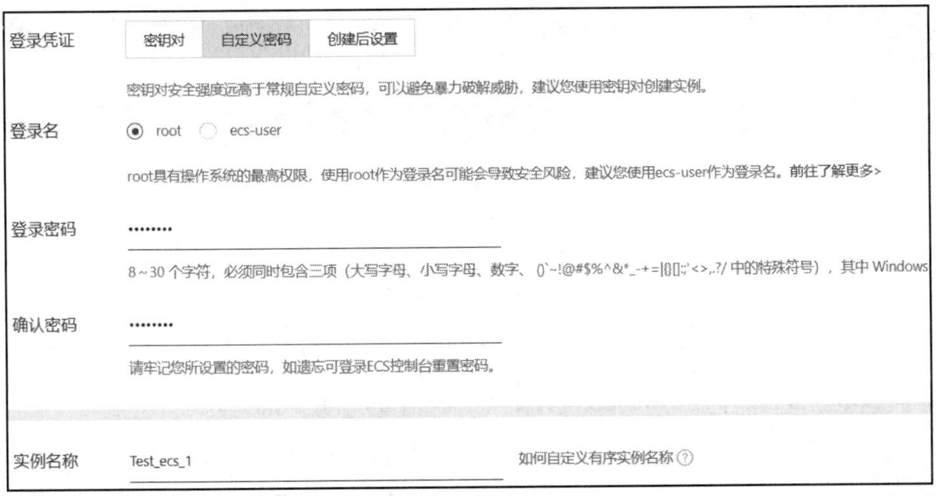

图 2-21　ECS 系统配置

（4）查看云服务器列表

创建完成后，返回云服务器列表，如图 2-22 所示，可以查看已创建好的云服务器 ECS。

实例ID/名称	标签	监控	可用区	IP地址	状态	网络类型	配置	付费方式	操作
i-bp1fhadgafzcxzitdkwn Test_ecs_1			杭州 可用区G	192.168.1.55（私有）	运行中	专有网络	2 vCPU 4 GiB （I/O优化） ecs.c5.large 0Mbps （峰值）	按量 2023年4月23日 18:31 创建	管理 | 远程连接 更改实例规格 | 更多

图 2-22　云服务器列表

子任务 2.2.2　使用 ECS

阿里云平台为实例的远程连接提供了多种方式，如 Workbench 远程连接、虚拟网络控制台（Virtual Network Console，VNC）远程连接等。除此之外，用户还可以根据个人喜好和习惯使用不同的工具进行远程连接。

1. 连接实例

在云服务器列表中，单击实例操作栏中的“远程连接”超链接，弹出“远程连接”对话框，选择“通过 Workbench 远程连接”选项，弹出“通过 Workbench 远程连接”对话框，如图 2-23 所示。

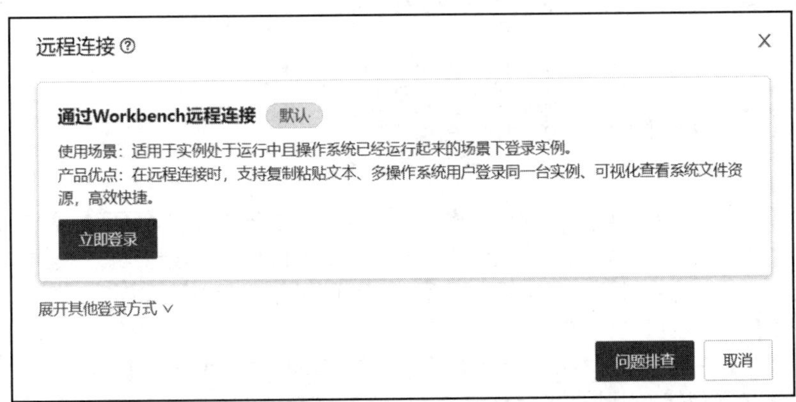

图 2-23　“通过 Workbench 远程连接”对话框

单击“立即登录”按钮，弹出“登录实例”对话框，输入实例密码，单击“确定”按钮即可，如图 2-24 所示。

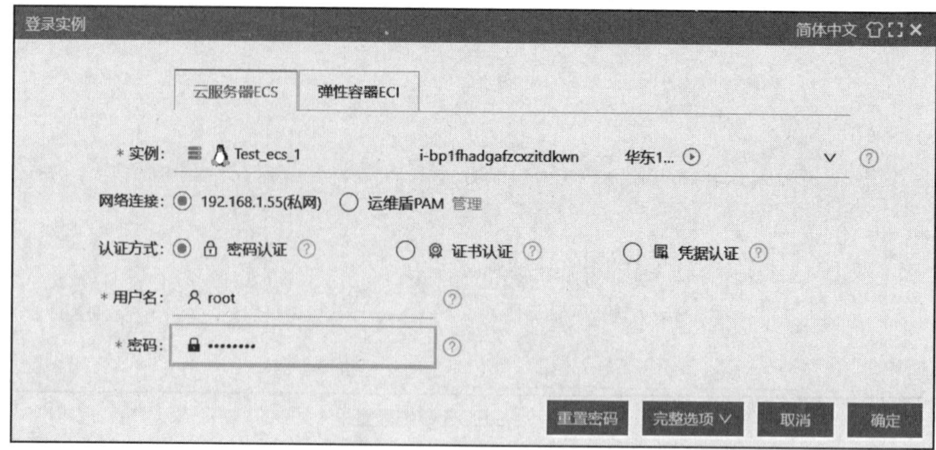

图 2-24 “登录实例”对话框

进入命令行界面（Command-Line Interface，CLI），可输入系统常规命令，对云服务器进行管理，如查询系统信息，如图 2-25 所示。

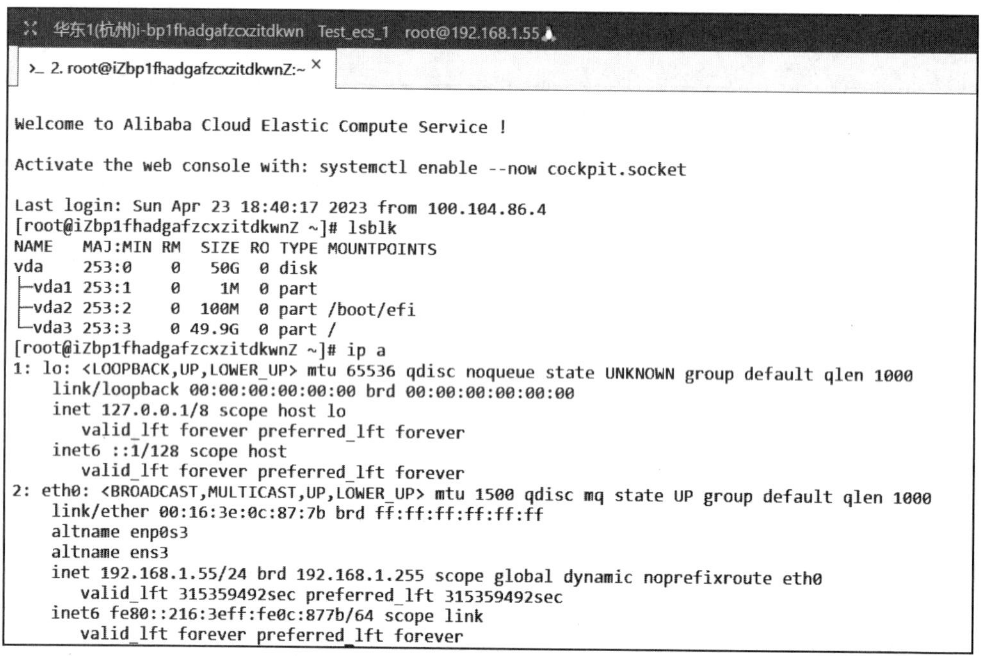

图 2-25 查询系统信息 1

在进行云服务器远程登录时，不仅可以通过 Workbench 远程连接，还可以通过 VNC 远程连接、会话管理远程连接，以及使用远程登录工具进行远程连接。远程登录工具的登录方式需要通过公网进行访问，并开放安全外壳（Secure Shell，SSH）协议及相关协议端口。

2. 绑定 EIP

在实例列表中，在实例操作栏的“网络和安全组”下拉列表中选择“绑定弹性 IP”选项。在弹出的“绑定弹性 IP”对话框中，选择子任务 2.1.2 中已经购买的 EIP 进行绑定，如图 2-26 所示。

绑定弹性IP

ECS实例：Test_ecs_1

*弹性IP：118.31.52.224　创建弹性公网IP

绑定的弹性的公网IP不会随ECS实例自动释放，EIP不绑定ECS会额外收取配置费用

确定　取消

图 2-26　绑定 EIP

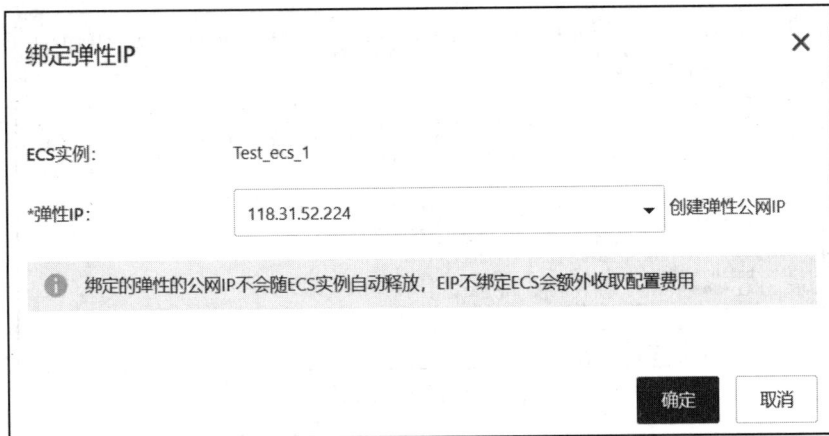

绑定完成后，可以看到实例中已包含 EIP，如图 2-27 所示。

实例ID/名称	标签	监控	可用区	IP地址	状态	网络类型
i-bp1fhadgafzcxzitdkwn Test_ecs_1			杭州可用区G	118.31.52.224（弹性） 192.168.1.55（私有）	运行中	专有网络

图 2-27　实例包含 EIP

此时可以利用这个 IP 地址，使用远程登录工具（如 Xshell，读者可自行安装）对云服务器进行远程连接（启动 Xshell 后，选择“文件”→“新建”选项，创建一个新的会话，弹出“连接”对话框，如图 2-28 所示）。

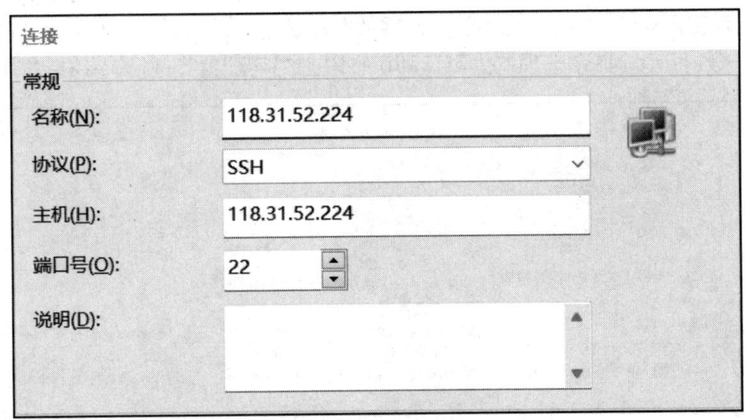

图 2-28　“连接”对话框

进入 CLI 后，即可输入系统常规命令对系统进行管理，如查询系统信息，如图 2-29 所示。

```
[root@iZbp1fhadgafzcxzitdkwnZ ~]# ip a
1: lo: <LOOPBACK,UP,LOWER_UP> mtu 65536 qdisc noqueue state UNKNOWN group default qlen 1000
    link/loopback 00:00:00:00:00:00 brd 00:00:00:00:00:00
    inet 127.0.0.1/8 scope host lo
       valid_lft forever preferred_lft forever
    inet6 ::1/128 scope host
       valid_lft forever preferred_lft forever
2: eth0: <BROADCAST,MULTICAST,UP,LOWER_UP> mtu 1500 qdisc mq state UP group default qlen 1000
    link/ether 00:16:3e:0c:87:7b brd ff:ff:ff:ff:ff:ff
    altname enp0s3
    altname ens3
    inet 192.168.1.55/24 brd 192.168.1.255 scope global dynamic noprefixroute eth0
       valid_lft 315356788sec preferred_lft 315356788sec
    inet6 fe80::216:3eff:fe0c:877b/64 scope link
       valid_lft forever preferred_lft forever
[root@iZbp1fhadgafzcxzitdkwnZ ~]# lsblk
NAME   MAJ:MIN RM  SIZE RO TYPE MOUNTPOINTS
vda    253:0    0   50G  0 disk
├─vda1 253:1    0    1M  0 part
├─vda2 253:2    0  100M  0 part /boot/efi
└─vda3 253:3    0 49.9G  0 part /
```

图 2-29　查询系统信息 2

3. 添加数据盘

目前创建的实例中只包含一块磁盘，即系统盘。如果有业务需求，则可以给云服务器挂载新的云盘作为数据盘，以满足业务需求。

（1）创建云盘

单击实例名称，进入实例的详细信息页面。在页面中单击“创建云盘”按钮，进入云盘的配置页面。配置是否挂载为“挂载到 ECS 实例”，云盘付费方式为“按量付费”，如图 2-30 所示。

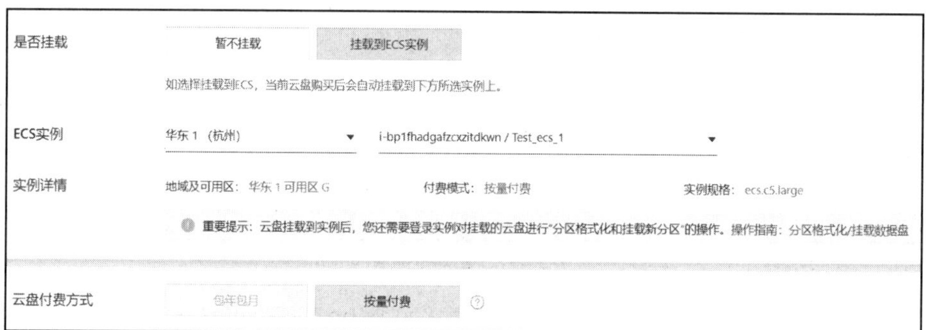

图 2-30　云盘配置

继续进行存储空间配置。设置存储为“ESSD 云盘”，其容量为“40”GB，购买量为“1”，按需求勾选“云盘随实例释放”“自动快照随实例释放”复选框，勾选“《云服务器 ECS 服务条款》”复选框，如图 2-31 所示，其余选项均为默认即可。以上内容配置完成后，单击“确认订单”按钮。

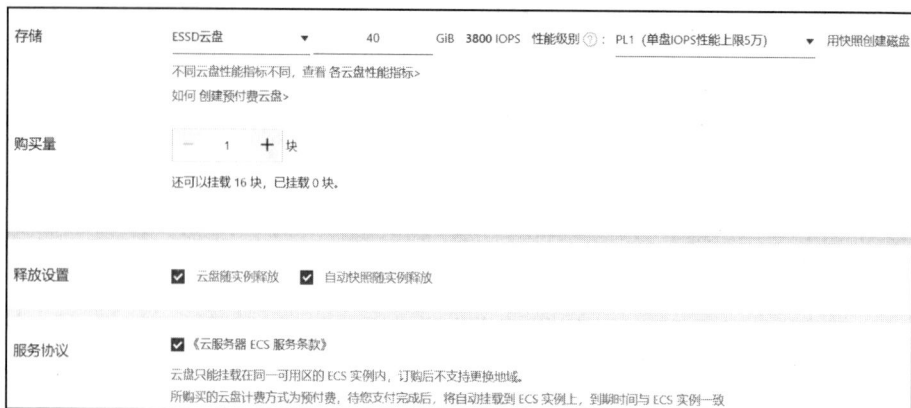

存储　ESSD云盘　40　GiB　3800 IOPS　性能级别：PL1（单盘IOPS性能上限5万）　用快照创建磁盘

不同云盘性能指标不同，查看 各云盘性能指标>

如何 创建预付费云盘>

购买量　1　块

还可以挂载 16 块，已挂载 0 块。

释放设置　云盘随实例释放　自动快照随实例释放

服务协议　《云服务器 ECS 服务条款》

云盘只能挂载在同一可用区的 ECS 实例内，订购后不支持更换地域。

所购买的云盘计费方式为预付费，待您支付完成后，将自动挂载到 ECS 实例上，到期时间与 ECS 实例一致

图 2-31　存储空间配置

（2）分区格式化

云盘创建完成后，在进入的页面中单击“分区格式化”按钮，借助云助手进行云盘分区格式化操作，将云盘分为两个大小为“10”GB 且文件系统类型为“ext4”的分区。暂不输入挂载点，配置完成后勾选云助手协议的复选框，如图 2-32 所示，并单击“开始执行”按钮。

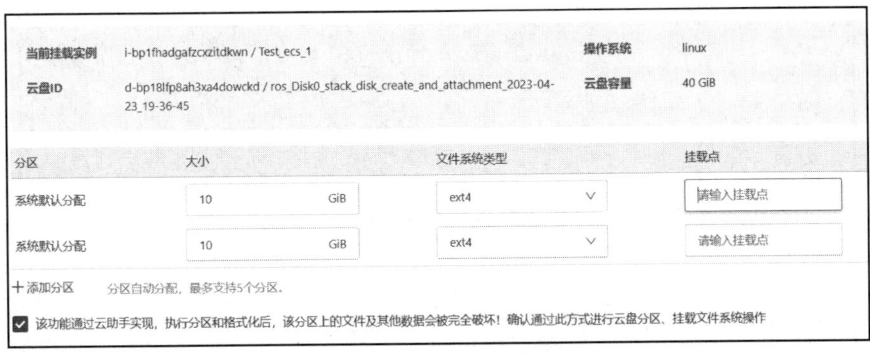

图 2-32　分区格式化

分区格式化执行完毕后，可在远程登录工具中输入命令对云盘详细信息进行查看，命令及显示信息如下。

```
[root@iZbp1fhadgafzcxzitdkwnZ ~]# lsblk
NAME    MAJ:MIN  RM  SIZE    RO  TYPE   MOUNTPOINTS
vda     253:0    0   50G     0   disk
├─vda1  253:1    0   1M      0   part
├─vda2  253:2    0   100M    0   part   /boot/efi
└─vda3  253:3    0   49.9G   0   part   /
vdb     253:16   0   40G     0   disk
├─vdb1  253:17   0   10G     0   part
└─vdb2  253:18   0   10G     0   part
```

4. 使用安全组

安全组是一种虚拟的防火墙，能够控制云服务器 ECS 实例的出、入站流量。

安全组的入方向规则用于控制 ECS 实例的入站流量，出方向规则用于控制 ECS 实例的出站流量。用户在创建 ECS 实例时，可以指定一个或多个安全组。如果用户创建 ECS 实例时未指定安全组，则将使用默认安全组。在决定 ECS 实例的流量能否通过时，与 ECS 实例关联的多个安全组的规则将按固定的策略排序，这些规则将共同生效。

（1）基本信息配置

在云服务器 ECS 功能栏下方，找到“网络与安全”并单击“安全组”按钮，进入基本信息配置页面，配置安全组名称为“sg-1”，网络为“Test_VPC_1”，安全组类型为“普通安全组”，如图 2-33 所示。

基本信息
* 安全组名称：sg-1　描述：
* 网络：vpc-bp1mks2k5e4m5vhl7swpf/Test_VPC...　创建专有网络　资源组：请选择
* 安全组类型：普通安全组　标签：请选择或输入完整...：请选择或输入完整...

图 2-33　基本信息配置

（2）访问规则配置

在原有的入方向规则中，配置快速添加中的授权策略为“允许”，授权对象为“0.0.0.0/0”，勾选端口范围中的“MySQL(3306)”和“Redis(6379)”复选框，并单击“确定”按钮，如图 2-34 所示。

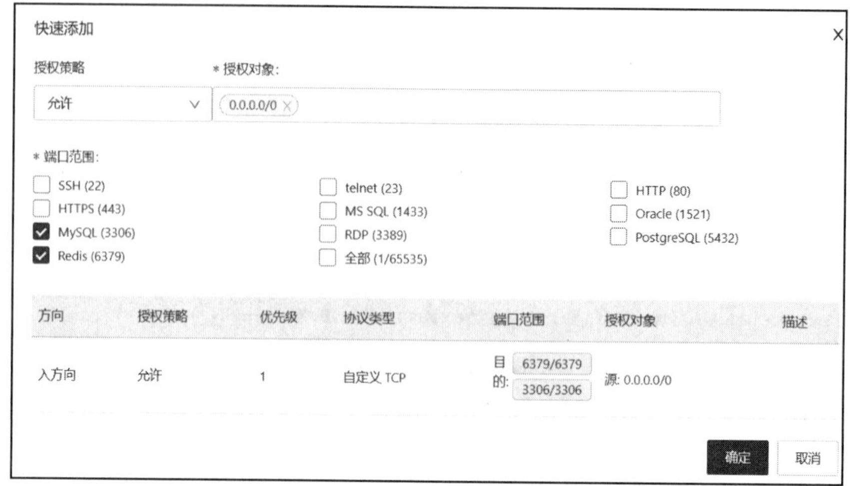

图 2-34　访问规则配置

配置完成后，单击“创建安全组”按钮，并查看安全组列表，如图 2-35 所示。

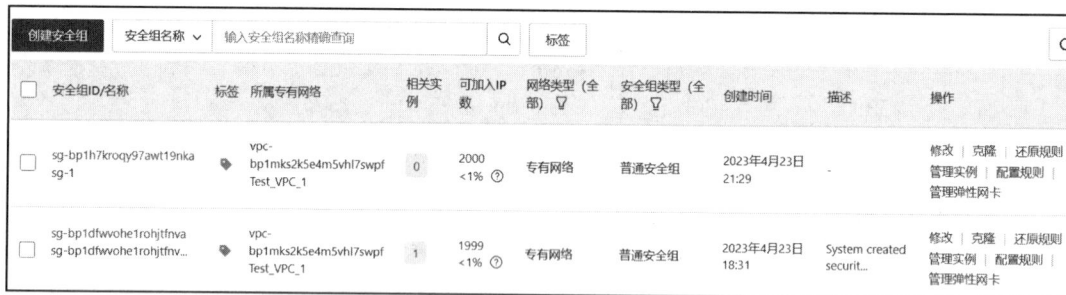

创建安全组　安全组名称　输入安全组名称精确查询　标签

安全组ID/名称	标签	所属专有网络	相关实例	可加入IP数	网络类型（全部）	安全组类型（全部）	创建时间	描述	操作
sg-bp1h7kroqy97awt19nka sg-1		vpc-bp1mks2k5e4m5vhl7swpf Test_VPC_1	0	2000 <1%	专有网络	普通安全组	2023年4月23日 21:29	-	修改 | 克隆 | 还原规则 管理实例 | 配置规则 | 管理弹性网卡
sg-bp1dfwvohe1rohjtfnva sg-bp1dfwvohe1rohjtfnv...		vpc-bp1mks2k5e4m5vhl7swpf Test_VPC_1	1	1999 <1%	专有网络	普通安全组	2023年4月23日 18:31	System created securit...	修改 | 克隆 | 还原规则 管理实例 | 配置规则 | 管理弹性网卡

图 2-35　查看安全组列表

任务 2.3　关系型数据库服务实战

在本任务中，读者需要按照阿里云平台给出的参数，配置数据库类型、实例规格、数据存储空间、高权限账号等，以完成 RDS 的申请。同时，读者需要能够使用申请的 RDS 进行数据库和数据表的简单创建。

子任务 2.3.1　申请 RDS

云基础服务-项目实施 3

1. 选择云数据库 RDS

登录成功后，单击页面右上角的“控制台”按钮，并在进入的页面中单击左上角的☰按钮，打开阿里云产品与服务列表。搜索关键词“数据库”，在搜索结果中找到“关系型数据库”，并选择 RDS 对应的“云数据库 RDS 版”选项，如图 2-36 所示。

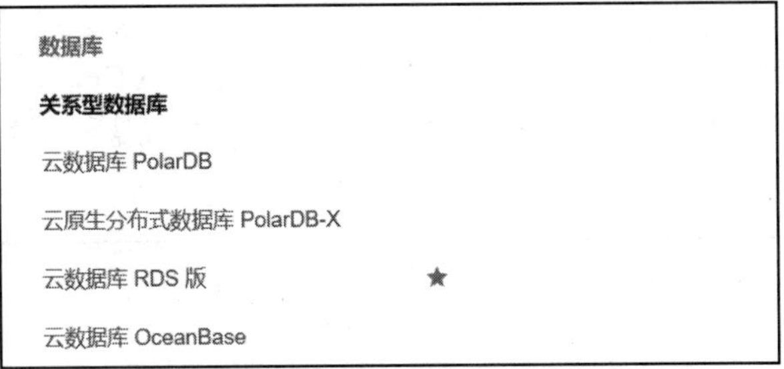

图 2-36　选择“云数据库 RDS 版”选项

2. 创建云数据库 RDS

（1）基础资源配置

在进入的云数据库 RDS 页面中，单击“创建实例”按钮，进入基础资源配置页面后，设置计费方式为“按量付费”，地域为“华东 1（杭州）”，类型为“MariaDB 10.3”，系列为“高可用版”，架构为“x86”，存储类型为“ESSD PL1 云盘”，如图 2-37 所示。

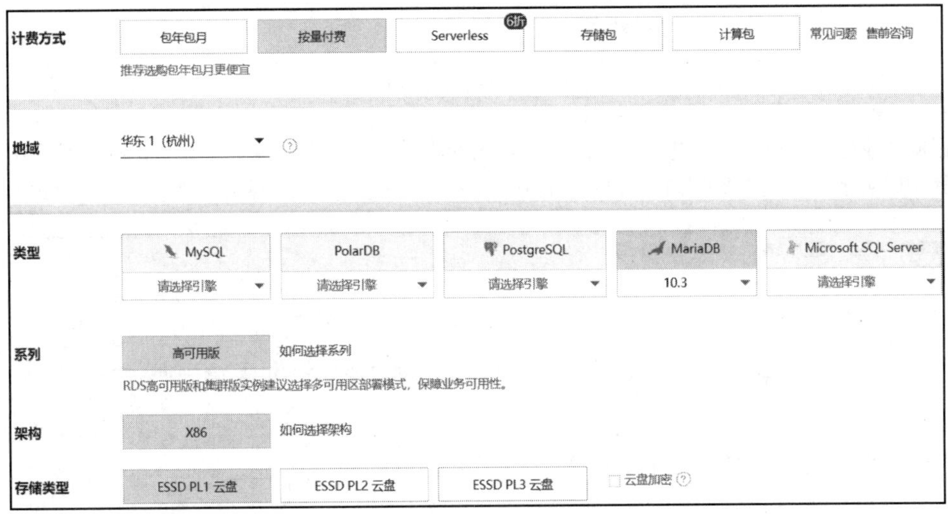

图 2-37　数据库基础资源配置

继续进行节点配置。设置主节点可用区为“杭州 可用区 G”，部署方案为“单可用区部署”，实例规格为“通用规格”、“通用型”、“2”核、“4 GB”，如图 2-38 所示。以上内容配置完成后，单击“下一步：实例配置”按钮。

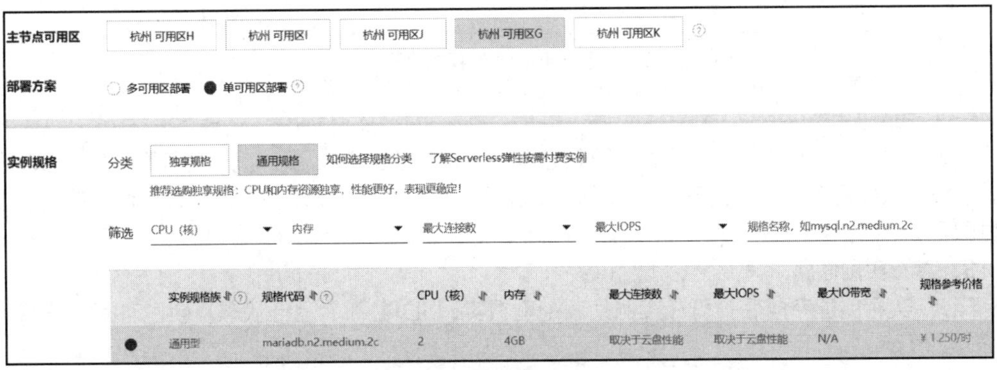

图 2-38　节点配置

（2）实例配置

在实例配置中选择网络类型为“专有网络”，VPC 为“Test_VPC_1|192.168.0.0/16”，主节点交换机为“Test_Switch_1|192.168.1.0/24”，加入白名单为“是”，数据库端口为“3306”，如图 2-39 所示。

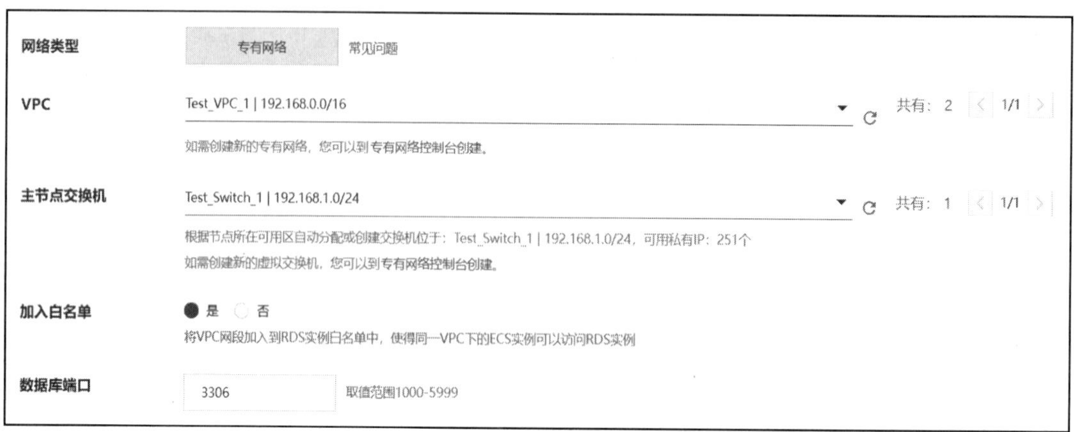

图 2-39 数据库网络配置

根据需求勾选“防止通过控制台或 API 误删除释放”复选框，高权限账号选择“稍后设置”，如图 2-40 所示。以上内容配置完成后，单击“下一步：确认订单”按钮。

图 2-40 实例释放配置

（3）确认订单

在确认订单时，核实自己的实例配置信息是否正确。核实完毕后，勾选“《云数据库 RDS 服务条款》和《云数据库 RDS 服务等级协议》”复选框，如图 2-41 所示，单击“去支付”按钮，完成支付即可。

3. 查看实例信息

RDS 实例创建完成后，可在实例列表中查看实例 ID/名称、运行状态及创建时间等信息，如图 2-42 所示。

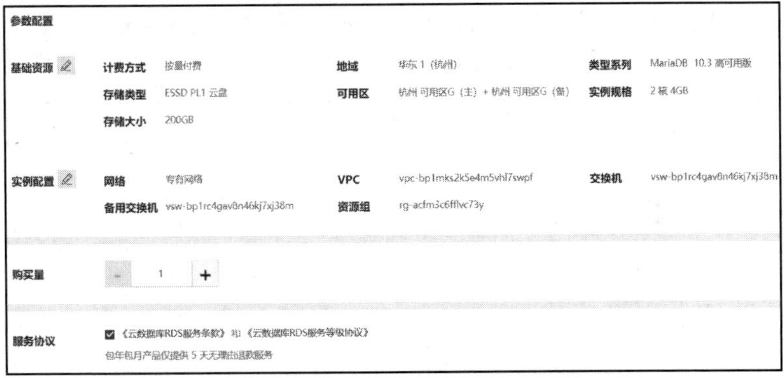

图 2-41　确认订单

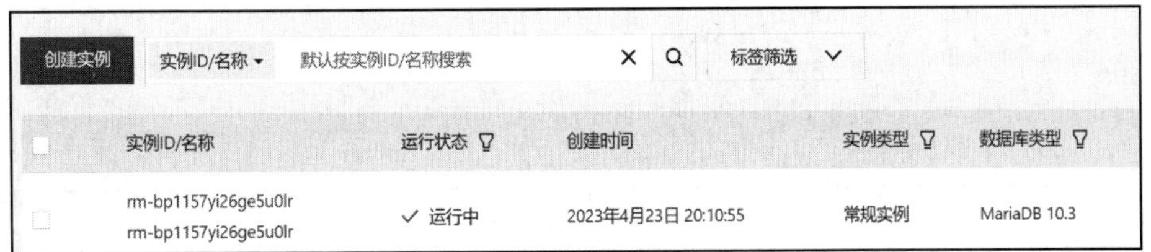

图 2-42　RDS 实例列表

单击图 2-42 中的实例 ID/名称（如“rm-bp1157yi26ge5u0lr”）后，可以在进入的页面中查看更多的实例信息，如图 2-43 所示。

基本信息	设置白名单		
实例ID	rm-bp1157yi26ge5u0lr	名称	rm-bp1157yi26ge5u0lr
资源组ID	rg-acfm3c6fflvc73y	资源组名称	默认资源组
标签	acs:rm:rgId : rg-acfm3c6fflvc73y	地域及可用区	华东1（杭州）可用区G（主）+ 可用区G（备）
类型及系列	常规实例 (高可用版)	网络类型	专有网络 查看连接详情
存储类型	ESSD PL1 云盘（推荐）	架构	X86
运行状态	释放实例		
运行状态	✓ 运行中	计费方式	按量付费 转包年包月
创建时间	2023年4月23日 20:10:55		
配置信息	变更配置		
数据库类型	MariaDB 10.3	规格族	通用型
CPU	2 核	数据库内存	4096 M
最大连接数	4000	最大IOPS	10000
可维护时间段	02:00-06:00 设置	实例规格	mariadb.n2.medium.2c
小版本信息	rds_20220330 当前已是最新版本	释放保护	未开启 设置

图 2-43　查看更多的实例信息

子任务 2.3.2　使用 RDS

1. 创建高权限账号

阿里云 RDS MySQL 或 RDS MySQL Serverless 实例支持两种数据库账号，分别为高权限账号和普通账号。不同类型账号的权限不同，用户可以在控制台上管理所有账号和数据库。

单击图 2-42 中的实例 ID/名称后，可以在页面左侧导航栏中选择“账号管理”→“账号管理”选项，如图 2-44 所示，进入相应页面以创建高权限账号。

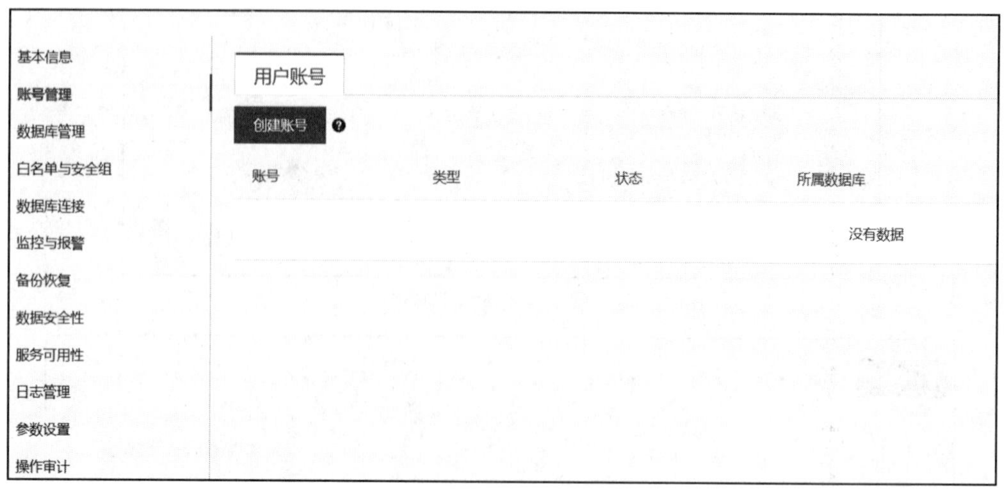

图 2-44　选择“账号管理”选项

单击“创建账号”按钮，在弹出的“创建账号”对话框中，设置数据库账号为“admin_rds_1”，账号类型为“高权限账号”，根据阿里云要求自行配置密码，如图 2-45 所示。设置完成后单击“确定”按钮即可。

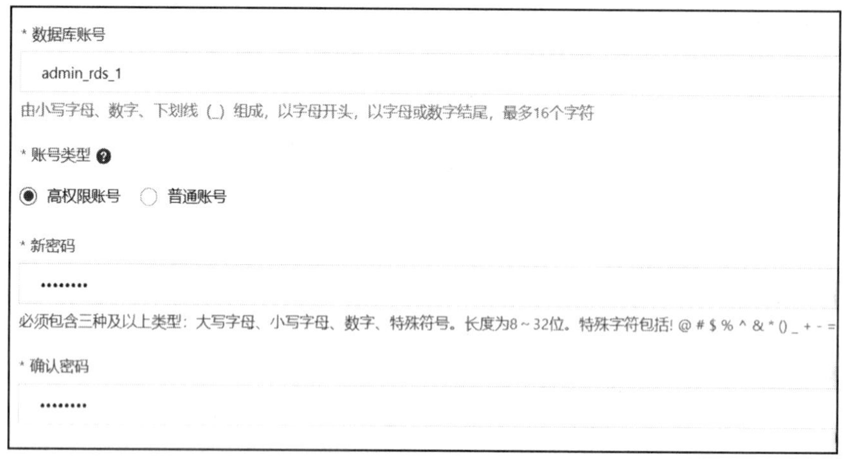

图 2-45　高权限账号配置

账号创建完成后，进入账号列表，等待几秒，账号状态会变为“已激活”，如图 2-46 所示。

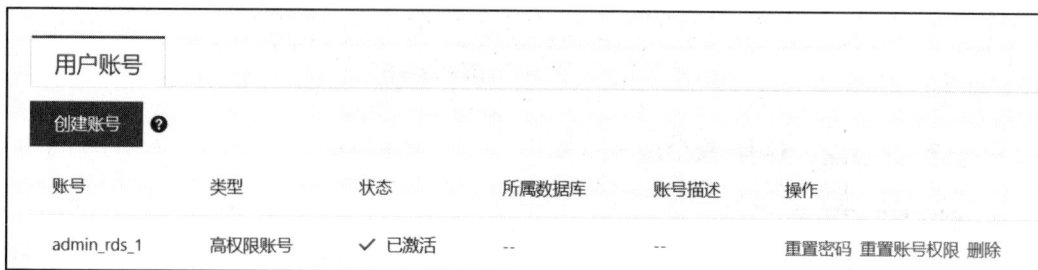

用户账号

创建账号

账号	类型	状态	所属数据库	账号描述	操作
admin_rds_1	高权限账号	✓ 已激活	--	--	重置密码 重置账号权限 删除

图 2-46　账号列表

2. 管理数据库

在左侧导航栏中选择“账号管理”→“数据库管理”选项，并在页面中单击“创建数据库”按钮，弹出“创建数据库”对话框，设置数据库(DB)名称为“test_rds_db_1”，支持字符集为“utf8mb4”，如图 2-47 所示。设置完成后单击“确定”按钮即可。

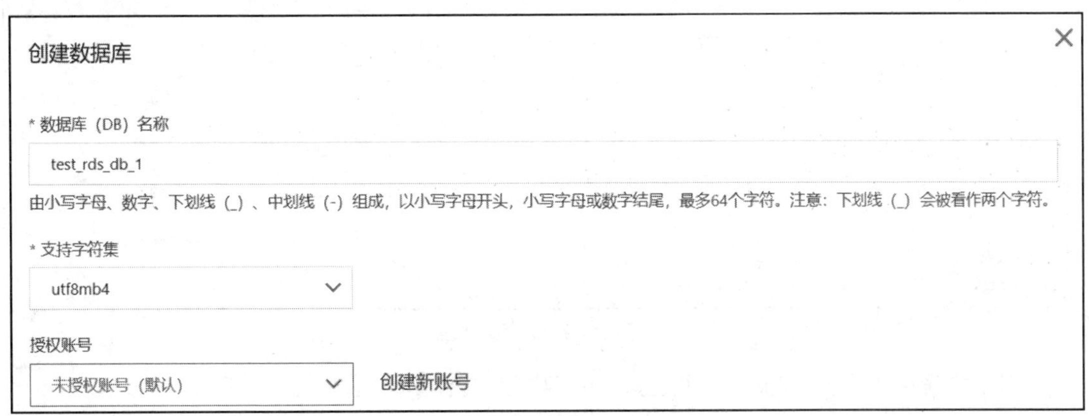

图 2-47 “创建数据库”对话框

创建完成后，在页面上方单击“登录数据库”按钮。在弹出的“登录实例”对话框中，输入之前创建的高权限账号和对应密码，并勾选“记住密码”复选框。将管控模式配置为“自由操作 永久免费”。设置完成后，需先单击“测试连接”按钮，确认连接无误后，再单击“登录”按钮，如图 2-48 所示。

图 2-48 “登录实例”对话框

登录成功后，选择左侧导航栏中的“实例管理”选项，并在右侧选择“数据库列表”选项卡，即可查看数据库列表信息，如图 2-49 所示。

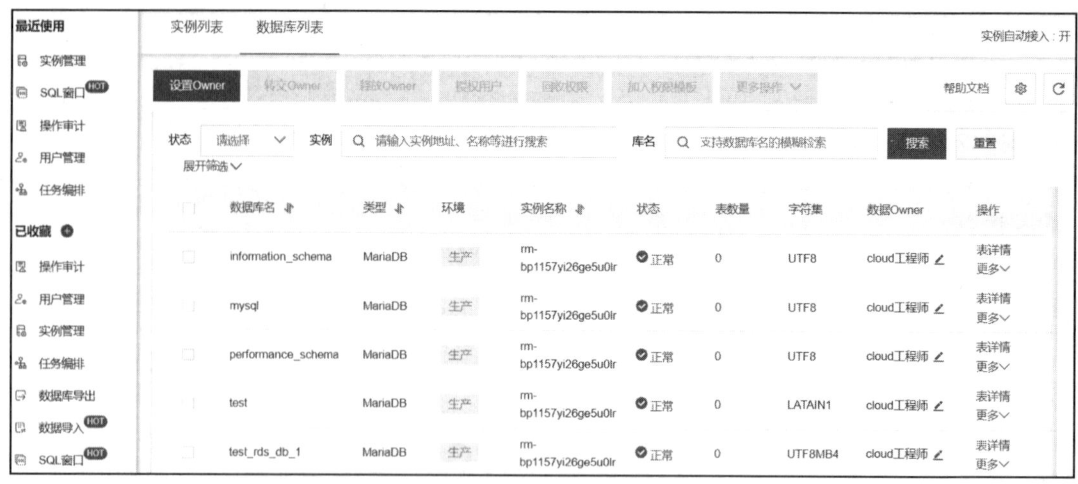

图 2-49　数据库列表

单击数据库对应的“表详情”超链接，进入数据表操作界面，如图 2-50 所示。

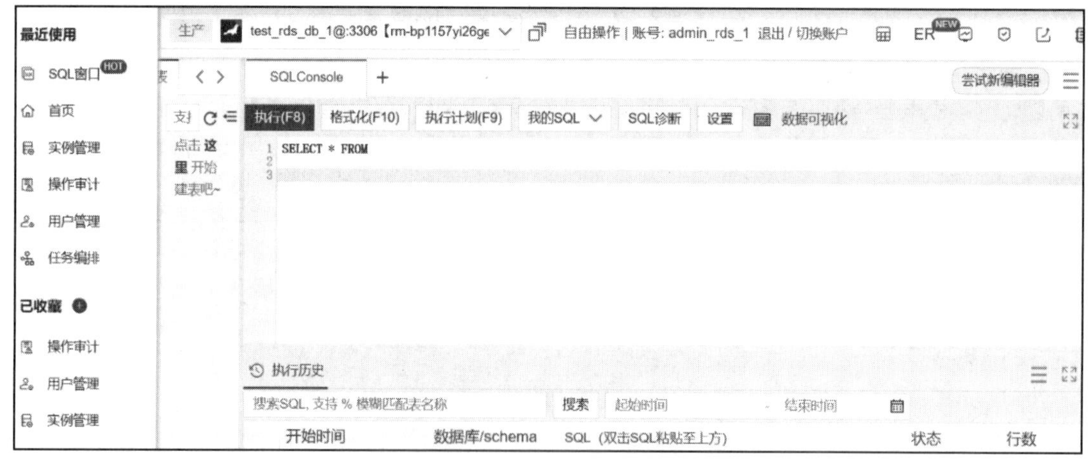

图 2-50　数据表操作界面

【项目小结】

本项目主要带领读者学习如何基于阿里云平台进行专有网络 VPC、云服务器 ECS 及云数据库 RDS 的创建和使用，旨在帮助读者创建和灵活使用这些云产品。

通过本项目，读者应能够真正了解和实现在公有云环境下构建各类业务系统的操作。在以后的学习和工作中，读者可以结合实际场景需求，搭配其他公有云产品，完成业务系统的创建和上云迁移。

【拓展知识】

国务院印发的《“十四五”数字经济发展规划》明确指出，“十四五”时期，我国数字经济转向深化应用、规范发展、普惠共享的新阶段。在新的发展阶段，随着国内政务、医疗、教育、商务办公等行业的数字化转型不断深入，我国公有云市场进入了高速发展阶段。

2022年以来，我国数字经济持续受到顶层设计的利好催化，《“十四五”数字经济发展规划》提出，推行普惠性“上云用数赋智”服务、推动企业上云、上平台，降低技术和资金壁垒，加快企业数字化转型。

【知识巩固】

1. 想要通过设置虚拟服务地址，将添加的同一地域的多个 ECS 实例虚拟成一个高性能、高可用的后端服务池，并根据转发规则将来自客户端的请求分发给后端服务器池中的 ECS 实例，可以使用阿里云的（　　）来实现。

A. 弹性伸缩 AutoScaling

B. 负载均衡 SLB

C. 云数据库 RDS

D. 内容分发网络（Content Delivery Network，CDN）

2. 数据库审计服务是一款专业、主动、实时监控数据库安全的审计产品，（　　）可用于审计阿里云平台中数据库的相关产品。

A. RDS　　B. ECS 自建数据库　　C. NoSQL

D. MaxCompute　　E. ADS

3. VPC 一般由哪几个核心组件构成?

4. 公有云服务器最大的优势是什么?

【拓展任务】

1. 在“华东 2（上海）”地域，申请一台任意规格的云服务器，并绑定一条大小为 5 Mbit/s 的公网带宽，按照固定带宽大小进行计费。

2. 在本拓展任务步骤 1 中的地域内申请一台任意规格的 RDS。

3. 在云服务器中搭建并配置 LNMP 架构，并使用本拓展任务步骤 2 中申请的 RDS 构建 WordPress 上云应用系统。

项目3 云应用部署

【学习目标】

【知识目标】

1. 了解应用常规部署的步骤。
2. 了解应用上云部署的优缺点。
3. 了解WordPress应用简介与架构。

云应用部署-理论讲解

【技能目标】

1. 掌握阿里云ECS的创建与使用方法。
2. 掌握阿里云RDS的创建与使用方法。
3. 掌握WordPress应用上云的部署方法。

【素质目标】

1. 通过学习各类云应用的部署方法，培养学生的创新思维和对新技术的应用能力。
2. 严格规范学生的部署操作，避免用户信息泄露或其他安全问题，培养学生的法律意识和对用户负责的态度。

【项目概述】

本项目的主要目标是带领读者创建一个包含专有网络VPC、云服务器ECS和云数据库RDS的应用服务环境，并完成WordPress应用上云的部署。在本项目中，首先，需要进行专有网络VPC的创建并配置对等连接，这有助于建立一个安全、稳定、高效、可用的应用网络环境；其次，需要创建云服务器ECS并在其上安装所需的应用服务和环境，确保应用服务与将要创建的云数据库RDS兼容；最后，通过创建云数据库RDS来存储应用数据，并在云服务器ECS上部署WordPress应用，以实现应用服务环境的创建。在项目实现过程中，需要注意应用数据的安全性和可靠性，以及应用网络环境的稳定性和可用性。

【知识准备】

云应用部署是将应用程序和相关资源通过云服务提供商的平台进行安装、配置和运行的过程。它包括选择合适的云服务提供商、创建虚拟机实例或容器、配置网络和存储、安装应用程序和依赖项、进行监控和扩展等步骤。云应用部署具有灵活性、可伸缩性和高可用性等特点，使应用程序能够得到快速部署和弹性扩展，以满足不同规模和需求的业务。

在接下来的任务中，为了保证在阿里云上顺利部署WordPress应用，读者需要创建一些必要的资源和实例。因此，将重点介绍专有网络VPC、云服务器ECS、云数据库RDS这3种阿里云核心产品的相关信息、创建步骤，以及应用上云的操作过程。

3.1 应用常规部署

在现代软件开发和运维实践中，应用常规部署是确保业务连续性和系统稳定性的关键环节。通过标准化和自动化的部署过程，团队能够高效地发布新功能、修复缺陷并进行必要的系统升级。应用常规部署可以显著减少人为错误，加快应用程序发布速度，提高整个软件交付过程的透明度和可预测性。

3.1.1 应用常规部署的步骤

首先，应用部署是将应用程序从开发环境转移到生产环境的过程，它是软件开发过程中的一个关键环节。成功的应用部署确保了应用程序在生产环境中的正确执行，并提高了应用程序的稳定性和可靠性。

应用常规部署步骤如下。

1. 确定目标平台

在部署应用程序前，需要确定目标平台，也就是需要确定在哪种操作系统上部署应用程序。这有助于用户选择正确的工具和技术来完成应用程序部署。

2. 配置服务器

在部署应用程序前，还需要配置服务器以满足应用程序的需求。这包括安装必要的软件、服务和设置环境变量，以及配置网络和防火墙等。

3. 安装应用程序

一旦配置好服务器，就需要将应用程序安装到服务器上。这涉及将应用程序在开发环境中打包成可执行文件，并将文件传输到目标服务器两个操作步骤。

4. 配置应用程序

在安装完应用程序后，还需要对应用程序进行配置。这包括设置应用程序的运行参数、环境变量、数据库连接和文件存储方式等。

5. 测试应用程序

在部署应用程序前，需要对应用程序进行测试，以确保它在生产环境中正常运行，能够处理各种输入和输出情况，这可以通过模拟真实场景来实现。

6. 应用程序上线

最后一步是将应用程序上线，让用户能够访问它。这需要将应用程序链接到 Web 服务器或应用服务器上，并配置正确的域名系统（Domain Name System，DNS）记录等。

以上就是应用常规部署的步骤。当然，这只是一个大概的描述。在实践中，用户还需要考虑安全性、版本控制、自动化部署等因素。

3.1.2 应用常规部署的优缺点

1. 应用常规部署的优点

（1）稳定性和可靠性高：通过对应用程序进行全面配置和充分测试，可以显著提高应用程序的稳定性和可靠性。

（2）可控性强：在应用常规部署过程中，运维人员能够对应用程序进行详细的配置和规划，从而确保其在生产环境中正常运行。

（3）标准化程度高：应用常规部署过程通常采用标准化的操作方法，整个过程更易于理解和实施。

2. 应用常规部署的缺点

（1）时间和人力成本高：应用常规部署需要进行许多烦琐的配置和测试工作，耗费较多时间和较高的人力成本。

（2）易出错：应用常规部署涉及多个步骤，容易出现错误，并且难以快速修复。

（3）难以实现自动化和扩展：应用常规部署难以实现自动化，难以适应不断变化的需求，其扩展性也相对较差。

综上所述，对于应用程序的部署方法，用户需要根据应用程序和环境的具体需求进行选择。在实际情况下，用户可能会选择应用常规部署与其他部署方法相结合的方式，以平衡效率与可控性。

3.2 应用上云部署的步骤

使用应用上云部署不仅可以降低企业 IT 成本，还能够提高应用程序的可靠性、灵活性和可扩展性。相比应用常规部署，应用上云部署在管理、资源分配和安全方面更加简单便捷，并且具备更多优势，如更高的可扩展性、灵活性、安全性和更低的成本等。

在当今数字化时代，越来越多的企业已经开始采用上云部署作为其应用程序部署的首选方式。据 Gartner 最新预测，2025 年，全球终端用户在公有云服务上的支出将从 2024 年的 5957 亿美元增长至 7234 亿美元。这从侧面反映了云计算在企业中的普及和应用程度不断提高，云计算市场呈现出快速增长的态势。

应用上云部署的步骤如下。

1. 选择云服务提供商

选择适合自身业务需求的云服务提供商是非常关键的。用户的主要考虑因素包括云服务提供商所提供服务的可靠性、稳定性、安全性、成本效益和技术支持等。市场上有许多云服务提供商，如阿里云、微软云 Azure 等，用户需要根据实际情况对这些云服务提供商进行筛选和评估。

2. 选择应用上云部署类型

应用上云部署分为虚拟机部署、容器化部署和无服务器计算部署 3 种类型。具体选择哪种类型取决于应用程序的特点、运行环境与配置、开发者的技能水平，以及公司的预算和服务等级协议（Service Level Agreement，SLA）等因素。

（1）虚拟机部署

虚拟机部署指利用虚拟化技术在物理服务器上创建多个独立的虚拟服务器实例，虚拟机部署的基本步骤包括安装虚拟化软件、分配资源、安装操作系统和应用程序、配置网络和存储，以及管理虚拟机的生命周期。它的优点是可以优化资源、降低成本、提高灵活性和可扩展性、增强可用性并简化管理，但也存在性能开销大、易产生不兼容问题、初始投资成本高等缺点。

（2）容器化部署

容器化部署是一种轻量级操作系统虚拟化技术，通过创建 Dockerfile、构建并上传容器镜像、编写配置文件、部署到编排平台（如 Kubernetes），以及管理容器实例等步骤，实现对应用程序及其依赖环境的封装和隔离。容器化部署的优点是应用程序具备可移植性、隔离性、自动化和可扩展性，同时可简化部署和管理流程；缺点是其学习曲线陡峭，存在安全风险高、管理复杂、成本高昂等问题。

（3）无服务器计算部署

无服务器计算是一种云计算模型，使开发者能够构建和运行应用程序而无须管理服务器。无服务器计算部署的基本步骤包括编写响应事件的函数代码、部署到云平台、配置触发器、通过 API 网关调用或事件触发执行，以及监控和调整性能与成本。它的优点是开发者无须管理服务器、按需付费、应用程序快速部署和事件驱动等，但也存在冷启动延迟、状态管理复杂、任务运行限制及对外部服务依赖等缺点。

3. 配置、部署和管理云资源

在选择应用上云部署类型后，需要对云资源进行配置、部署和管理。这些云资源包括虚拟机、容器、存储空间、数据库、网络等。对这些云资源的配置、部署和管理需要按照最佳实践完成，以保证安全性、高性能和可靠性。

4. 测试和评估应用程序及云环境

在完成云资源的配置、部署和管理后，需要对应用程序及云环境进行测试和评估，以确保它们能够正常工作。测试和评估的目的主要是验证应用程序及云环境的质量和性能是否满足业务需求，同时需要进行安全性和可靠性等方面的测试及评估。

5. 部署应用程序

在完成测试后，可以将应用程序部署到云上并开始使用。需要注意的是，在部署前应备份数据、配置和代码等重要信息，以便在出现问题时能够快速恢复。

3.3 应用上云的优势

随着云计算技术的不断成熟和企业数字化转型的加速，应用上云已成为企业提升竞争力和运营效率的重要策略。应用上云不仅涉及将现有业务系统迁移到云端，还意味着企业可以利用云平台的弹性、可扩展性和按需服务等特性，实现业务的快速迭代和创新。此外，云服务的灵活性和全球可达性为企业提供了跨越地域限制、快速响应市场变化的能力。

3.3.1 公有云部署应用的优势

1. 高灵活性和可扩展性

公有云服务提供商通常具备具有高灵活性和可扩展性的基础设施，能够帮助企业快速调整应用程序的规模和容量，以满足不断变化的用户需求。公有云还提供了多种计算、存储和网络资源，使得企业能够根据自己的需要选择最合适的工具。

2. 成本效益高

公有云提供了按需付费的模式，这意味着企业只需支付所使用资源的费用。这能够大幅降低企业的 IT 成本，避免出现过早投资和资源浪费等问题。

3. 全球覆盖和合作能力

公有云服务提供商具有全球覆盖和合作能力，这为企业提供了更好的合作条件，并使应用程序的访问和使用更加便捷。此外，公有云还可以通过多种合作和共享机制，提高企业的生产力和创新能力。

4. 高级别的安全保障

公有云服务提供商通常具备高级别的安全措施和管理机制，能够对企业的应用程序进行全面保护。这包括数据加密、身份认证、访问控制和漏洞扫描等各种安全措施，能够有效降低企业的安全风险。

5. 简单易用的管理工具

公有云通常提供简单易用的管理工具，使企业能够轻松管理其应用程序和资源。这些管理工具具有自动化部署、监控、警报、自动缩放和安全审计等功能，能够帮助企业更好地管理其 IT 资产和应用程序。

3.3.2 阿里云部署应用的优势

阿里云部署应用具有高度灵活的部署方式、全球覆盖能力、高度安全的保障机制、大规模的资源优势及全方位的技术支持和服务等优势。这些优势能够满足企业的不同需求，帮助企业实现更高效、可靠、安全的应用程序部署。

1. 高度灵活的部署方式

阿里云提供了多种不同的部署方式，企业可以根据需求选择最适合的方式进行应用程序部署。例如，如果需要快速部署、管理和扩展应用程序，则可以使用弹性伸缩服务；如果需要使用容器技术实现跨平台、高可用性的应用程序部署，则可以选择容器服务。此外，阿里云还提供虚拟机、函数计算等其他部署方式，以满足不同领域和场景的需求。

2. 全球覆盖能力

阿里云在全球范围内拥有多个数据中心，并提供全球覆盖的内容分发服务。这意味着企业可以通过阿里云的全球基础设施和网络资源，为用户提供更加快速、稳定的服务。此外，阿里云还具有高可用性和容错能力，能够保证应用程序的稳定性和可靠性。

3. 高度安全的保障机制

阿里云提供了多种安全保障机制，包括分布式拒绝服务（Distributed Denial of Service，DDoS）攻击防护、Web 应用防火墙（Web Application Firewall，WAF）、数据加密、身份认证等，这些保障机制能够对企业的应用程序进行全面保护。此外，阿里云还具备高级别的安全审计和监测功能，以便及时发现和处理安全问题。

4. 大规模的资源优势

阿里云拥有大规模、稳定的基础设施资源，能够帮助企业快速扩展应用程序的规模和容量。此外，阿里云还提供强大的负载均衡和云数据库等服务，能够为企业提供高效且稳定的应用程序支持。

5. 全方位的技术支持和服务

阿里云提供全方位的技术支持和服务，涵盖培训、咨询、架构设计等方面，能够帮助企业快速掌握并应用最新的云计算技术。此外，阿里云还提供一系列解决方案和行业专属服务，可以满足不同行业和场景的需求。

3.4 WordPress 应用介绍

WordPress 应用作为全球最流行的内容管理系统（Content Management System，CMS）之一，以其强大的功能、灵活性和用户友好性，在全球范围内被广泛用于构建和管理各类网站。从简单的个人博客到复杂的企业网站，WordPress 应用都能够提供定制化的解决方案。

3.4.1 WordPress 应用简介

WordPress 是一款开源的内容管理系统，其目标是为用户提供一个易于使用的平台，使用户能够快速创建和管理自己的网站或博客。WordPress 以插件架构为基础，使用户可以轻松扩展网站或博客的功能，且 WordPress 提供数百个主题，用户可以自定义网站或博客的外观和风格。

1. WordPress 的特点及优势

（1）易于使用。WordPress 具有直观、用户友好的界面，用户可以轻松使用 WordPress 创建和管理自己的网站或博客。

（2）可定制性强。WordPress 拥有多样化的主题和插件库，用户可根据需求进行个性化设置。

（3）搜索引擎优化（Search Engine Optimization，SEO）友好。WordPress 具有出色的SEO 功能，能够帮助网站在搜索结果页面中获得更好的排名。

（4）社区生态完善。WordPress 社区庞大，包括数百万的活跃用户和开发者，并且社区提供各种文档、教程和支持资源等。

2. WordPress 的应用领域

（1）博客和新闻门户网站。WordPress 最初是一款博客平台，因此非常适用于建设博客和新闻门户网站。

（2）商业网站和电子商务。WordPress 提供了多种适用于商业网站和电子商务的插件，如支付网关、运费计算器、购物车等。

（3）基于社交网络的网站。WordPress 具有丰富的社交功能，并支持嵌入多种社交网络插件和 API。

（4）学术研究网站。WordPress 可用于搭建各类学术研究门户网站，利用其提供的博客、论坛、在线问答等丰富功能，学者之间可以方便地进行知识分享和合作。

3.4.2 WordPress 采用的架构、运行环境与依赖的服务

1. WordPress 采用的架构

WordPress 采用了经典的 LAMP 架构，即 Linux、Apache、MySQL 和 PHP。LAMP 架构是一种常见的 Web 应用程序技术体系架构，其中 Linux 作为操作系统，Apache 作为 Web 服务器，MySQL 作为关系数据库管理系统（Database Management System，DMS），PHP 作为编程语言。WordPress 使用 PHP 语言开发，使用 MySQL 数据库存储数据，用户可通过 Apache Web 服务器对其进行访问。

2. WordPress 运行环境与依赖的服务

（1）操作系统。WordPress 可以运行在多种操作系统上，其中较常用的是 Linux（如 CentOS、Ubuntu 等）。

（2）Web 服务器。WordPress 可以运行在多种 Web 服务器上，其中较流行的是 Apache Web 服务器，也可以使用 Nginx Web 服务器。

（3）关系数据库管理系统。WordPress 需要一个关系数据库管理系统来存储网站内容和数据。MySQL 是最常用的关系数据库管理系统之一，但 WordPress 也支持其他关系数据库管理系统，如 MariaDB 和 PostgreSQL 等。

（4）PHP 解释器。因为 WordPress 是使用 PHP 编写的，所以需要 PHP 解释器来运行代码。WordPress 需要 PHP 7.3 或更高版本的支持。

（5）缓存服务。由于 WordPress 需要频繁访问数据库，因此缓存服务对于提高其性能至关重要。WordPress 支持多种缓存服务，包括 Redis 和 Memcached 等。

（6）CDN 服务。CDN 服务可以通过将静态文件分布式缓存到全球各地的节点上，来加快网站的访问速度和提高网站的可靠性。WordPress 支持 CDN 服务，并可以与多种 CDN 提供商集成。

（7）邮件服务。WordPress 需要使用邮件服务以发送重置密码、账号激活等重要信息。WordPress 支持多种邮件服务，包括简单邮件传送协议（Simple Mail Transfer Protocol，SMTP）和电子邮件服务平台 SendGrid 等。

综上所述，WordPress 采用了经典的 LAMP 架构，并依赖多种服务来运行和保证其性能及可

靠性。这些服务包括操作系统、Web 服务器、关系数据库管理系统、PHP 解释器、缓存服务、CDN 服务和邮件服务等。

【项目实施】

任务 3.1 阿里云 VPC 的创建与使用

在本任务中，读者需要登录阿里云，根据指定的名称、网段、子网参数等信息，创建一个 VPC 网络和交换机。读者可根据任务 2.1 中的相关内容，创建一个名称为 WP_VPC_1 的实例，完成阿里云 VPC 的创建与使用。

任务 3.2 阿里云 RDS 的创建与使用

在本任务中，读者需要按照阿里云平台给出的参数，配置数据库类型、实例规格、数据存储空间、高权限账号等，以完成 RDS 的申请，并能够使用申请的 RDS 进行数据库和数据表的简单创建。读者可根据任务 2.3 中的相关内容，创建一个名称为 WP_RDS 的实例，完成阿里云 RDS 的创建与使用。

任务 3.3 阿里云 ECS 的创建与使用

在本任务中，读者需要结合实际的业务场景，配置付费模式、实例规格、系统镜像类型、磁盘空间大小，以及在网络和高级配置中配置服务器专有网络、绑定 EIP、root 密码等参数，完成 ECS 的申请，并学会远程登录云服务器。

读者可根据任务 2.2 中的相关内容，创建一个名称为 WP_ecs_1 的实例，完成阿里云 ECS 的申请与使用。

任务 3.4 构建云服务器基础环境

在本任务中，读者需要远程登录云服务器，并在实例（一台云服务器为一个实例）节点上完成 Nginx 服务和 PHP 服务的安装及配置，最终完成云服务器基础环境的构建。

云应用部署-项目实施 1

子任务 3.4.1 安装和配置 Nginx 服务

登录到云服务器后，首先将云服务器的名称修改为 wordpress，并在其对应的实例节点上安装并启动 Nginx 服务，命令如下。

```
Welcome to Alibaba Cloud Elastic Compute Service !
Activate the web console with: systemctl enable --now cockpit.socket
[root@iZbp111lh8a6ptdyqlvy5qZ ~]# hostnamectl set-hostname wordpress
[root@iZbp111lh8a6ptdyqlvy5qZ ~]# bash
[root@wordpress ~]# dnf -y install nginx
[root@wordpress ~]# systemctl start nginx && systemctl enable nginx
Created symlink /etc/systemd/system/multi-user.target.wants/nginx.service → /usr/lib/systemd/system/nginx.service.
```

查看 Nginx 服务版本，命令如下。

```
[root@wordpress ~]# nginx -v
nginx version: nginx/1.20.1
```

在 wordpress 实例节点上修改 Nginx 服务的配置文件，使 Nginx 服务支持 PHP 服务，修改并检查后重启 Nginx 服务，命令如下。

```
[root@wordpress ~]# vi /etc/nginx/nginx.conf
        # Load configuration files for the default server block.
        include /etc/nginx/default.d/*.conf;
        location / {
                root    /usr/share/nginx/html;
                index   index.php index.html index.htm;
        }
        location ~ \.php$ {
                root            /usr/share/nginx/html;
                fastcgi_pass    127.0.0.1:9000;
                fastcgi_index   index.php;
                fastcgi_param   SCRIPT_FILENAME   $document_root$fastcgi_script_name;
                include         fastcgi_params;
        }

        error_page 404 /404.html;
        location = /404.html {
        }
[root@wordpress ~]# nginx -t
nginx: the configuration file /etc/nginx/nginx.conf syntax is ok
nginx: configuration file /etc/nginx/nginx.conf test is successful
[root@wordpress ~]# systemctl restart nginx
```

子任务 3.4.2 安装和配置 PHP 服务

由于 Rocky Linux 9.0 的官方软件仓库中并未提供 PHP 7.4 的安装包，因此需要先添加 EPEL 存储库并安装 Remi 存储库，再安装 PHP 7.4 及相关扩展。具体步骤如下。

（1）下载适用于 Rocky Linux 9.0 的存储库文件（epel-release），命令如下。

```
[root@wordpress ~]# dnf install -y https://dl.fedoraproject.org/pub/epel/epel-release-latest-9.noarch.rpm
[root@wordpress ~]# dnf -y install epel-release
```

（2）下载适用于 Rocky Linux 9.0 的 Remi 存储库文件，命令如下。

```
[root@wordpress ~]# dnf -y install https://rpms.remirepo.net/enterprise/remi-release-9.rpm
```

（3）手动编辑 Remi 存储库文件，在打开的文件中，在[remi]部分设置 enabled 为 1 以启用这些存储库，最后保存并关闭该文件。命令如下。

```
[root@wordpress ~]# vi /etc/yum.repos.d/remi.repo
[remi]
name=Remi's RPM repository for Enterprise Linux 9 - $basearch
#baseurl=http://rpms.remirepo.net/enterprise/9/remi/$basearch/
#mirrorlist=https://rpms.remirepo.net/enterprise/9/remi/$basearch/httpsmirror
mirrorlist=http://cdn.remirepo.net/enterprise/9/remi/$basearch/mirror
```

```
enabled=1
gpgcheck=1
repo_gpgcheck=1
gpgkey=file:///etc/pki/rpm-gpg/RPM-GPG-KEY-remi.el9
```

（4）启用 PHP 7.4 Remi 存储库，命令如下。

```
[root@wordpress ~]# dnf module reset php -y
[root@wordpress ~]# dnf module enable php:remi-7.4 -y
```

（5）安装 PHP 7.4 及相关扩展，命令如下。

```
[root@wordpress ~]# dnf install php php-cli php-fpm php-mysqlnd php-zip php-devel php-gd
php-mcrypt php-mbstring php-curl php-xml php-pear php-bcmath -y
```

（6）查看 PHP 版本，并修改 PHP 服务的配置文件，将运行用户和组设置为 nginx，并启动服务，命令如下。

```
[root@wordpress ~]# php -v
PHP 7.4.33 (cli) (built: Feb 14 2023 09:05:10) ( NTS )
Copyright (c) The PHP Group
Zend Engine v3.4.0, Copyright (c) Zend Technologies
    with Zend OPcache v7.4.33, Copyright (c), by Zend Technologies

[root@wordpress ~]# vi /etc/php-fpm.d/www.conf
; RPM: apache user chosen to provide access to the same directories as httpd
user = nginx
; RPM: Keep a group allowed to write in log dir.
group = nginx
[root@wordpress ~]# systemctl start php-fpm && systemctl enable php-fpm
Created symlink /etc/systemd/system/multi-user.target.wants/php-fpm.service → /usr/lib/
systemd/system/php-fpm.service.
```

至此，WordPress 服务所需的基础环境已构建完毕。

任务 3.5　部署 WordPress 应用

在本任务中，读者需要远程登录云服务器，并在实例节点上下载 WordPress 软件包，查看云数据库 RDS 的连接地址，完成 WordPress 应用的配置，最终完成应用部署并进行网站访问。

云应用部署-项目实施 2

子任务 3.5.1　查看云数据库 RDS 的连接地址

再次返回阿里云平台，单击页面右上角的“控制台”按钮，并在进入的页面中单击左上角的≡按钮，打开阿里云产品与服务列表，搜索关键词“数据库”，在搜索结果中找到“关系型数据库”，并选择 RDS 对应的“云数据库 RDS 版”选项。

在云数据库 RDS 实例列表中可以查看实例 ID/名称、运行状态及创建时间等，如图 3-1 所示。

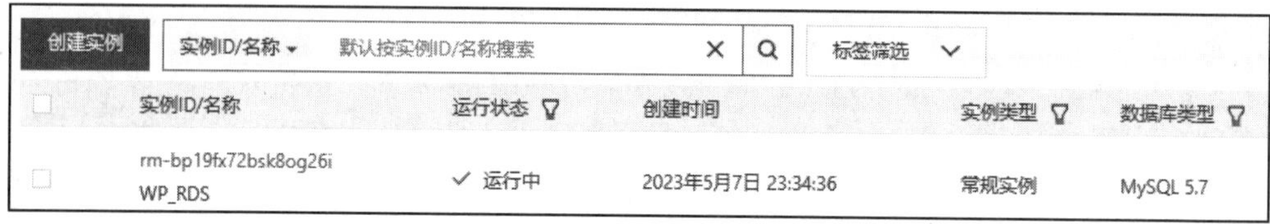

图 3-1　云数据库 RDS 实例列表

单击实例 ID/名称，可以在进入的页面中查看该实例的基本信息。选择页面左侧的“数据库连接”选项，可以查看云数据库 RDS 内网地址，如图 3-2 所示。

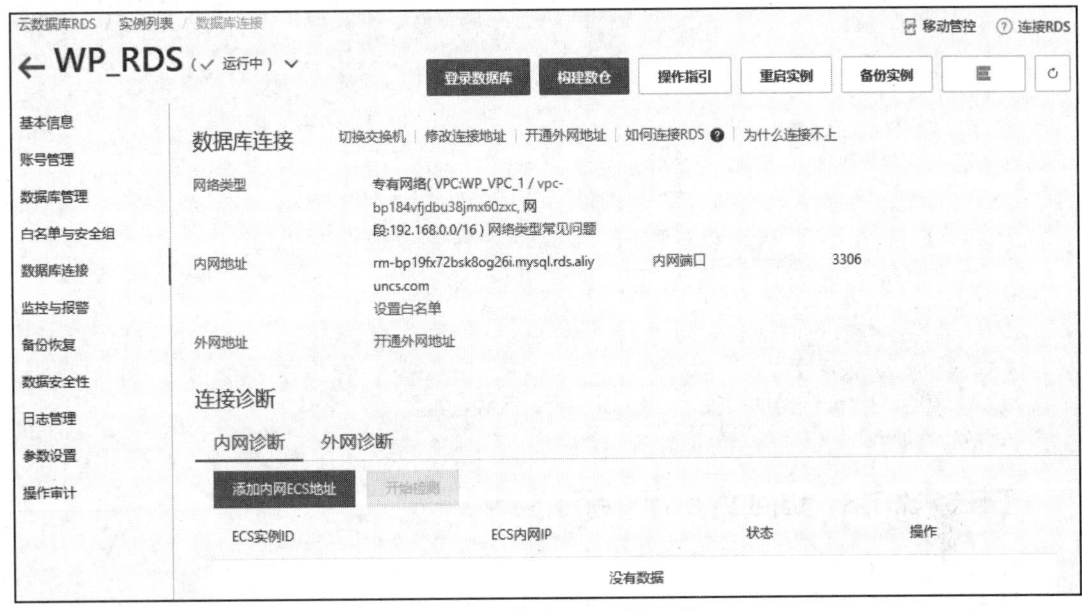

图 3-2　云数据库 RDS 内网地址

子任务 3.5.2　配置 WordPress 应用

下载 WordPress 软件包至实例节点的/root 目录中并将其解压，命令如下。

```
[root@wordpress ~]# wget https://cn.wordpress.org/latest-zh_CN.tar.gz
--2023-05-08 03:43:52--  https://cn.wordpress.org/latest-zh_CN.tar.gz
Resolving cn.wordpress.org (cn.wordpress.org)... 198.143.164.252
Connecting to cn.wordpress.org (cn.wordpress.org)|198.143.164.252|:443... connected.
HTTP request sent, awaiting response... 200 OK
Length: 23762056 (23M) [application/octet-stream]
Saving to: 'latest-zh_CN.tar.gz'
latest-zh_CN.tar.gz 100%[===================>]  22.66M  8.98MB/s in 2.5s
2023-05-08 03:43:56 (8.98 MB/s) - 'latest-zh_CN.tar.gz' saved [23762056/23762056]
[root@wordpress ~]# tar -zxf latest-zh_CN.tar.gz
```

删除 Nginx 服务的项目目录/usr/share/nginx/html 中的默认页面文件，将解压 WordPress 软件包后得到的目录中的文件上传到目录/usr/share/nginx/html 中，并赋予其 777 权限，命令如下。

```
[root@wordpress ~]# rm -rf /usr/share/nginx/html/*
[root@wordpress ~]# cp -r /root/wordpress/* /usr/share/nginx/html/.
[root@wordpress ~]# chmod 777 /usr/share/nginx/html/*
```

在/usr/share/nginx/html 目录中，可以看见一个 wp-config-sample.php 配置文件，该配置文件是为 WordPress 应用提供的一个模板配置文件。将该模板配置文件复制一份，并将复制得到的文件命名为 wp-config.php，编辑该文件，配置 WordPress 应用，使其能够访问数据库，数据库地址为云数据库 RDS 内网地址，命令如下。

```
[root@wordpress ~]# cp -r /usr/share/nginx/html/wp-config-sample.php /usr/share/nginx/html/wp-config.php
```

```
[root@wordpress ~]# vi /usr/share/nginx/html/wp-config.php
/** MySQL 设置——具体信息来自用户正在使用的主机 */
/** MySQL 数据库的名称 */
define('DB_NAME', 'wordpress');
/** MySQL 数据库的用户名 */
define('DB_USER', 'wordpress');
/** MySQL 数据库的密码 */
define('DB_PASSWORD', 'Abc@1234');
/** MySQL 主机 */ #云数据库 RDS 内网地址
define('DB_HOST', 'rm-bp19fx72bsk8og26i.mysql.rds.aliyuncs.com');
/**创建数据表时默认的文字编码 */
define('DB_CHARSET', 'utf8');
/**数据库整理类型。如不确定请勿更改 */
define('DB_COLLATE', '');
```

接下来重启 Nginx 服务即可完成 WordPress 应用的配置。

```
[root@wordpress ~]# systemctl restart nginx
```

子任务 3.5.3　访问 WordPress 应用

1. 安装 WordPress

打开浏览器，输入 WordPress 实例节点的 EIP 地址，进入 WordPress 安装界面，如图 3-3 所示。

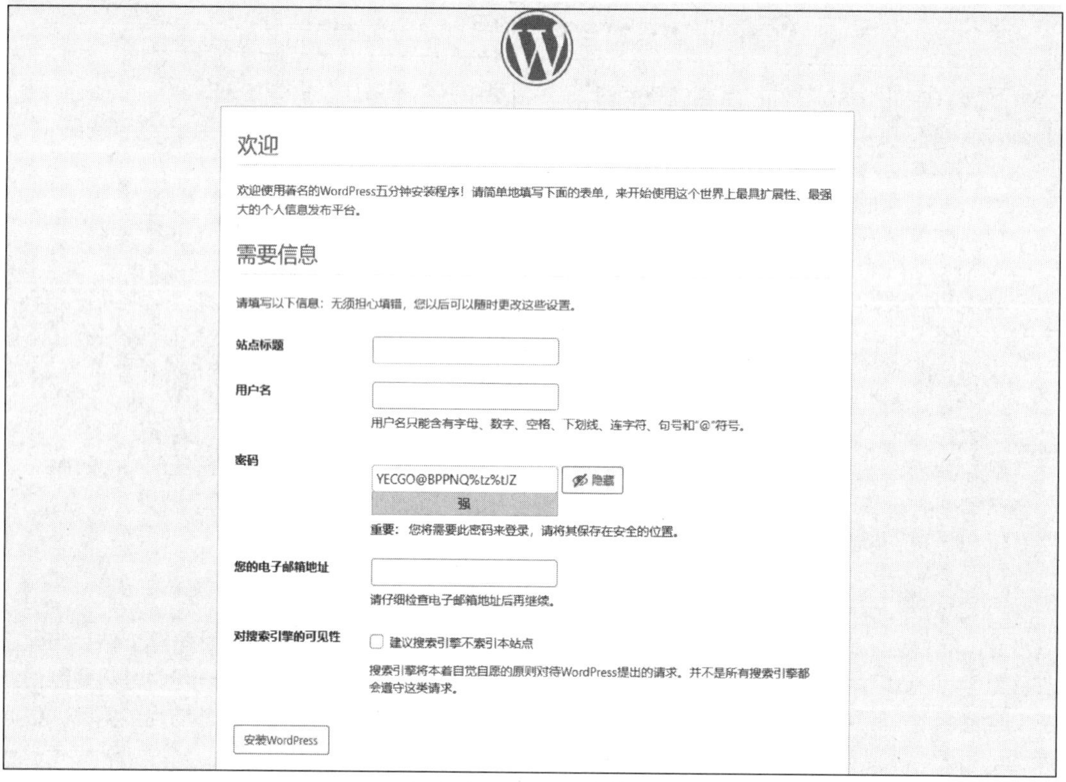

图 3-3　WordPress 安装界面

2. 配置参数

按照安装向导填写对应的站点标题、用户名、密码、电子邮箱地址等信息，单击“安装 WordPress”按钮进行安装即可。WordPress 参数配置及 WordPress 安装成功提示如图 3-4 和图 3-5 所示。

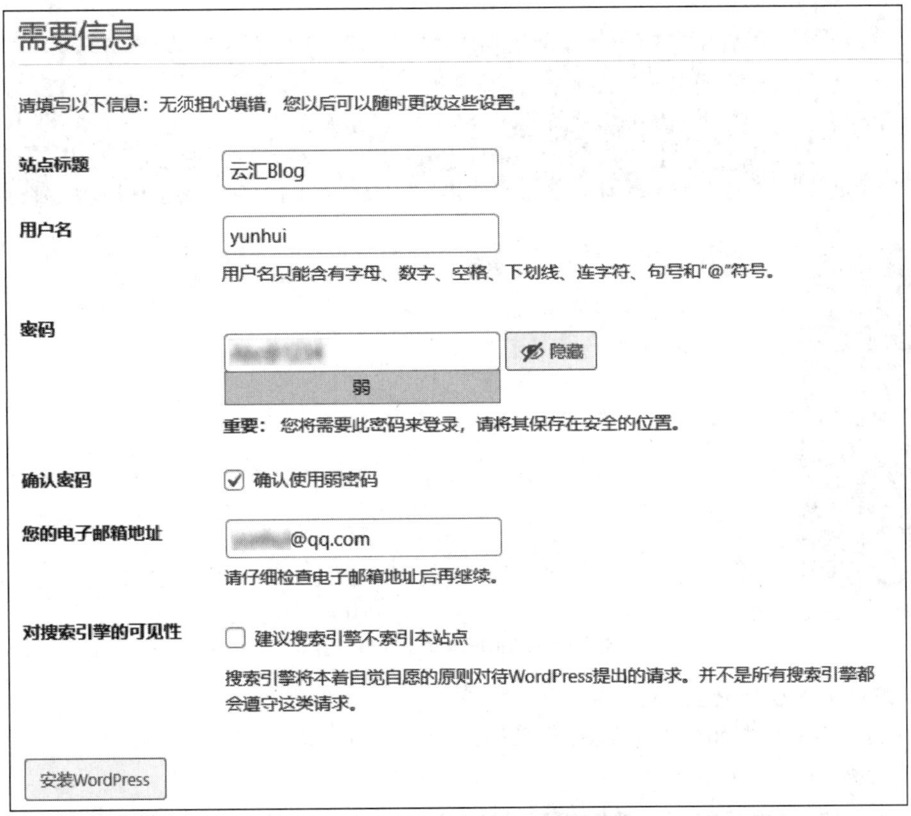

需要信息

请填写以下信息：无须担心填错，您以后可以随时更改这些设置。

站点标题 云汇Blog

用户名 yunhui

用户名只能含有字母、数字、空格、下划线、连字符、句号和“@”符号。

密码 隐藏

弱

重要：您将需要此密码来登录，请将其保存在安全的位置。

确认密码 确认使用弱密码

您的电子邮箱地址 @qq.com

请仔细检查电子邮箱地址后再继续。

对搜索引擎的可见性 建议搜索引擎不索引本站点

搜索引擎将本着自觉自愿的原则对待WordPress提出的请求。并不是所有搜索引擎都会遵守这类请求。

安装WordPress

图 3-4　WordPress 参数配置

成功！

WordPress安装完成。谢谢！

用户名 yunhui

密码 *您选择的密码。*

登录

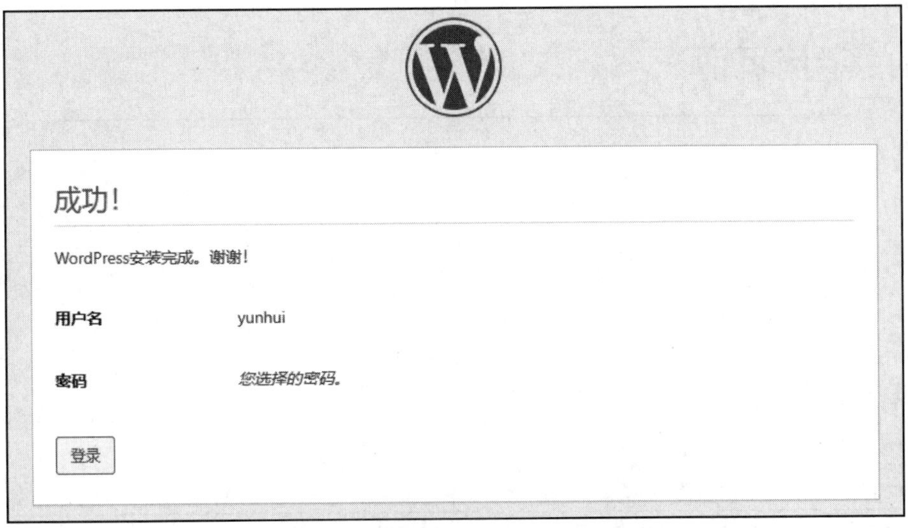

图 3-5　WordPress 安装成功提示

3. 进入 WordPress 后台管理界面

单击“登录”按钮，输入刚刚设置好的用户名和密码等信息，即可进入 WordPress 后台管理界面，如图 3-6 所示。

图 3-6　WordPress 后台管理界面

4. 访问 WordPress 示例页面

在浏览器中输入 WordPress 实例节点的 EIP 地址，即可访问 WordPress 示例页面。示例页面如图 3-7 所示。

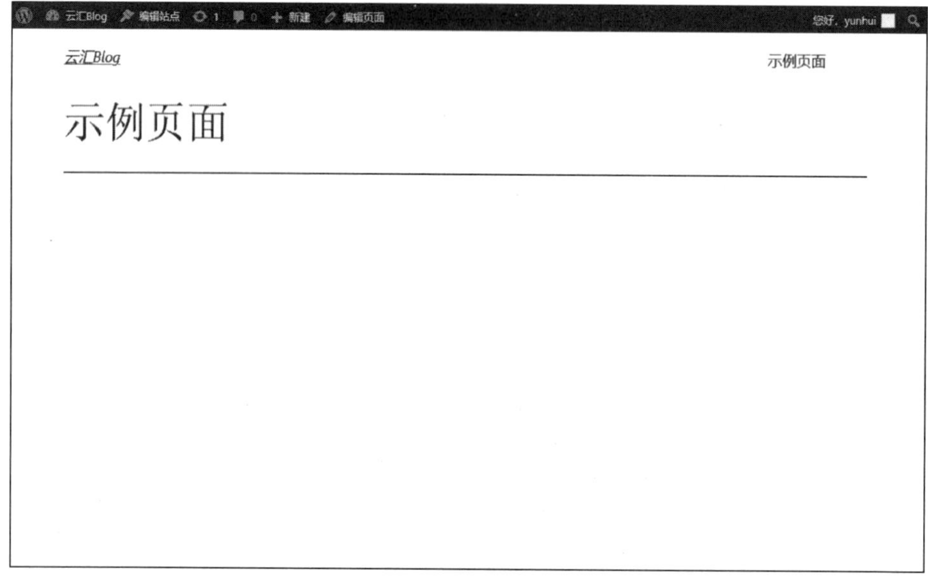

图 3-7　示例页面

至此，WordPress 上云安装已完成。成功安装并部署了 WordPress 后，就可以开始使用它来创建和管理网站了。建议用户定期进行备份和更新，以确保网站的安全和高效运行。

【项目小结】

本项目主要带领读者学习云应用的部署，系统介绍应用常规部署与应用上云部署两种方式，对应用上云部署的优势及 WordPress 应用进行了相关介绍。在项目实施中，对阿里云 VPC、阿里云 ECS、阿里云 RDS 的创建与使用进行了讲解，并详细描述了部署 WordPress 应用的流程。

本项目以理论和实践相结合的方式，让读者深入了解阿里云平台的相关知识，掌握 WordPress 应用部署和上云的方法及技巧，提高读者的实践能力和培养读者的创新思维，为读者未来的职业发展打下了良好的基础。

【拓展知识】

云应用部署是指将应用程序和服务部署到云计算环境中，以实现应用程序的灵活、可靠、高效运行。在云应用部署中，应用程序和服务存储在云服务提供商的服务器上，用户可以通过互联网访问和使用这些应用程序及服务。

随着数字经济的快速发展，云应用部署在各行各业得到广泛应用和推广。政府部门可以利用云应用部署提供更高效的公共服务，如政务办公系统、电子政务平台等，提升政府的工作效率和服务水平。医疗领域可以利用云应用部署构建电子病历、远程医疗、医疗影像等系统，提供更便捷的医疗服务。教育领域可以通过云应用部署实现在线教育平台、远程学习系统等，推动教育信息化发展。商务办公领域可以利用云应用部署构建协同办公平台、在线会议系统等，提升工作效率和合作能力。

随着 5G 技术的进一步应用，云应用部署将进一步发展。5G 的高速、低延迟特性将为云上应用提供更好的性能支持，促进更多创新应用的出现。同时，随着人工智能、物联网等技术的发展，云应用部署将与这些技术相结合，实现更智能、更便捷的服务和应用场景。

【知识巩固】

1. 在阿里云上创建 VPC 时，可以选择的私网 IP 地址范围为（　　）。

   A. 192.168.0.0/16

   B. 10.0.0.0/8

   C. 172.16.0.0/12

   D. 169.254.0.0/16

2. 用户在使用阿里云 RDS 提供的 MySQL 5.7 数据库时，遇到了 Nginx 找不到 50x.html 文件的问题，解决该问题的方法为（　　）。

   A. 重新安装 Nginx 服务器

   B. 检查 WordPress 的配置文件和 MySQL 数据库是否正常工作

   C. 重新启动 ECS 实例

   D. 重新创建 RDS 实例

3. 当用户开启一台新的云服务器时，应该进行哪些基本的设置?

4. 在使用阿里云 ECS 部署 WordPress 应用时，主要有哪些要点需要注意?

【拓展任务】

1. 申请云存储服务，在“华东 2（上海）”区域申请阿里云的 OSS 存储桶，用于存储大型文件，如图片、视频等，设置合适的访问权限，如公共读、私有写等，并上传一些测试文件进行存储验证。

2. 在此区域已申请的关系数据库服务基础上，进行数据库迁移操作，例如，将本地数据库备份文件导入云数据库，并对数据库进行性能优化，如创建索引、优化查询语句等，以提升数据库的运行效率。

3. 在云服务器中搭建及配置 LAMP 架构，并使用申请的云数据库服务及 OSS 存储桶构建一个企业级的电商网站（如基于 WooCommerce 插件的 WordPress 电商网站），完成网站的基本设置、商品信息录入、支付和物流接口的配置等工作，使其能够在云端正常运行并具备基本的电商功能。

项目4 云应用架构调优

04

【学习目标】

【知识目标】

1. 了解云监控服务的相关产品与架构。
2. 了解云ESS和SLB的相关产品与架构。
3. 了解云分布式数据库（以PolarDB为例）的相关产品与架构。

【技能目标】

1. 掌握阿里云云监控的使用方法。
2. 掌握阿里云ESS和SLB的使用方法。
3. 掌握阿里云分布式数据库PolarDB的使用方法。

云应用架构调优-理论讲解

【素质目标】

1. 提醒学生在追求性能优化的同时，注重安全和隐私保护，培养学生对社会和用户负责的态度。
2. 培养学生在团队合作中的沟通能力、协调能力和尊重他人意见的优秀品质。
3. 引导学生认识到我国在全球云计算竞争中的实力和地位，激发学生的民族自豪感和爱国情怀，增强学生的国家荣誉感。

【项目概述】

本项目通过介绍阿里云的云监控服务、弹性伸缩服务（Elastic Scaling Service，ESS）、负载均衡服务和分布式数据库服务，带领读者创建一个具有高可用性、高可扩展性的Web应用系统。该系统使用阿里云的云监控服务对应用程序的各项指标进行实时监控和分析，使用ESS实现自动化的应用程序扩展和缩减，使用负载均衡服务实现多节点的应用程序负载均衡，使用分布式数据库服务实现高效、可靠的数据存储与管理。通过这些服务的组合，读者可以创建一个稳定、高效、可靠的Web应用系统，并随着应用系统的业务增长不断提高其性能和扩展其容量。

【知识准备】

公有云的一个重要特点是资源共享服务。这意味着多个用户可以通过使用相同的硬件设施、网络和存储资源来承载其云应用程序。为了更好地了解阿里云的网络、计算和数据库产品，读者需要掌握这些产品的架构和功能，并学会使用这些产品。

在接下来的任务中，读者需要专注于了解阿里云的云监控服务、ESS、负载均衡服务和分布式数据库服务，并掌握它们的使用方法，以创建高效的Web应用系统。因此，在开始本项目前，读者需要了解公有云的基本概念和阿里云的产品组合，掌握典型产品的创建与使用方法，以更好地了解阿里云产品的使用方法。

4.1 云监控服务

在云计算时代，随着企业对云资源依赖程度的不断加深，云监控服务（Cloud Monitor Service，简称云监控）成为确保业务连续性和系统稳定性的关键工具。云监控能够实时跟踪及分析云环境中的资源使用情况、应用性能和系统健康状况，帮助企业及时发现并解决潜在问题。通过自动化的报警系统和可视化的数据展示，云监控使企业能够更加高效地进行 IT 运维管理，优化资源配置，并提高整体的业务响应能力。

4.1.1 云监控介绍

1. 云监控简介

云监控是一项对云资源和互联网应用进行监控的服务。云监控为云上用户提供开箱即用的企业级开放型一站式监控解决方案。云监控涵盖 IT 设施基础监控和外部网络质量拨测监控，基于事件、自定义指标和日志的业务监控，为用户全方位提供更高效、全面、节约成本的监控服务。云监控不仅可以帮助用户延长系统服务可用时长，还可以降低企业 IT 运维监控成本。

云监控通过提供跨云服务和跨地域的应用分组管理模型及报警模板，帮助用户快速构建支持几十种云服务、管理数万个实例的高效监控报警管理体系。

云监控用于监控各云资源的监控指标，探测云服务器 ECS 和运营商站点的可用性，并针对指定监控指标设置报警装置，使用户全面了解阿里云上资源的使用情况和业务运行状况，并及时对故障资源进行处理，保证业务正常运行。

2. 产品架构介绍

这里将阿里云云监控（Alibaba Cloud Monitor）的产品架构分为以下 3 层，如图 4-1 所示。

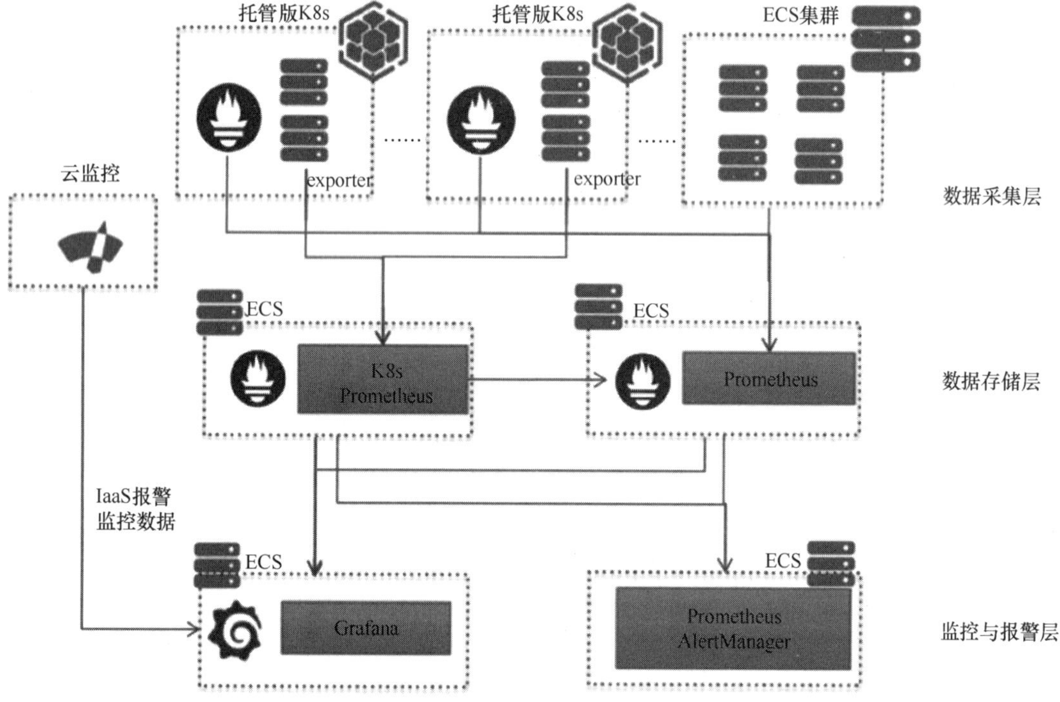

图 4-1　阿里云云监控的产品架构

（1）数据采集层：负责实时采集托管版 K8s 集群和 ECS 集群等各种云资源的指标数据。通过 exporter 等组件收集数据，并将其存储到云监控的时序数据库中。这一层确保了监控数据的实时性和准确性，为后续的监控和报警提供数据基础。

（2）数据存储层：该层包括 K8s Prometheus 和 Prometheus 组件，负责存储采集到的监控数据。Prometheus 作为时序数据库，能够高效地存储和管理大量监控指标数据，为监控与报警层提供数据支持。这一层确保了数据的可靠存储和快速查询，是整个产品架构的数据核心。

（3）监控与报警层：由 Prometheus AlertManager 等组件构成，负责管理报警策略、报警通知和报警历史记录等。同时，通过 Grafana 组件提供多种可视化和自定义化的展示方式，帮助用户直观地查看监控数据和报警状态。这一层整合了监控中心和报警中心的功能，确保用户能够及时响应异常情况，并通过可视化界面进行深入分析。

3. 功能特性

阿里云云监控支持的功能特性见表 4-1。

表 4-1 阿里云云监控支持的功能特性

功能特性	说明
控制面板（Dashboard）	提供自定义查看监控数据的功能。用户可以在一个监控大盘中跨云服务、跨实例查看监控数据
应用分组	提供跨云服务、跨地域的资源分组管理功能，支持用户从业务角度集中管理服务器、数据库、负载均衡、存储等资源，从而按实际业务需求管理报警规则，查看监控数据，提升运维效率
主机监控	通过在阿里云和非阿里云主机上安装插件，监控主机的 CPU、内存、磁盘、网络等监控指标，并对所有监控指标提供报警功能
事件监控	提供事件的上报、查询、报警功能，方便用户将业务中的各类异常事件或重要变更事件收集、上报到云监控，并在异常发生时接收报警通知
自定义监控	可以对自己关心的业务指标设置自定义监控，将采集到的监控数据上报至云监控，由云监控进行数据处理，并根据处理结果进行报警
日志监控	提供日志数据实时分析、监控图表可视化展示和报警功能。用户只需要开通日志服务，将本地日志通过日志服务进行收集，即可满足企业的监控运维与运营需求。此外，日志服务还可完美结合云监控的主机监控、云产品监控、站点监控、应用分组、控制面板和报警服务，形成完整的监控闭环
站点监控	提供互联网网络探测的监控服务，主要用于通过遍布全国的互联网终端节点，发送模拟真实用户访问的探测请求，监控全国各省市运营商网络的从终端用户到服务站点的访问情况
云产品监控	提供监控当前阿里云账号下各云资源的功能。用户可以查看各云服务的监控图表，了解资源的运行状况。用户也可以通过设置报警规则，监控资源的运行状况。当监控指标符合报警规则时，云监控自动发送报警通知，便于用户及时获悉资源的运行状况
报警服务	提供监控数据的报警功能。用户可以通过设置报警规则来定义监控指标的阈值，并在监控指标符合报警规则时发送报警通知。用户对重要监控指标设置报警规则后，可在第一时间得知该监控指标发生故障，并迅速处理故障
资源消耗	提供查看资源消耗详情的功能，用户也可以购买短信报警资源包或电话报警资源包
容器监控	提供跨地域、集中化和全局化监控 ACK 集群的功能

4.1.2 阿里云云监控的优点

阿里云云监控是阿里巴巴集团多年来进行监控技术研究积累的成果。它结合阿里云强大的数据分析能力，提供云产品监控、站点监控和自定义监控功能，以确保用户的产品运行安全、稳定。

云监控无须用户单独购买或开通。当用户注册阿里云账号后，云监控将自动开通。这使用户能够在使用阿里云产品时，可以直接通过云监控控制台查看资源的运行状态并设置报警规则，操作更加方便、高效。

1. 天然集成

云监控与阿里云平台天然集成，无须用户进行额外的购买或开通。用户只需注册阿里云账号，即可使用云监控。这种集成方式能够显著提高监控效率，帮助用户在最短时间内发现资源异常并进行处理。

2. 数据可视化

控制面板是云监控提供的交互式展示工具，用户可以自定义展示各种监控指标和数据。控制面板提供丰富的图表展现形式，并支持全屏展示和数据自动刷新，满足多种场景下的监控数据可视化需求。通过控制面板，用户能够根据需要展示不同的监控指标，以便更加清晰地了解系统状态并及时发现异常。

3. 监控数据处理

云监控支持用户通过控制面板对监控数据进行时间维度和空间维度的聚合处理。用户可以选择时间窗口、聚合函数等方式来处理监控数据，以便更好地分析和理解数据。这种处理方式能够帮助用户更容易地获取有效信息，优化资源配置，提高产品的稳定性和性能表现。

4. 灵活报警

云监控提供针对监控指标的报警服务。当用户为监控指标设置报警规则和通知方式后，如果监控指标符合报警规则（即其值达到报警阈值），则系统会立即发送报警通知，帮助用户及时知晓资源异常并迅速处理，从而提高产品的可用性。用户可以根据不同的监控指标和严重程度，设置不同的报警规则和通知方式，确保在关键时刻能够及时接收报警通知并采取相应行动。

4.1.3 阿里云云监控的应用场景

阿里云云监控为用户提供了多种应用场景，包括云产品监控、主机监控、及时处理异常、及时扩容站点监控、自定义监控指标等功能特性的应用场景。在这些应用场景下，云监控能够帮助用户及时了解资源运行状况，并有针对性地处理异常。

1. 云产品监控

当用户购买和使用阿里云产品后，云监控可以帮助用户监控各云产品的资源。云监控自动获取用户当前阿里云账号下各云产品的资源，用户可以查看目标云产品中指定资源的运行状态和各个指标的使用情况，并对监控指标设置报警规则。当监控指标符合报警规则时，云监控自动发送报警通知。

2. 主机监控

云监控通过监控云服务器 ECS 的 CPU 使用率、内存使用率、磁盘使用率等基础指标，确保主机的正常使用。这样可以避免因主机出现故障而导致业务中断的情况。

3. 及时处理异常

云监控根据用户设置的报警规则，在监控数据达到报警阈值时发送报警通知，让用户及时发现异常，查询异常原因，并对异常进行处理。这样可以大幅缩短用户的响应时间，快速解决问题。

4. 及时扩容

对带宽、连接数、磁盘使用率等监控指标设置报警规则后，用户可以及时了解云产品的现状。在业务量增加后，用户可以及时收到报警通知，并对云产品进行扩容，以提高业务稳定性。

5. 站点监控

站点监控功能目前仅支持对协议 HTTP/HTTPS、互联网控制报文协议（Internet Control Message Protocol，ICMP）、TCP、用户数据报协议（User Datagram Protocol，UDP）、DNS、SMTP、邮局协议第 3 版（Post Office Protocol version 3，POPv3）、文件传送协议（File Transfer Protocol，FTP）的监控设置，可用于探测用户站点的可用性、响应时间和丢包率，让用户全面了解站点的可用性并在站点出现异常时及时处理异常。

6. 自定义监控指标

如果云监控提供的监控指标不能满足用户的需求，则用户可以根据需求自定义监控指标。将自定义监控指标采集的监控数据上报到云监控，云监控对其提供监控图表和报警功能，让用户能够更加全面地了解系统状况，避免潜在问题的发生。

4.2 弹性伸缩服务

在云计算环境中，业务需求的波动性要求系统能够灵活应对不同的负载情况。ESS 正是为了解决这个问题而设计的，它允许云资源根据实时的业务需求自动扩展或缩减，以保持应用性能的稳定性和成本效率。通过自动化的伸缩规则，企业可以在流量达到高峰时快速扩展资源，在流量进入低谷时自动缩减资源，从而实现资源的最优利用。

4.2.1 ESS 介绍

1. ESS 简介

ESS 是根据业务需求和策略自动调整计算能力（即实例数量）的服务。通过使用 ESS，企业可以高效地管理计算资源，降低成本，提高可靠性。ESS 过程示意如图 4-2 所示。

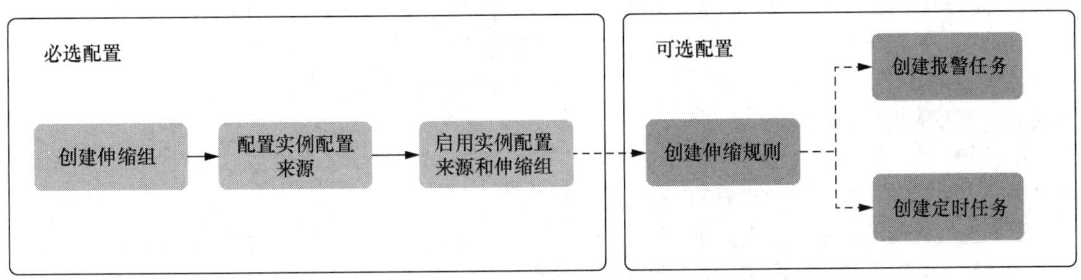

图 4-2　ESS 过程示意

2. ESS 的特点

（1）快速响应：ESS 具有快速响应的能力，可以在几分钟内完成资源的动态扩展或收缩。

（2）弹性扩展：ESS 支持以手动和自动扩展方式调整计算资源，能够实现资源的弹性伸缩，以适应业务需求的动态变化。

（3）精确控制：ESS 支持针对不同的业务场景和需求进行定制化设置，以帮助用户精确控制资源的使用情况。

（4）多种计费模式：ESS 支持多种计费模式，如按量计费和预计费等，以灵活满足用户的不同需求。

（5）全面监控：ESS 提供全面的资源监控和性能指标统计，帮助用户了解系统状态、负载情况和性能瓶颈等。

（6）可靠性：ESS 具有高可用性和容错能力，能够保证系统持续稳定运行，并帮助用户及时发现和处理异常。

3. ESS 的功能

（1）自动扩展：ESS 支持自动扩展，可以根据应用程序的负载自动增加或减少计算资源的数量，从而实现资源的弹性伸缩。

（2）手动扩展：ESS 同样支持手动扩展，用户可以根据业务需求随时增加或减少计算资源的数量。

（3）多维度伸缩：ESS 支持多种维度的伸缩规则，包括基于时间、CPU 使用率、网络带宽等多种维度的伸缩策略。

（4）精确控制：ESS 支持灵活的设置和管理，用户可以根据自己的业务需求精确控制资源的使用情况。

（5）监控报警：ESS 提供全面的资源监控和性能指标统计，并支持报警功能，可及时通知用户异常情况。

4.2.2 ESS 的优点

ESS 具有快速响应、弹性伸缩、精确控制等优点，可以有效提高系统可靠性并降低成本。

1. 自动化

根据用户预设的配置信息，ESS 能够自动化实现以下功能，无须人工干预，避免因手动操作可能引入的错误。

（1）弹性扩张时：ESS 会自动创建指定数量、指定类型的实例［即阿里云 ECS 实例或阿里云弹性容器（Elastic Container Instance，ECI）］，确保伸缩组内所有实例的计算能力满足业务需求。

① 如果伸缩组关联了负载均衡，则 ESS 会自动为创建的 ECS 实例或 ECI 关联。负载均衡按需将访问请求分发给该 ECS 实例或 ECI。

② 如果伸缩组关联了 RDS 数据库，则 ESS 会自动将创建的 ECS 实例或 ECI 的 IP 地址添加到 RDS 访问白名单中。该 ECS 实例或 ECI 可以将应用数据保存到 RDS 中。

（2）弹性收缩时：ESS 会自动移出指定数量、指定类型的实例（即 ECS 实例或 ECI），确保冗余的资源及时得到释放。

① 如果伸缩组关联了负载均衡，则 ESS 会自动为移出的 ECS 实例或 ECI 取消关联负载均衡。负载均衡不再给该 ECS 实例或 ECI 分发访问请求。

② 如果伸缩组关联了 RDS，则 ESS 会自动从 RDS 的访问白名单中移除 ECS 实例或 ECI 的 IP 地址。该 ECS 实例或 ECI 将不再保存应用数据到 RDS 中。

2. 降成本

ESS 按需取用、自动释放，有助于提高资源利用率，并有效降低成本。

① 无须提前准备冗余的 ECS 实例或 ECI 来应对业务高峰期，也无须担心无法及时释放冗余资源而造成成本浪费。ESS 能够适时调整计算能力，从而降低资源的拥有成本。

② 无须投入大量人力来调整计算资源的数量，从而节约人力成本和时间成本。

3. 高可用

ESS 支持监测 ECS 实例或 ECI 的健康状态（即运行状态）。如果发现某个 ECS 实例或 ECI 未处于运行状态，则 ESS 会判定该 ECS 实例或 ECI 不健康，并及时自动增加 ECS 实例用于替换不健康的 ECS 实例或 ECI 以替换不健康的 ECI，从而确保业务的高可用性。ESS 可以有效避免因未能及时发现 ECS 实例或 ECI 的不健康状态而导致业务连续性受到影响的情况。

4. 灵活智能

ESS 具有功能丰富、灵活智能、高可用等优点，可以有效降低手动配置的复杂度，提高操作效率。

5. 易审计

ESS 自动记录每一次伸缩活动的详细信息，有助于用户快速定位问题根源，降低排查难度。

ESS 还提供监控伸缩组功能，用户可以通过云监控查看伸缩组内实例的运行状态。用户无须多次查看多个 ECS 实例或 ECI 的运行状态，有助于快速了解整体的业务供给能力。

4.2.3 ESS 的应用场景

ESS 具有广泛的应用场景，不仅适用于业务量不断波动的应用程序，还适用于业务量稳定的应用程序。本小节将为用户介绍 ESS 的应用场景，这些应用场景均适用于 ECS 实例和 ECI。

1. 无规律的业务量波动

某新闻网站播出了热点新闻，访问量突增；随着新闻的时效性降低，访问量逐渐回落。由于该新闻网站的业务量波动无规律，访问量突增和回落的具体时间难以预测，因此手动调整实例很难做到及时，且调整数量不确定。

用户可以利用 ESS 的报警任务，由阿里云自动根据 CPU 使用率等衡量指标进行弹性伸缩。

示例一：用户可以设置两个报警任务，并将报警任务执行的伸缩规则类型配置为简单规则类型。其中，一个报警任务用于在实例的 CPU 使用率超过 70%时，自动为用户增加 3 个实例；另一个报警任务用于在实例的 CPU 使用率低于 30%时，自动为用户减少 3 个实例。

示例二：用户可以设置一个报警任务，并将报警任务执行的伸缩规则类型配置为目标追踪规则类型，使实例的 CPU 使用率始终维持在 50%左右。

2. 有规律的业务量波动

某游戏公司每天 18:00 业务需求急速增长，进入高峰期；到 22:00 业务需求降低，高峰期结束。该游戏公司的业务量波动有规律，但每天手动调整计算资源会浪费人力和时间成本。

用户可以利用 ESS 的定时任务，由阿里云定时自动进行弹性伸缩。用户可以设置两个定时任务，定时任务执行的伸缩规则类型为简单规则。其中，一个定时任务用于每天 17:55 自动增加 3 个实例，另一个定时任务用于每天 22:05 自动减少 3 个实例。该方式可以很好地应对每天 18:00～22:00 的高峰期业务量，且在高峰期结束后及时释放实例，避免浪费多余的实例资源和成本。

3. 无明显的业务量波动

某通信公司的业务支撑系统需要全天运作，业务量在一段时间内无明显波动。如果现有计算资源突然出现故障，则会导致业务受到影响，并且很难及时进行故障修复或替换。

用户可以利用 ESS 的高可用优势，开启健康检查模式。阿里云会自动检查实例的健康状态，当发现存在不健康的实例时，会自动增加实例用于替换不健康的实例，确保出现故障的计算资源能够及时得到修复。此外，伸缩组必须设置最小实例数，以确保无论在哪种情况下，伸缩组内的实例数量都至少等于下限数量，从而保证业务可以正常运作。

4. 混合型的业务场景

如果某公司的业务场景比较复杂，日常业务量波动不明显，但在某个时间段内业务量会在一定基础上发生波动，用户已经订购了一部分包年包月的实例，只希望针对波动的业务量合理调整实例数量。

用户可以手动将已订购的包年包月的实例加入伸缩组，再结合 ESS 的报警任务，由阿里云自动根据 CPU 使用率等衡量指标进行弹性伸缩，以便更经济、更稳定地管理业务的计算能力。

除了手动调整实例数量和报警任务之外，ESS 还支持定时任务、健康检查等。用户可以根据业务场景灵活组合以上功能，从而在使用 ESS 的时候获得更丰富、更灵活的使用体验。

4.3 负载均衡服务

现代云架构中，确保应用程序的高可用性和可靠性至关重要。在这方面，负载均衡服务提供了一种有效的解决方案。它通过将网络流量和用户请求分散到多个服务器或服务上，从而提高应用程序的容错能力和吞吐量。这种分散机制不仅能够防止单点故障，还能在不同服务器之间平衡负载，提升整体系统的性能和响应速度。

4.3.1 负载均衡服务介绍

负载均衡服务是一项云计算服务，提供负载均衡、高可用性、容错和弹性扩展等功能，帮助用户解决应用程序的高可用性和弹性扩展问题，提高应用服务的可靠性和性能。负载均衡服务的几个重要概念如下。

（1）负载均衡器：承担客户端请求的流量转发任务，将流量转发到多个后端服务器上，以达到请求分摊和业务容错的目的。

（2）后端服务器：负责实际处理客户端请求的应用服务器。

（3）会话保持（Session Persistence）：指客户端与后端服务器之间建立的会话不会因多次转发到不同的服务器而断开，确保客户端在同一服务器上执行完整的业务流程。

（4）内网负载均衡（Internal Load Balancer）：针对不同的云服务器实例，使其互相访问或者进行高可用部署，为同一个私有网络内的云服务器实例进行流量分发。

（5）公网负载均衡（Internet Load Balancer）：面向互联网提供服务的应用，对互联网用户请求的业务流量进行分发，保证业务流量的可用性和稳定性。

综上所述，负载均衡服务适用于大型网站、电子商务、在线游戏、App 等互联网应用场景。用户可通过阿里云控制台、API 等多种方式对负载均衡服务进行管理和配置。负载均衡服务可以帮助用户轻松搭建高可用、高稳定的应用系统。

4.3.2 负载均衡服务的特点

负载均衡服务具有以下特点。

1. 高可用性

负载均衡服务可提供 99.99%的可靠性，支持跨可用区的负载均衡和容灾功能，提高了应用程序的高可用性和容错性。

2. 高扩展性

负载均衡服务支持水平扩展，可根据业务需求自动或手动扩展后端服务器，支持多个后端服务器同时处理客户端请求，从而提高应用程序的吞吐量和并发性能。

3. 支持多种负载均衡算法

负载均衡服务支持多种负载均衡算法，如轮询、加权轮询、最小连接数等。用户可根据业务需求进行配置，从而优化应用程序的负载均衡效果。

4. 支持会话保持

负载均衡服务支持会话保持功能，确保客户端在同一服务器上执行完整的业务流程，从而提升应用程序的用户体验。

5. 支持健康检查

负载均衡服务可对后端服务器进行健康检查，确保只有正常运行的服务器可以处理客户端请求，从而提高应用程序的可用性和稳定性。

6. 简单易用

负载均衡服务提供灵活、可靠的配置和管理界面，具有使用方便、上手快速的特点。

综上所述，负载均衡服务提供了完整的负载均衡解决方案，具有高可用性、高扩展性、支持多种负载均衡算法等特点，适用于各种互联网应用场景。它能够提高应用程序的可靠性和性能，降低故障率和用户投诉率。

4.3.3 负载均衡服务的应用场景

负载均衡服务的应用场景为高访问量的业务场景，负载均衡服务可提高应用程序的可用性和可靠性。

1. 应用于高访问量的业务

如果用户的应用访问量很高，则可以通过配置监听规则将流量分发到不同的云服务器 ECS 实例上。此外，用户可以使用会话保持功能将同一个客户端的请求分发到同一后端 ECS 实例上，从而提高访问效率。

2. 扩展应用系统

用户可以根据业务发展的需要，随时添加或移除 ECS 实例来扩展应用系统的服务能力，适用于各种 Web 服务器和 App 服务器。

3. 消除单点故障

用户可以在负载均衡服务实例下添加多个 ECS 实例。当其中一部分 ECS 实例发生故障时，负载均衡服务会自动屏蔽出现故障的 ECS 实例，并将请求分发给正常运行的 ECS 实例，确保应用系统仍能正常工作。

4.4 分布式数据库服务

在当今数字化业务蓬勃发展的时代，数据已成为企业的核心资产。数据的高效存储、管理与快速处理对于企业的运营和创新至关重要。分布式数据库 PolarDB 作为阿里云自主研发的一款云原生关系型数据库，为企业应对海量数据挑战和复杂业务需求提供了强有力的支持。

4.4.1 PolarDB

PolarDB 是阿里云自主研发的一款云原生关系型数据库，它采用了存储与计算分离的架构，能够轻松应对海量数据的存储和高并发的读写请求。PolarDB 具有以下优点。

（1）高性能：PolarDB 通过分布式架构和优化的查询引擎，实现了快速的数据读写操作，有效降低了查询延迟，提升了应用系统的响应速度，适用于对性能要求苛刻的业务场景。

（2）高可拓展性：PolarDB 可以根据业务发展需要，灵活地增加或减少计算节点和存储容量，实现水平扩展和垂直扩展，能够应对业务量的波动变化。

（3）高可用性：PolarDB 具备多副本冗余机制，能够自动进行故障切换，确保数据库服务的持续可用，最大限度地减少因数据库出现故障导致的业务中断时间。

（4）兼容性强：PolarDB 高度兼容 MySQL、PostgreSQL 等主流数据库的语法和应用生态，方便用户将现有业务平滑迁移至 PolarDB。

4.4.2 PolarDB 服务的特点及功能

PolarDB 服务具有以下特点及功能。

1. 存储计算分离

PolarDB 将存储层和计算层解耦，使存储可以独立扩展，计算资源能够按需分配，提高资源利用效率，同时便于应对不同业务场景下的性能需求变化。

2. 集群扩展能力强

PolarDB 支持一键扩展集群节点数量，无论是增加读节点以提升读性能，还是扩展整体计算资源以应对业务高峰，操作都简便快捷，且对业务的影响极小。

3. 数据备份与恢复

PolarDB 提供自动备份策略，可设置备份周期、保留时长等参数，同时支持基于时间点的快速恢复功能，保障数据的安全性和可恢复性。

4. 监控与报警功能

PolarDB 集成了丰富的数据库性能监控指标，如 CPU 使用率、内存使用率、查询吞吐量等，并能根据用户设定的阈值触发报警，方便用户及时发现和解决数据库运行中的潜在问题。

5. 读写分离

PolarDB 可自动实现读写请求的分离，将读请求分发到多个只读节点，减轻主节点的负载压力，进一步提升数据库整体的性能和吞吐量。

4.4.3 PolarDB 服务的应用场景

PolarDB 服务适用于以下场景。

1. 电商业务场景

在电商业务场景中，面对海量商品信息存储、高并发的订单处理和频繁的用户查询操作，PolarDB 凭借其高性能和高扩展性的优势，能够保障数据库系统的稳定运行，确保交易处理的高效性和数据的一致性。

2. 金融场景

对于数据准确性、一致性和系统可用性要求极高的金融业务系统，如银行核心系统、证券交易系统等，PolarDB 的多副本冗余和故障自动切换机制能有效防范数据丢失风险，确保业务连续性。

3. 游戏运营场景

游戏运营过程中涉及大量玩家数据的存储与读写操作，PolarDB 可以通过水平扩展应对玩家数量的增长，同时利用读写分离提升数据查询效率，优化玩家的游戏体验。

【项目实施】

任务 4.1 阿里云云监控的使用

云应用架构调优-项目实施 1

在本任务中，读者需要了解如何在阿里云中创建云监控，并根据业务场景将云主机与数据库接入云监控。同时，需要学习如何使用阿里云云监控来监测云服务和资源的运行状态，并及时处理异常，以确保应用程序的高可用性和快速响应。

子任务 4.1.1 监控云主机负载

1. 登录阿里云

使用浏览器访问阿里云官网，并在页面右上角单击“登录/注册”按钮，使用任务 1.1 中申请的账号登录。

2. 云监控

登录成功后，单击页面右上角的“控制台”按钮，在进入的页面中单击左上角的≡按钮，打开阿里云产品与服务列表。搜索关键词“云监控”，在搜索结果中找到“运维与监控”，并选择云监控对应的“云监控”选项，如图 4-3 所示。

图 4-3 选择“云监控”选项

3. 进行主机监控

在进入的云监控页面中，可以查看当前的监控概览。选择“主机监控”选项后，可以查看已经创建的名称为 WP_ecs_1 的云主机实例。此实例已默认安装了 argusagent，并且 argusagent 状态为运行中。因此，用户能够查看当前实例的 CPU 使用率、内存使用率和磁盘使用率，如图 4-4 所示。

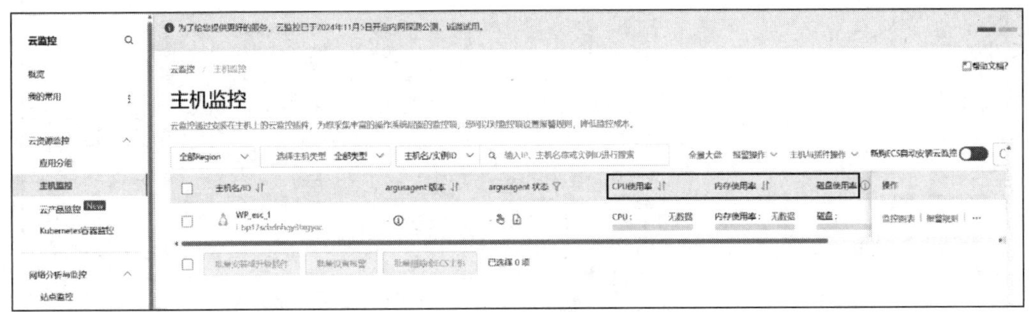

图 4-4 主机监控

单击“监控图表”超链接，在进入的页面中查看主机监控详情。选择“操作系统监控”选项卡，可以查询过去 1 小时、6 小时、12 小时、1 天、3 天、7 天、14 天的 CPU、内存、负载监控指标，如图 4-5 所示。

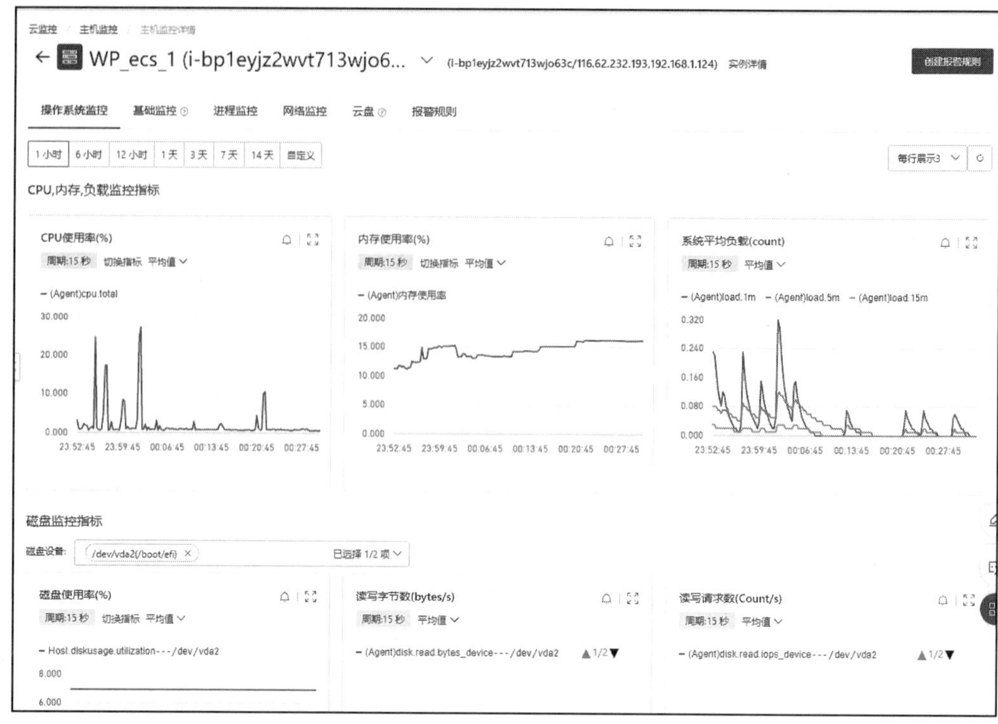

图 4-5　操作系统监控

选择“基础监控”选项卡，可以查询过去 1 小时、6 小时、12 小时、1 天、3 天、7 天、14 天的 CPU 使用率、公网流入带宽、公网流出带宽、公网流出带宽使用率、磁盘读取写入 BPS 和磁盘读取写入 IOPS（Count/Second）”等指标，如图 4-6 所示。

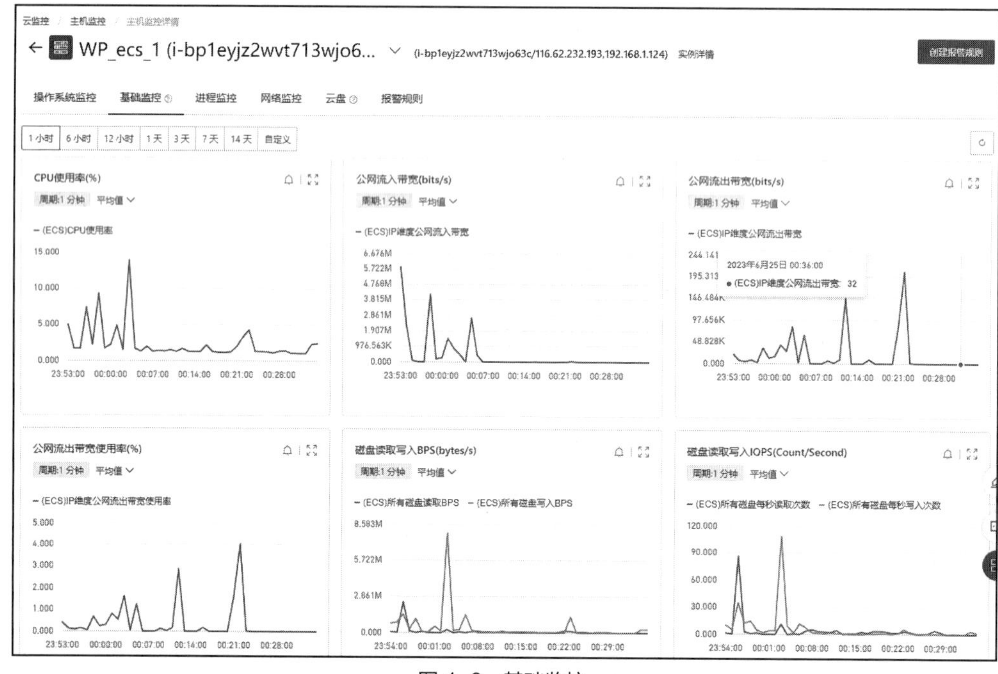

图 4-6　基础监控

4. 创建报警规则

单击“创建报警规则”按钮，进入创建报警规则页面，如图 4-7 所示。

图 4-7　创建报警规则页面

设置关联资源为 WP_ecs_1（i-bp1eyjz2wvt713wjo63c）的云主机实例。单击“添加规则”按钮，设置规则名称为“CPU 使用率”，选择指标类型为“单指标”，选择监控指标为“实例维度/(ECS)CPU 使用率”。对于阈值及报警级别，设置 CPU 使用率在连续 3 个周期（1 周期=1 分钟）中最大值大于等于 85%时触发紧急通知；设置 CPU 使用率在连续 3 个周期（1 周期=1 分钟）中平均值大于等于 65%时触发警告通知；设置 CPU 使用率在连续 3 个周期（1 周期=1 分钟）中最大值大于等于 40%时触发普通通知，如图 4-8 所示。单击“确定”按钮。

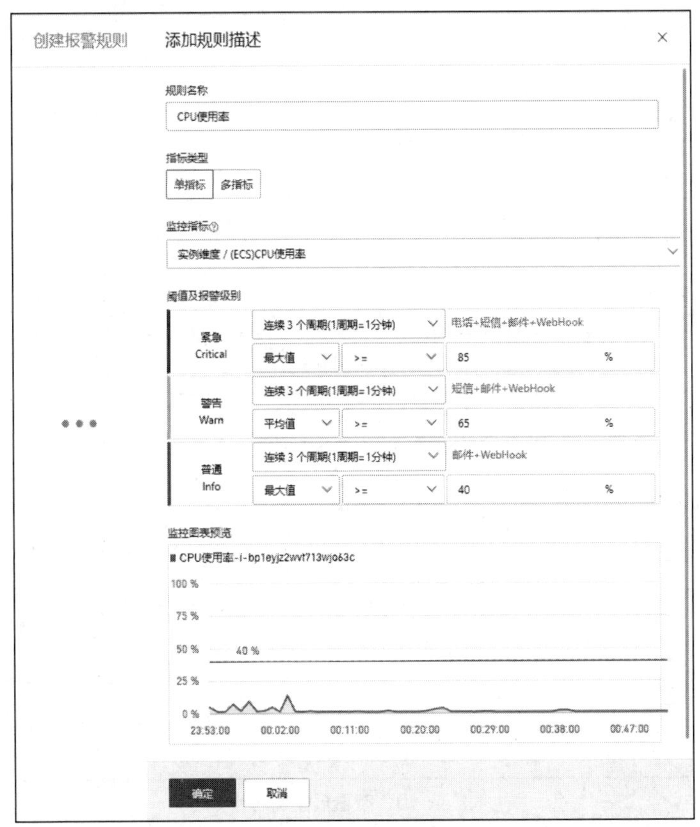

图 4-8　添加规则

继续创建报警规则，设置通道沉默周期为“24 小时”，生效时间为“00:00～23:59”，报警联系人组为默认组即可，随后单击“确认”按钮完成创建，如图 4-9 所示。选择“报警规则”选项卡，查看报警规则，如图 4-10 所示。

图 4-9 继续创建报警规则 1

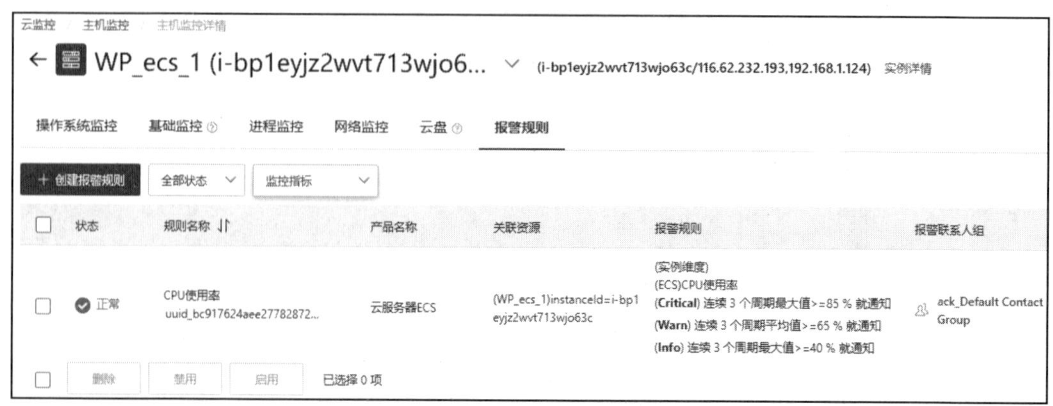

图 4-10 查看报警规则 1

子任务 4.1.2 监控数据库负载

1. 云产品监控

在左侧导航栏中选择“云产品监控”选项，进入云产品监控页面，如图 4-11 所示。

图 4-11 云产品监控页面

在数据库中选择“云数据库 RDS 版”选项，并在进入的页面中将左上角的地域设置为“华东 1（杭州）”，即可看到已经创建的 WP_RDS 实例，如图 4-12 所示。

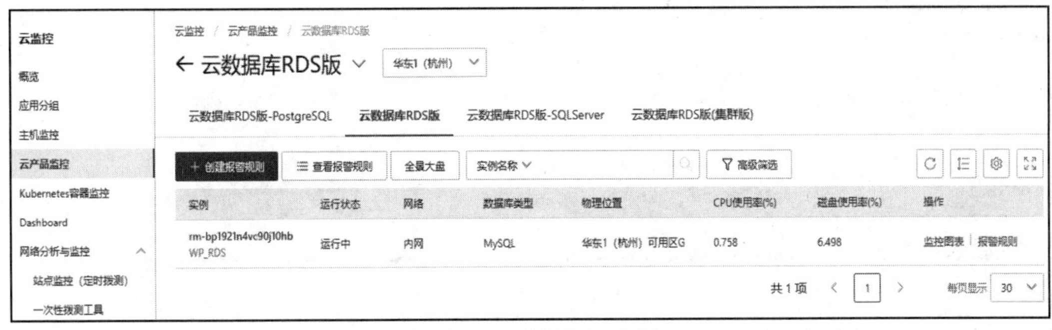

图 4-12 云数据库 RDS 版

单击“监控图表”超链接，查看云数据库 RDS 版监控详情。读者能够查看过去 1 小时、6 小时、12 小时、1 天、3 天、7 天、14 天的硬盘使用率、IOPS 使用率、连接数使用率、CPU 使用率、内存使用率和 MySQL 网络入流量等指标，如图 4-13 所示。

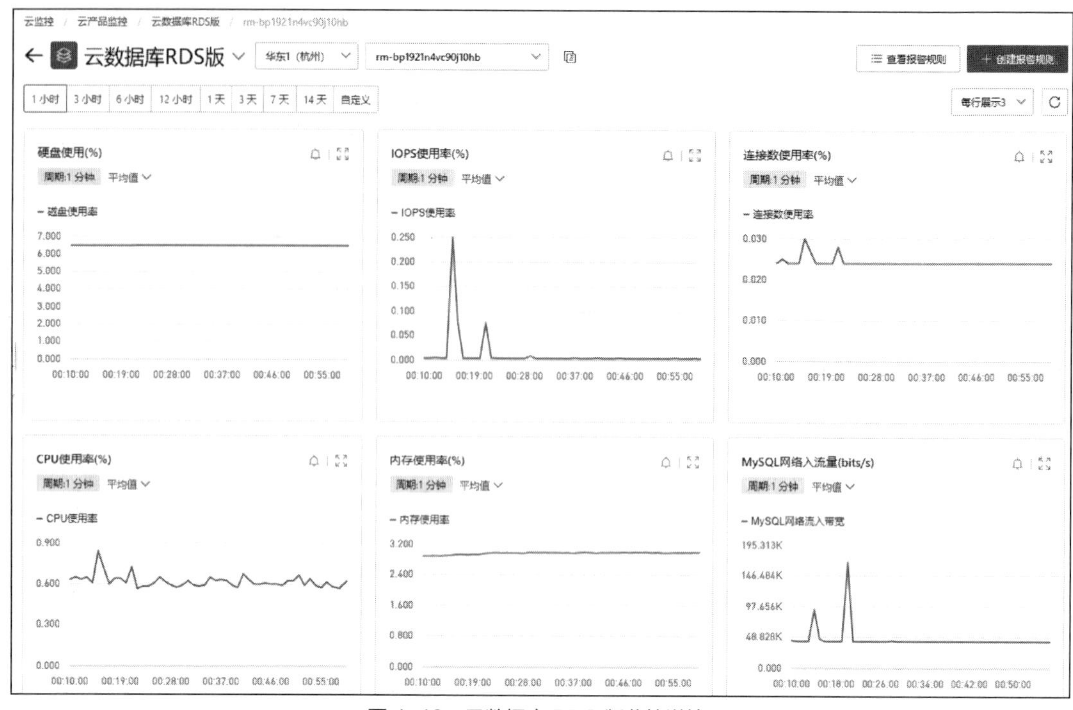

图 4-13　云数据库 RDS 版监控详情

2. 创建报警规则

单击“创建报警规则”按钮，创建云数据库 RDS 版的报警规则，设置关联资源为已创建的 WP_RDS（rm-bp1921n4vc90j10hb）数据库实例，如图 4-14 所示。

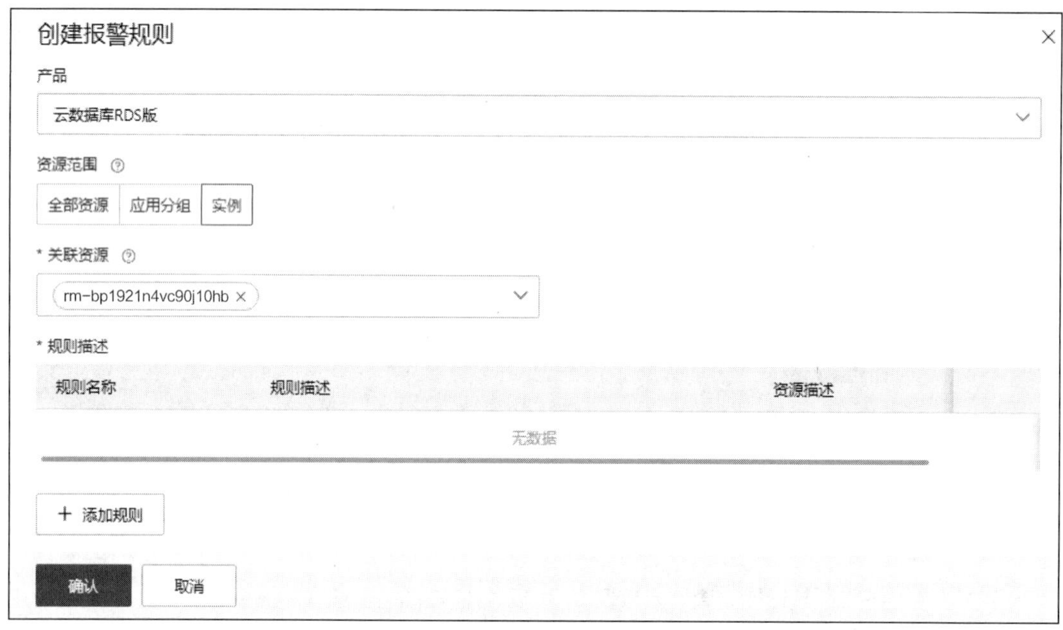

图 4-14　创建报警规则

继续创建报警规则，单击“添加规则”按钮，设置规则名称为“资源使用率”，指标类型为“多指标”，报警级别为“紧急（Critical）”，指标类型为“标准创建”；在多指标报警描述中，设置“实

例维度/CPU 使用率”最大值大于等于 85%、“实例维度/内存使用率”最大值大于等于 85%、“实例维度/连续数使用率”最大值大于等于 50%；多指标关系为“有一个满足条件就报警(||)”；发出报警需要满足达到阈值的次数为“连续 3 个周期”，如图 4-15 所示。单击“确定”按钮。

图 4-15　添加规则描述

继续创建报警规则，设置通道沉默周期为“24 小时”，生效时间为“00:00～23:59”，报警联系人组选择默认组即可，随后单击“确认”按钮完成创建，如图 4-16 所示。单击“查看报警规则”按钮，查看报警规则，如图 4-17 所示。

创建报警规则

资源范围
全部资源 应用分组 实例

* 关联资源
rm-bp1921n4vc90j10hb

* 规则描述

规则名称	规则描述	资源描述
资源使用率	(实例维度)CPU使用率(CRITICAL)最大值>=85 %||(实例维度)内存使用率(CRITICAL)最大值>=85 %||(实例维度)连接数使用率(CRITICAL)最大值>=50 %连续出现3次就报警	

+ 添加规则

通道沉默周期
24 小时

生效时间
00:00 - 23:59

* 报警联系人组
ack_Default Contact Group 新建联系人组

标签
请输入标签名称 请输入标签值

高级设置

确认 取消

图 4-16 继续创建报警规则 2

图 4-17 查看报警规则 2

通过本小节的练习，读者已经了解如何使用阿里云云监控对云主机及数据库进行有效的监控和管理；学习了如何使用阿里云云监控设置云主机及数据库的监控、创建报警规则等。通过上述操作，用户可以方便地监控云资源的负载情况，及时发现并处理异常，更好地管理云资源。同时，使用阿里云云监控可以提高云资源的可靠性和稳定性，确保用户的业务更加平稳地运行。

任务 4.2　弹性负载均衡服务的使用

云应用架构调优-项目实施 2

在本任务中，读者需要考虑多个参数，如负载均衡实例的类型和监听协议、端口，以及调度算法等。读者还可以选择开启健康检查、会话保持、安全套接字层（Secure Socket Layer，SSL）卸载等功能来满足实际业务需求。弹性负载均衡的计费模式分为按流量计费和按带宽计费两种，用户需要根据实际业务需求选择合适的计费模式。

子任务 4.2.1　申请负载均衡服务

1. 购买负载均衡服务

在阿里云首页左上角的“产品与服务”列表中搜索“SLB”，在搜索结果中选择“云上网络”→“负载均衡”选项，打开负载均衡控制台，如图 4-18 和图 4-19 所示。

图 4-18　选择“负载均衡”选项

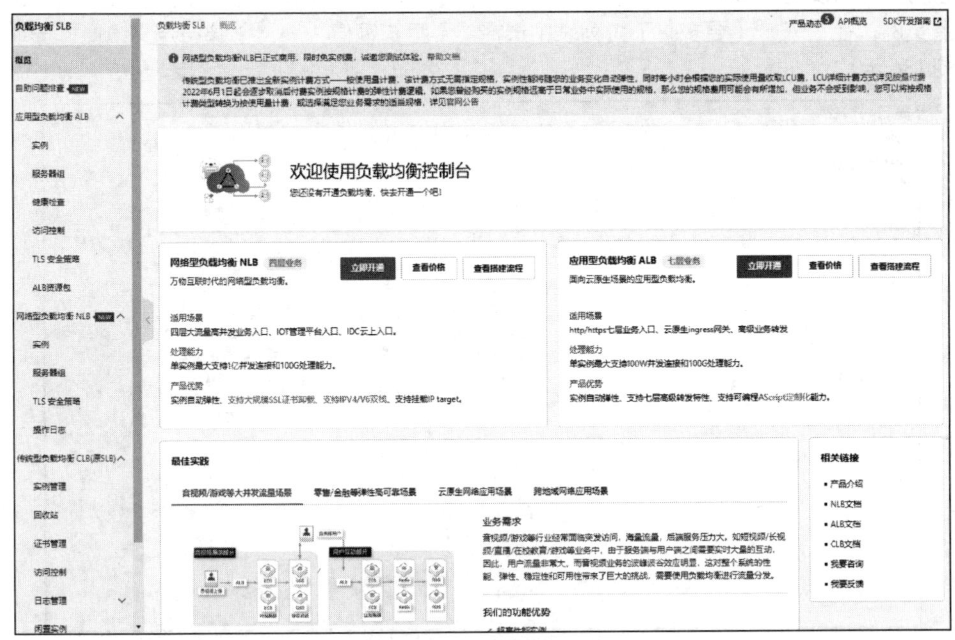

图 4-19　负载均衡控制台

在导航栏中选择“传统型负载均衡 CLB(原 SLB)”→“实例管理”选项，在进入的页面中，选择付费模式为“按量付费”，地域和可用区为“华东 1（杭州）”“华东 1 可用区 G”，备可用区为“华东 1 可用区 B”，实例名称为“wordpress_slb”，实例计费方式为“按使用量计费”，实例类型为“公网”，IP 版本为“IPv4”，公网计费方式为“按使用流量计费”，负载均衡服务配置如图 4-20 所示，配置完成后单击“立即购买”按钮。

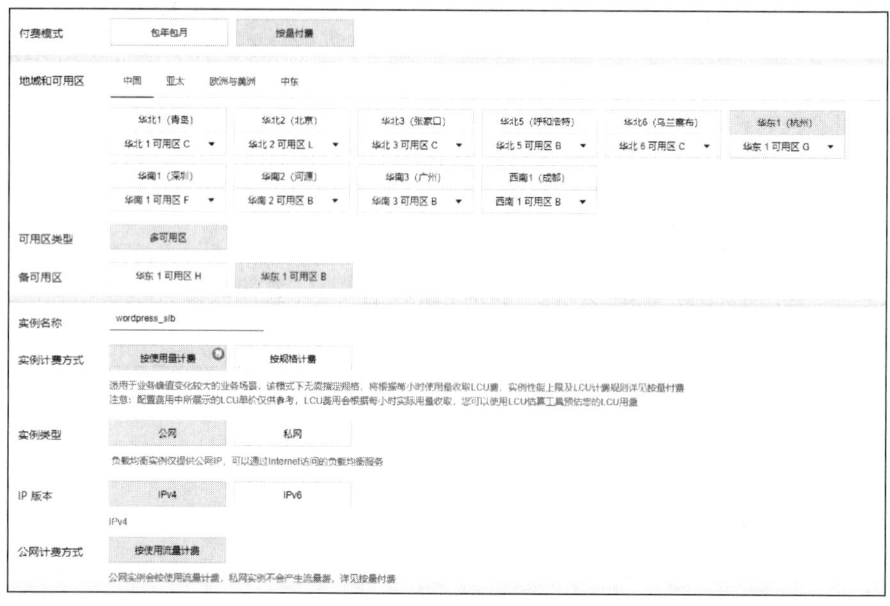

图 4-20　负载均衡服务配置

2. 创建云服务器镜像

读者在配置负载均衡服务前，需要将配置好的云服务器制作成镜像，以便在后面配置后端服务器组时能够使用该镜像再创建一台主机。打开云服务器 ECS 控制台，找到所部署的 WP_ecs_1 服务器实例，在“ ⋮ ”（更多）下拉列表中选择“云盘与镜像”→“创建自定义镜像”选项，如图 4-21 所示。

图 4-21　选择“创建自定义镜像”选项

配置镜像名称为“wordpress-image”，对于镜像检测，勾选“创建后执行检测”复选框，单击“确认”按钮。

在左侧导航栏中选择“实例与镜像”→“镜像”选项，选择刚才自定义的镜像，能够看见该镜像的创建进度。等待 5 分钟～10 分钟，镜像创建成功，如图 4-22 所示。

图 4-22　镜像创建成功

单击“创建实例”超链接，在进入的页面中选择付费模式为“按量付费”，地域及可用区为“华东 1（杭州）”“可用区 G（1）”，实例规格的分类为“计算型”，实例规格为“ecs.c5.large”，镜像为“自定义镜像”“wordpress-image”，如图 4-23 和图 4-24 所示。

图 4-23　选择规格

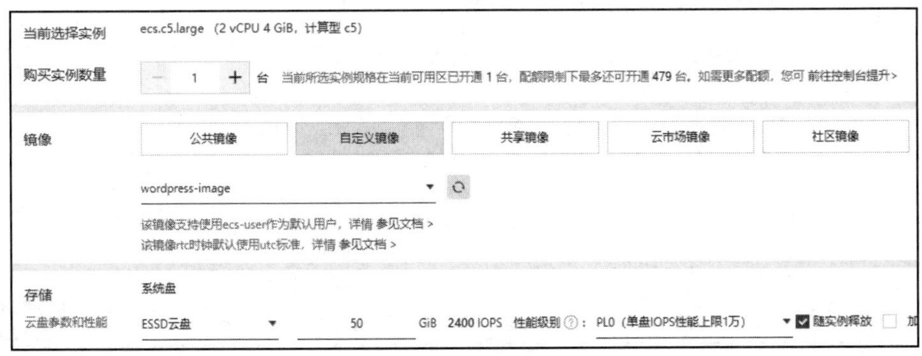

图 4-24　选择镜像

继续创建实例，选择网络为“WP_VPC_1/vpc-bp184vfjdbu38jmx60zxc”，勾选“分配公网 IPv4 地址”复选框，单击“下一步：系统配置”按钮，进入系统配置，设置登录凭证为“使用镜像预设密码”，实例名称为“WP_ecs_2”，单击“确认订单”按钮，随后单击“创建实例”按钮，完成实例的创建，如图 4-25、图 4-26、图 4-27 所示。

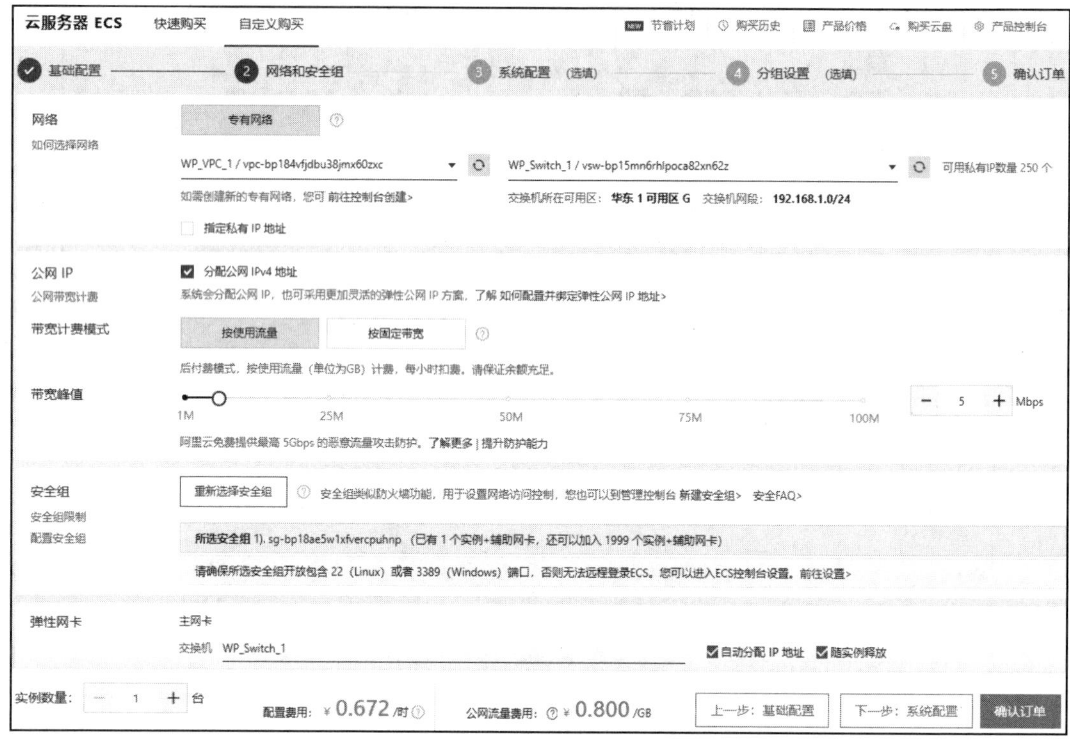

图 4-25 选择网络

图 4-26 设置登录凭证与实例名称

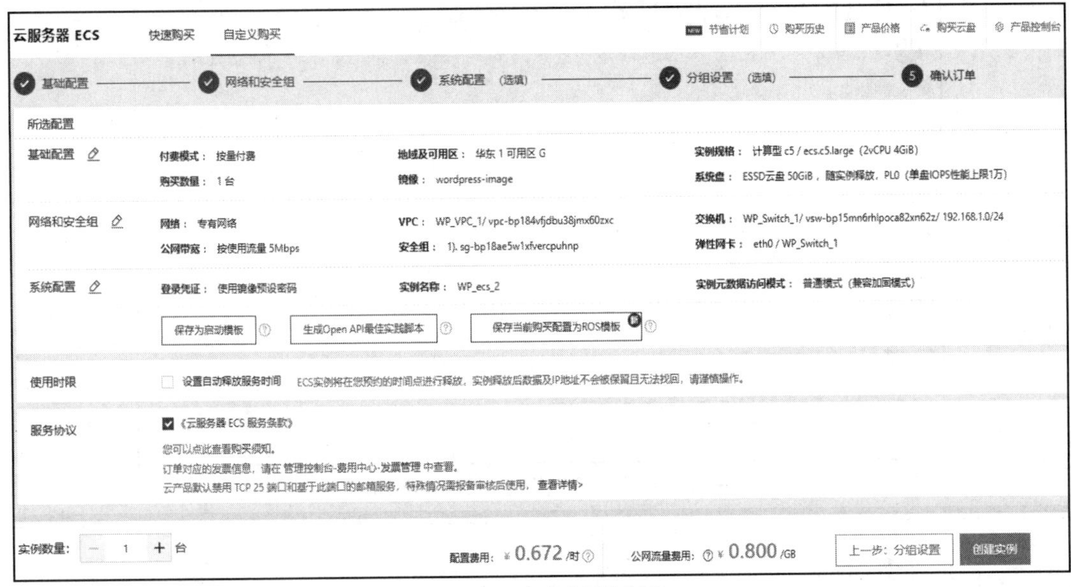

图 4-27　完成实例的创建

3. 配置监听器与后端服务器组

创建完成后，即可返回负载均衡控制台查看负载均衡列表，单击列表中的“点我开始配置”超链接，配置监听器，如图 4-28 所示。

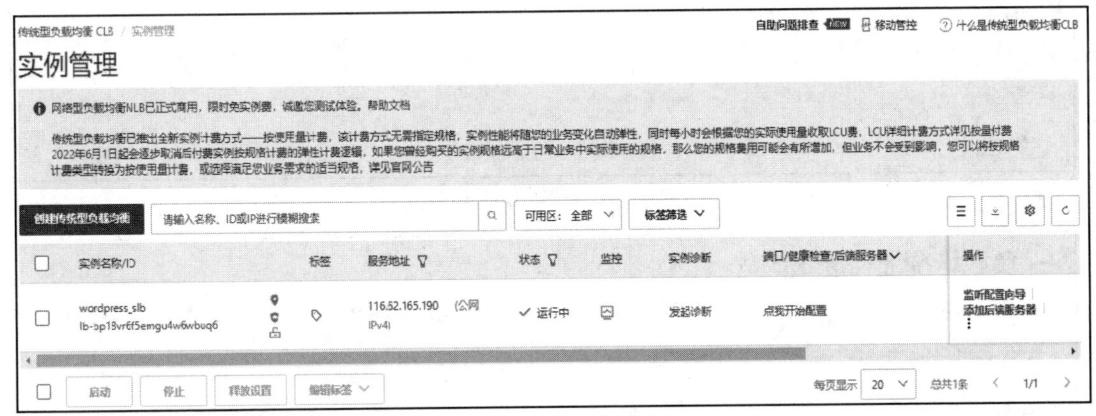

图 4-28　负载均衡列表

在进入的页面中设置负载均衡协议为“TCP”，监听端口为“80”，如图 4-29 所示，单击“下一步”按钮。

接下来配置后端服务器组，选择将监听请求转发到默认服务器组，并单击“继续添加”按钮，添加服务器，选择“WP_ecs_2(i-bp1d7zkye5fwifuo3mi)”和“WP_ecs_1(i-bp1eyjz2wvt713wjo63c)”两个云主机实例，设置权重为“100”，端口为“80”，如图 4-30 所示，单击“添加”按钮，随后单击“下一步”按钮。

开启健康检查配置，对于高级配置可根据需求自行定义，如图 4-31 所示。

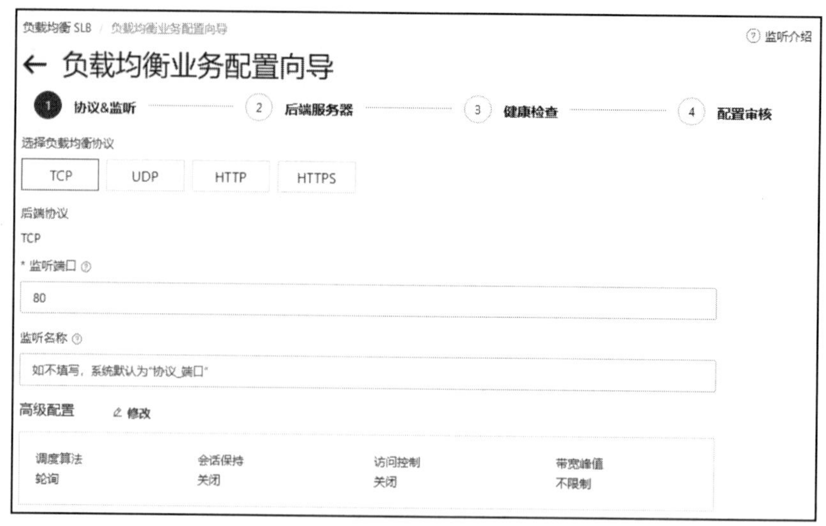

图 4-29　设置负载均衡协议和监听端口

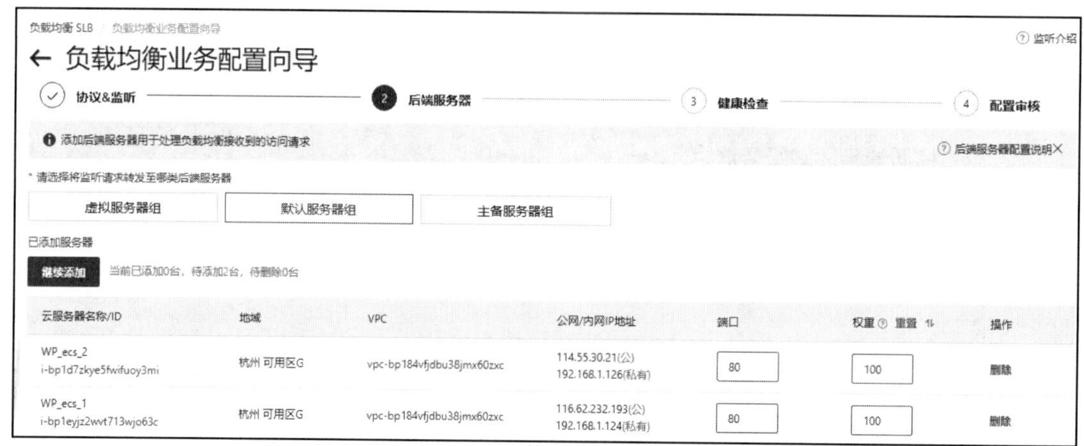

图 4-30　配置后端服务器组

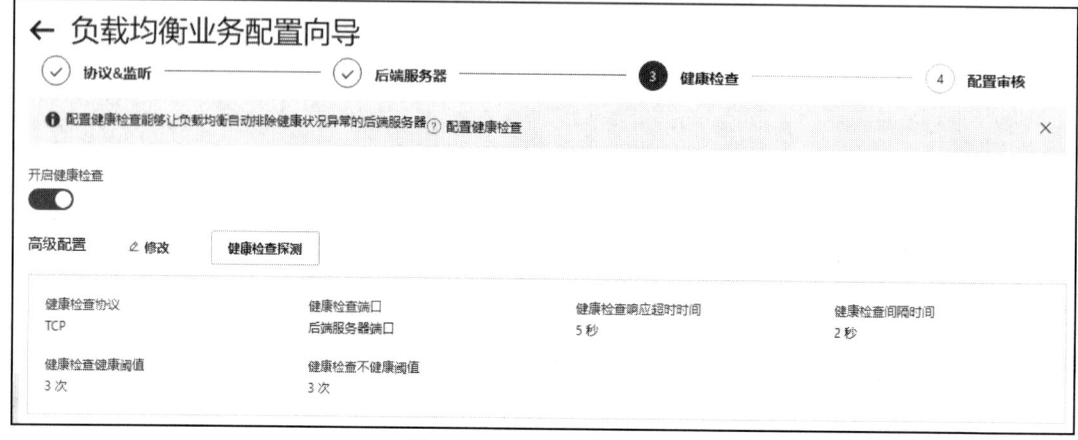

图 4-31　开启健康检查配置

单击“下一步”按钮，确认配置无误后单击“提交”按钮，如图 4-32 所示，配置提交成功后即可返回确认提示框。

图 4-32　确认配置

创建完成后，可以查看监听器的基本信息，如图 4-33 所示。

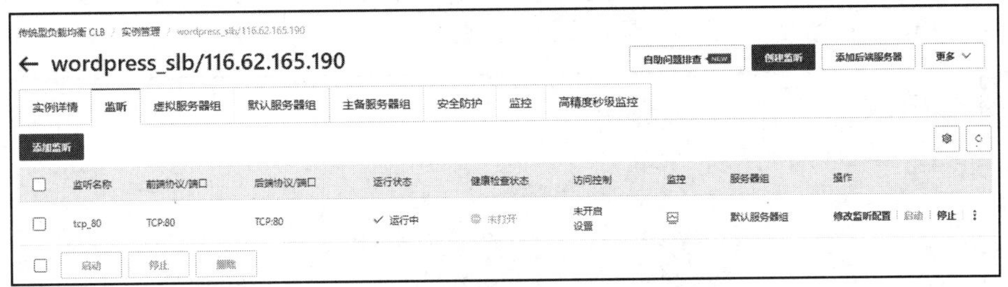

图 4-33　查看监听器的基本信息

4. 访问弹性负载均衡

配置完成负载均衡后，选择“实例详情”选项卡，可以查看公网访问 IP 地址，即可使用浏览器访问弹性负载均衡的 IP 地址，如图 4-34 所示。

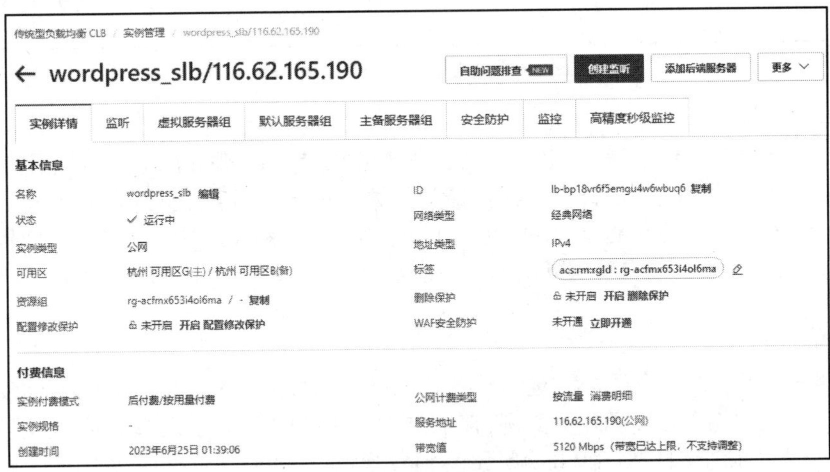

图 4-34　查看公网访问 IP 地址

使用浏览器访问该 IP 地址，查看 WordPress 博客系统，如图 4-35 所示。

图 4-35　查看 WordPress 博客系统

子任务 4.2.2　申请 ESS

1. 弹性伸缩

在阿里云首页左上角的产品与服务列表中搜索“弹性伸缩”，在搜索结果中选择“云服务器”→“弹性伸缩”选项，如图 4-36 所示，打开 ESS 控制台。

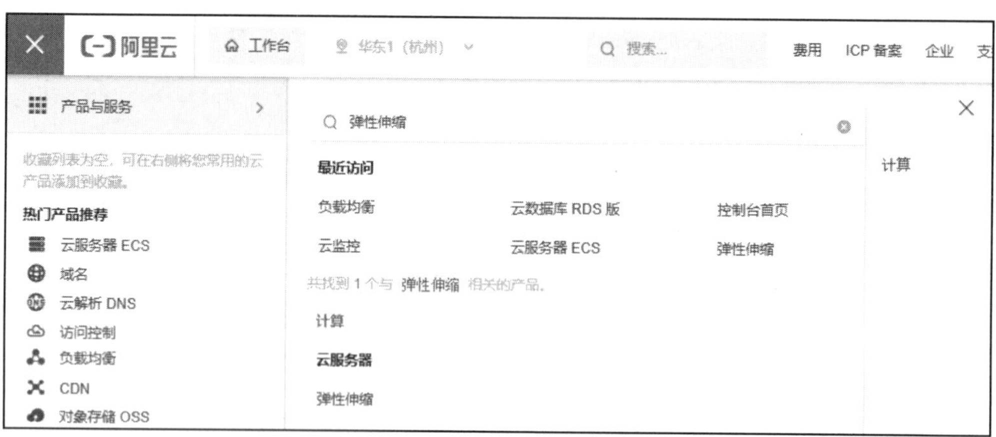

图 4-36　选择“弹性伸缩”选项

2. 创建伸缩组

在 ESS 控制台中，单击“开始使用”按钮，快速创建弹性伸缩配置，设置伸缩组名称为“as-wp-group”，伸缩组类型为“ECS”，实例配置来源为“基于已有实例的配置信息创建”，选择已有实例为“i-bpleyjz2wvt713wjo63c/WP_ecs_1”，组内最小实例数为“2”，组内最大实例数为“5”，组内期望实例数为“2”，专有网络默认为“vpc-bp184vfjdbu38jmx60zxc/WP_VPC_1”，如图 4-37 所示。

3. 高级配置

选择“展开高级配置”选项，设置实例移出策略为“最早创建的实例”，开启实例的健康检查，设置扩缩容策略为“均衡分布策略”，实例回收模式为“释放模式”，对于关联传统型负载均衡 CLB（原 SLB），选择刚刚创建的“lb-bp18vr6f5emgu4w6wbuq6/wordpress_slb”，如图 4-38 所示。

图 4-37　快速创建弹性伸缩配置

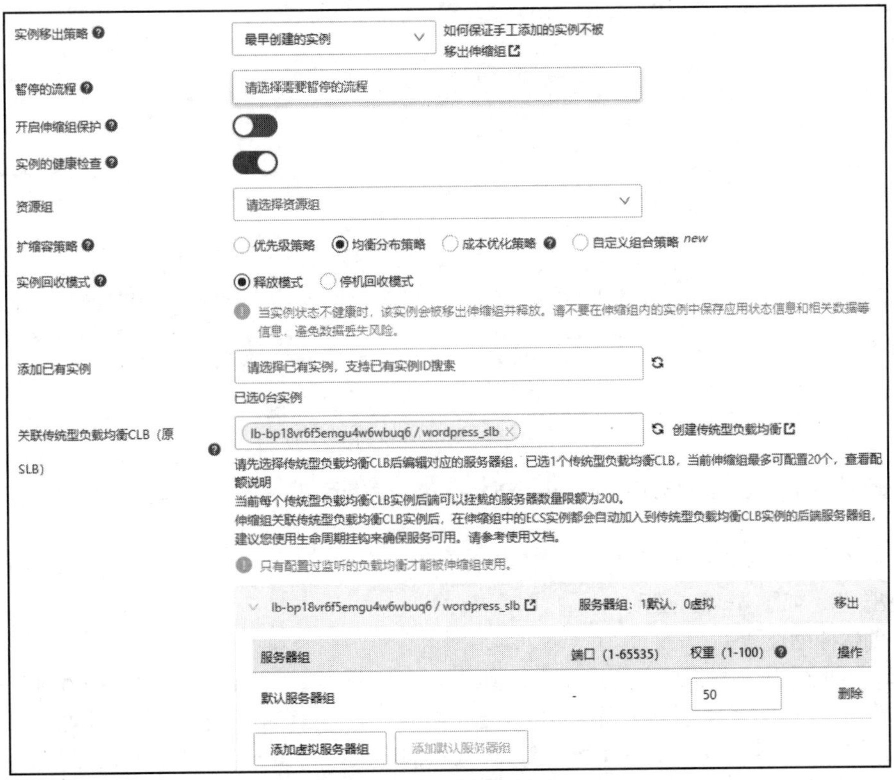

图 4-38　伸缩组高级配置

单击“下一步”按钮，跳过创建伸缩规则（稍后创建），单击“完成”按钮，开始创建伸缩组及伸缩规则，如图 4-39 所示。

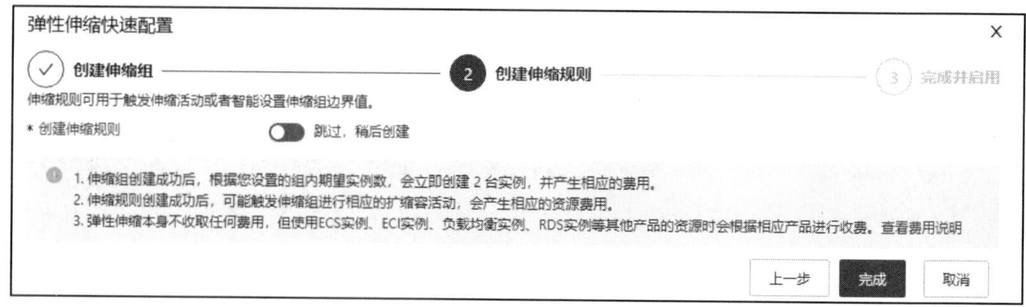

图 4-39　开始创建伸缩组及伸缩规则

子任务 4.2.3　弹性负载均衡服务使用

1. 添加实例

单击伸缩组名称，进入伸缩组管理页面，选择“实例列表”选项卡，查看实例列表，如图 4-40 所示，可以看到弹性伸缩配置已经自动创建了两个实例。选择“手动创建”选项，进入添加已有实例页面，将手动部署的 WordPress 实例添加至伸缩组中。

图 4-40　查看实例列表

勾选两个 WP_ecs 实例节点对应的复选框，单击“确认添加”按钮，将其移入伸缩组，如图 4-41 所示。

等待一段时间直到初始化完成后，将手动添加的实例状态转换为“保护中”，这样手动创建的实例不会被删除，如图 4-42 所示。

2. 创建伸缩规则

选择“伸缩规则与报警任务”选项卡，创建伸缩规则。配置规则名称为“cpu-policy-1”，实例预热时间为“300”秒，扩容报警触发的阈值次数为“3”，缩容报警触发的阈值次数为“15”，并且设置在（ECS）平均 CPU 使用率达到 80%的情况下，增加一个实例，单击“确认”按钮，如图 4-43 所示。

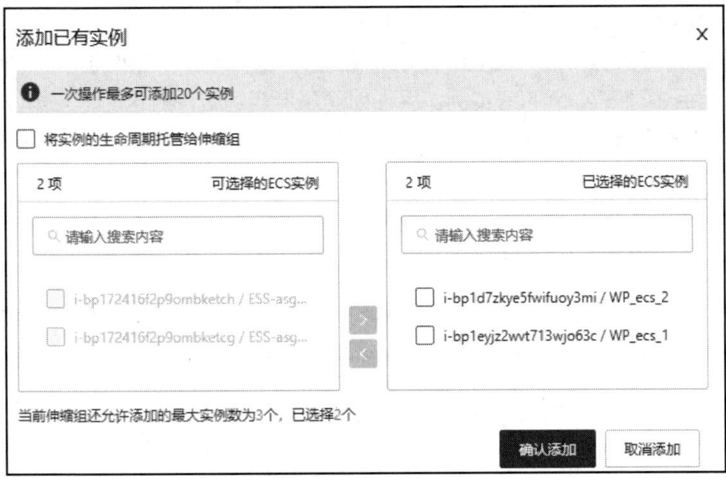

图 4-41　移入伸缩组

图 4-42　实例状态为“保护中”

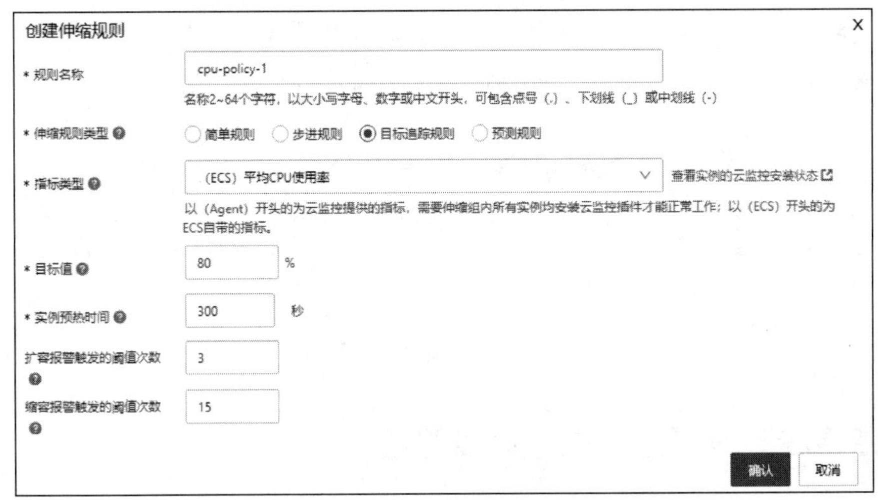

图 4-43　创建伸缩规则

3. 查看伸缩实例

由于为伸缩组创建了伸缩规则，因此当前环境满足伸缩规则时，系统会执行伸缩规则中规定的动作。此前，伸缩组中存在 4 个伸缩实例。手动创建两个实例后，为这两个实例设置了保护机制，因此这两个实例不会被规则删除，而未设置保护机制的实例会被规则删除。查看伸缩实例，如图 4-44 所示。

图 4-44　查看伸缩实例

选择“伸缩活动”选项卡，可以查看伸缩活动的历史信息，以及当前伸缩组执行的动作信息，如图 4-45 所示。

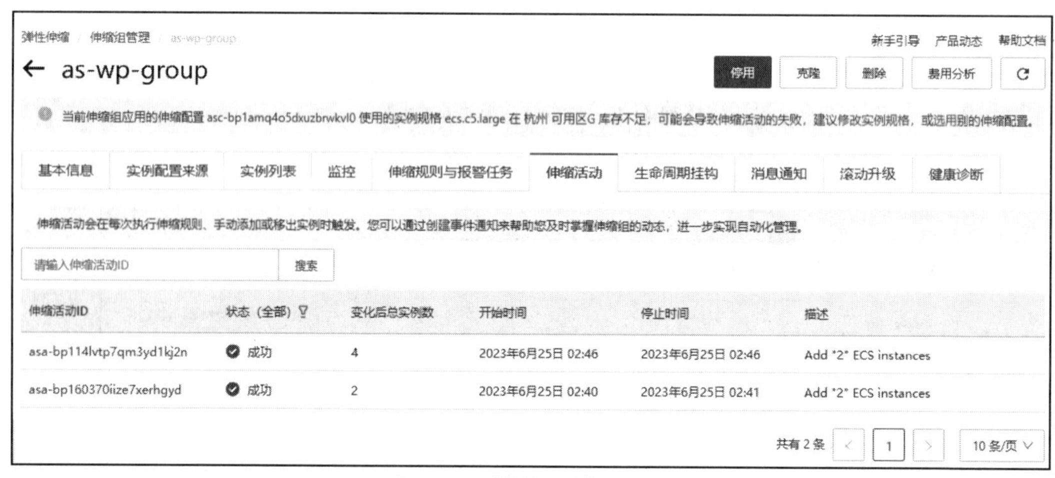

图 4-45　“伸缩活动”选项卡

任务 4.3　开通分布式数据库服务

在本任务中，读者需要进行数据库实例的创建以及相关配置管理。读者首先需要申请 PolarDB

服务，开通数据库服务，然后进行数据库账号创建、权限设置和登录数据库等操作。用户还可以根据实际业务需求进行高级配置，如参数组调整、备份策略优化等。

云应用架构调优-项目实施 3

1. 申请 PolarDB 服务

登录成功后，单击页面右上角的“控制台”按钮，并在进入的页面中单击左上角的☰按钮，打开阿里云产品与服务列表，搜索关键词“PolarDB”，在搜索结果中找到“关系型数据库”，并选择关系型数据库服务对应的“云原生分布式数据库 PolarDB-X”选项，如图 4-46 所示。

图 4-46 选择“云原生分布式数据库 PolarDB-X”选项

2. 开通数据库服务

首次进入云原生分布式数据库页面（PolarDB 控制台）后，选择页面左侧导航栏中的“实例列表”选项，进入实例列表页面，如图 4-47 所示。

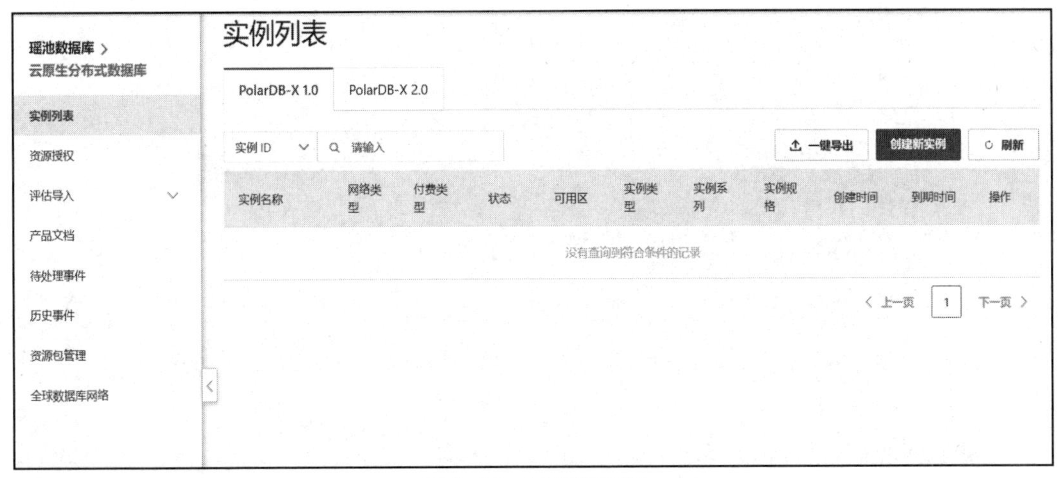

图 4-47 实例列表页面

单击“PolarDB-X 1.0”选项卡中的“创建新实例”按钮后，按照如下配置信息进行基础配置，设置商品类型为“PolarDB-X 1.0 按量付费”，地域为“华东 1（杭州）”，可用区为“杭州可用区 E”，专有网络为“WP_VPC_1”，虚拟交换机为“WP_Switch_1”，实例系列为“入门版”，其余选项保持默认，如图 4-48 所示。

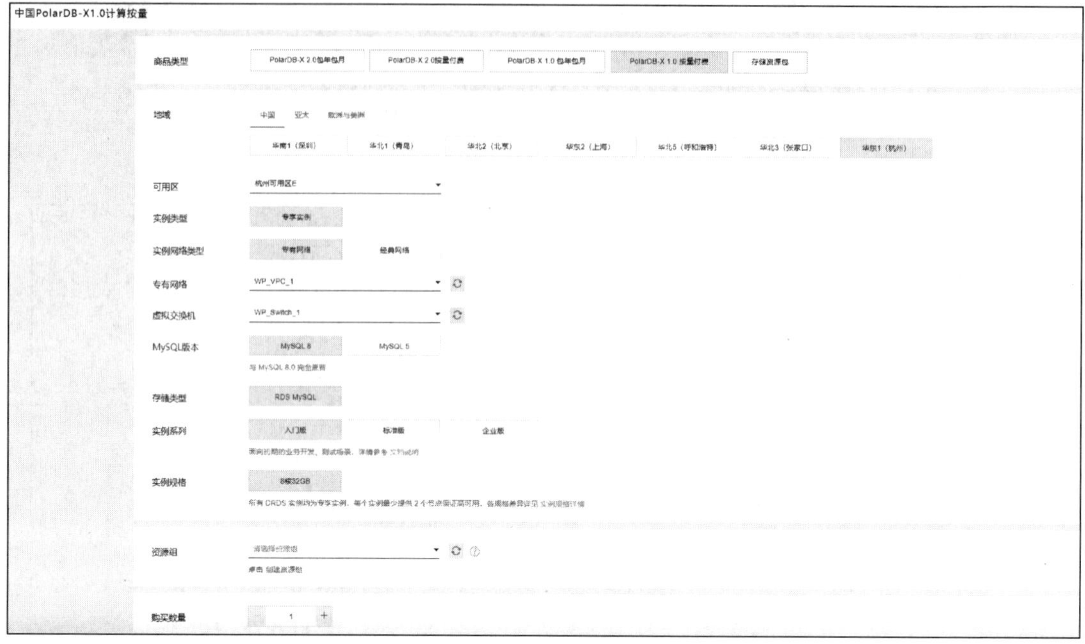

图 4-48　配置信息

单击“立即购买”按钮，如图 4-49 所示，返回 PolarDB 控制台，创建过程需要 5～10 分钟。当数据库实例创建完成后，在 PolarDB 控制台的实例列表中可以查看已创建的实例，如图 4-50 所示。单击实例名称，可以进入实例详情页面。

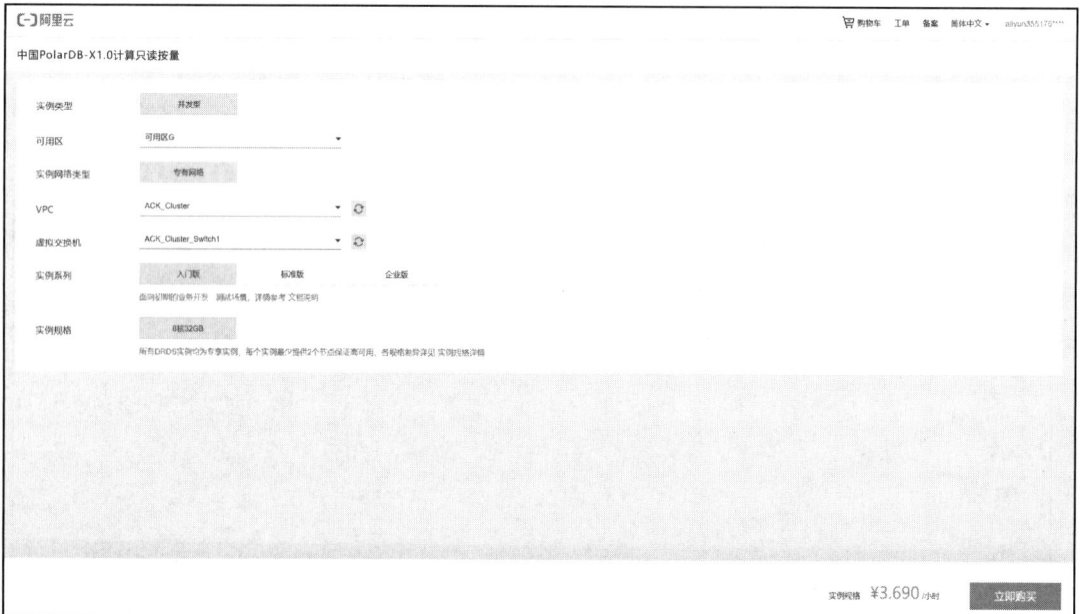

图 4-49　单击“立即购买”按钮

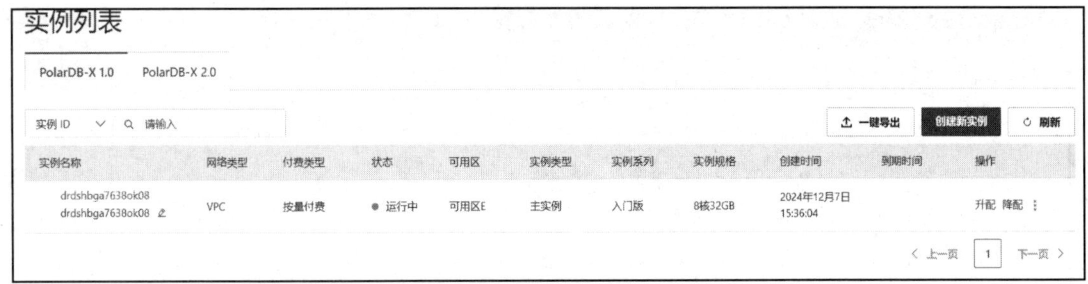

图 4-50　查看已创建的实例

3. 数据库账号创建

在左侧导航栏中选择“私有 RDS 管理”选项，进入私有 RDS 管理页面，如图 4-51 所示，单击“购买新私有定制 RDS”按钮。在进入的页面中设置商品类型为“PolarDB-X 存储层-私有定制 RDS（按量付费）”，其余选项保持默认，单击“立即购买”按钮，购买私有 RDS，如图 4-52 所示。

图 4-51　私有 RDS 管理页面

图 4-52　购买私有 RDS

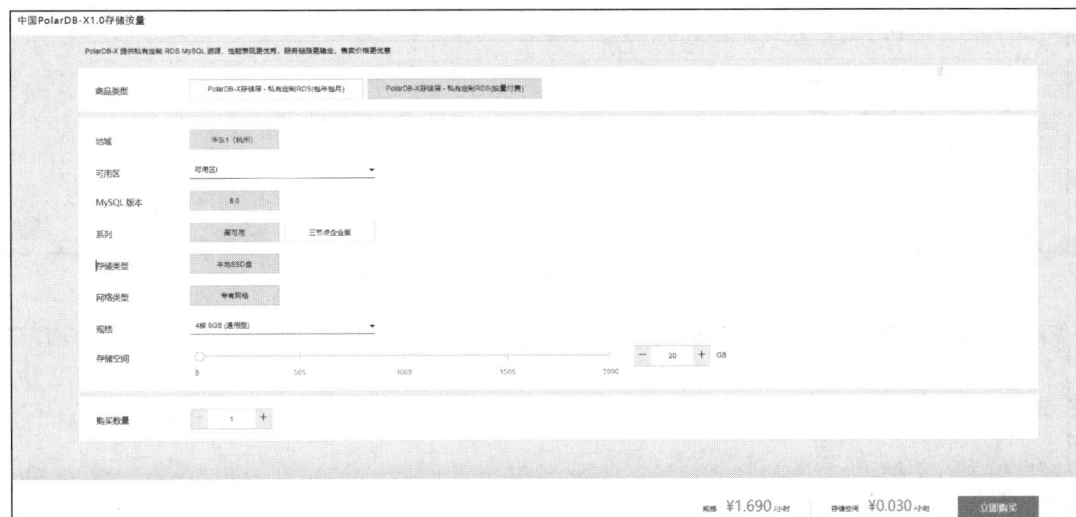

返回左侧导航栏，选择“数据库管理”选项，再单击“创建数据库”按钮。按照如下配置信息填写基本信息，设置链接密码并确认密码，如图 4-53 所示。单击“下一步”按钮，选择刚刚创建的 RDS 实例，单击 按钮，将其移动到右侧栏中，如图 4-54 所示。单击“下一步”按钮，进入预检页面，如图 4-55 所示，对项目进行预检。单击“下一步”按钮，进入建库预览页面，如图 4-56 所示。单击“下一步”按钮，进入创建成功页面，单击“创建成功”按钮，数据库创建成功，如图 4-57 所示。

图 4-53　填写基本信息

图 4-54　选择刚刚创建的 RDS 实例

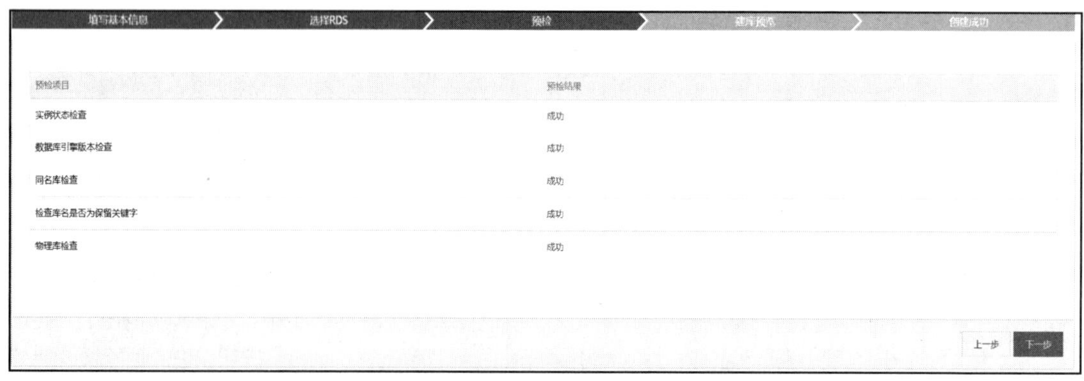

图 4-55　预检页面

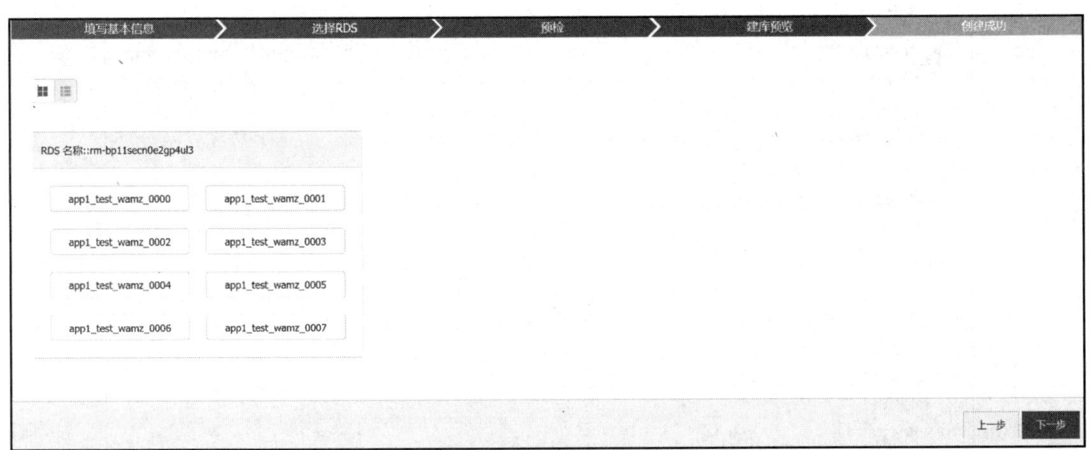

图 4-56　建库预览页面

图 4-57　数据库创建成功

4. 权限设置和登录数据库

完成上述操作后，在图 4-57 中单击数据库名称“app1_test”，进入基本信息页面，如图 4-58 所示。

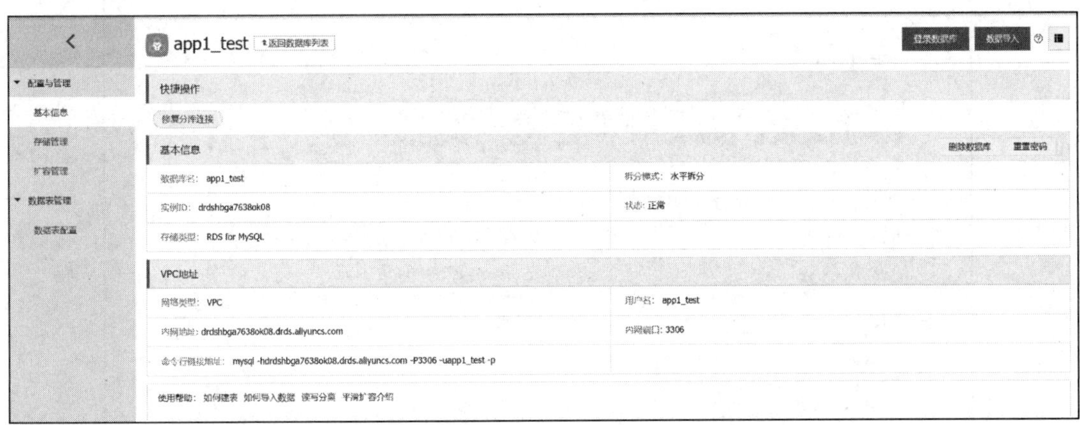

图 4-58　基本信息页面

单击“登录数据库”按钮，弹出“登录实例”对话框，输入数据库账号“app1_test”和数据库密码，将管控模式设置为“自由操作”，如图 4-59 所示。单击“登录”按钮，弹出“白名单问题”对话框，如图 4-60 所示，单击“复制 IP 网段”按钮后，返回图 4-58 所示的基本信息页面，单击左上角的返回按钮，返回实例页面，在左侧导航栏中选择“白名单设置”选项，如图 4-61 所示；单击“手动修改”超链接，进入修改白名单页面，将刚刚复制的 IP 网段信息粘贴到“允许访问 ip 白名单：app1-test”下方的文本框内，如图 4-62 所示，单击“覆盖”按钮，完成对白名单的修改。

登录实例

建议为实例免费开启**安全托管**，实现安全可控的**免密登录** 一键开启安全托管

数据库类型 PolarDB分布式版

实例地区 华东1（杭州）

实例ID drdshbga7638ok08（drdshbga7638ok08）

DATABASE 请输入

* 数据库账号 app1_test

* 数据库密码 ••••••••••••••

记住密码 如何填写账密信息?

* 管控模式 自由操作 稳定变更 安全协同

您可以在实例列表右键实例激活DMS三大增值功能包（10万+客户选择，阿里巴巴最佳实践）：稳定变更 安全协同 敏感数据保护

测试连接 登录 取消

图 4-59 “登录实例”对话框

图 4-60 “白名单问题”对话框

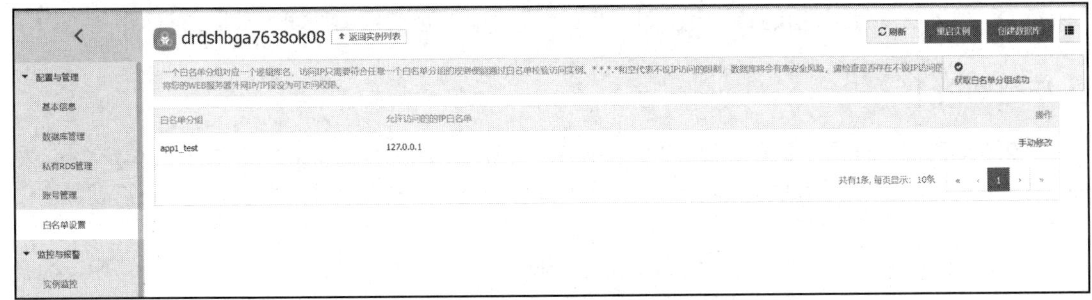

图 4-61　选择“白名单设置”选项

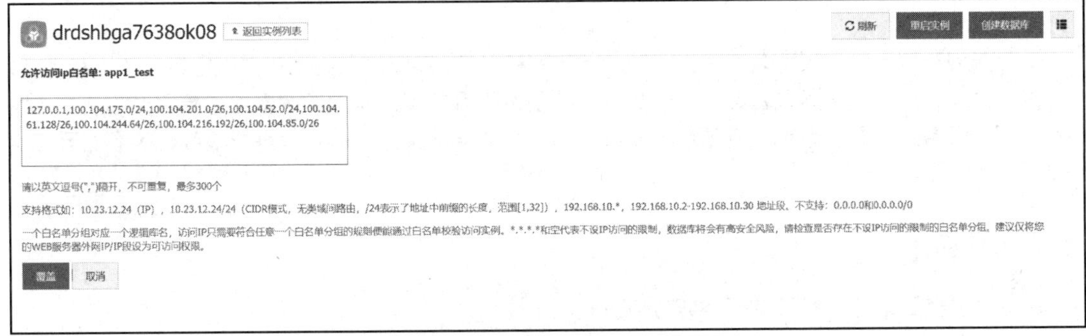

图 4-62　修改白名单页面

返回到 DMS 数据管理服务平台，登录实例，成功登录后的页面如图 4-63 所示。

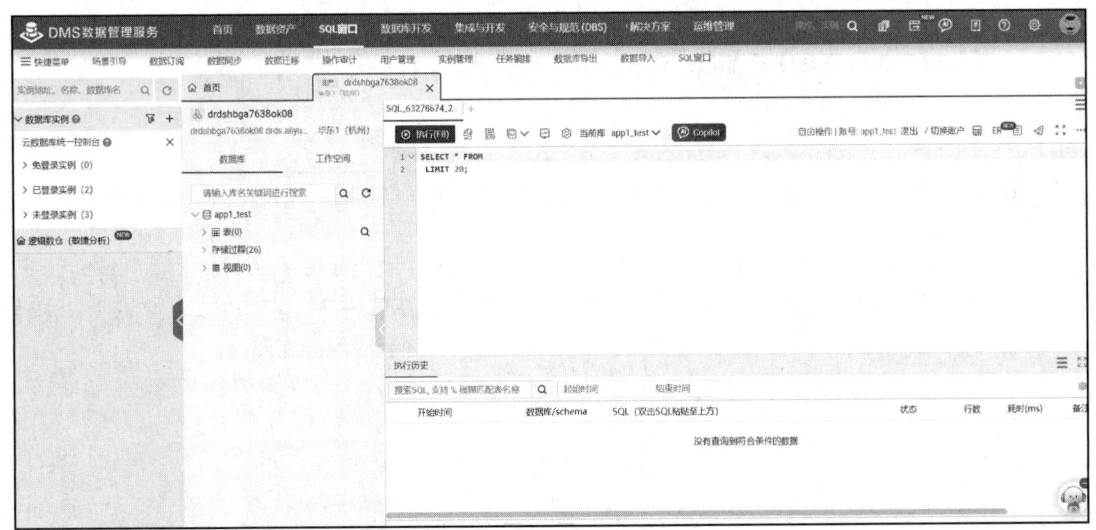

图 4-63　成功登录后的页面

上述步骤完成后，即可成功开通阿里云分布式数据库服务 PolarDB，并完成相关信息配置。

【项目小结】

本项目主要着眼于带领读者学习和应用阿里云云监控、ESS、弹性负载均衡和分布式数据库服务。通过学习这些服务的使用方法，读者可以更好地管理和优化自己的云资源，提高云应用的可靠性和稳定性。通过本项目，读者能够实际应用阿里云云监控、ESS、弹性负载均衡和分布式数据库服务，以提高云资源的使用效率和稳定性，同时能获得宝贵的经验与技能。

【拓展知识】

在“十四五”时期，我国数字经济将进一步深化应用，云应用架构调优将成为推动数字经济发展的关键环节。通过不断优化云应用架构，企业能够更好地应对数字经济发展的要求，实现数字化转型的目标，推动我国数字经济持续健康发展。

云应用架构调优可以提升云应用的性能、可靠性和可扩展性。合理的架构设计是云应用架构调优的关键，包括选择适当的云服务模型、划分应用的模块和组件，以及优化应用的网络拓扑结构等。在优化资源管理、数据管理、安全性和监控等方面进行云应用架构调优，可以进一步提高云应用的效率和安全性。

云应用架构调优不仅可以提高企业的运营效率和竞争力，还可以为用户提供更好的体验和服务。政务、医疗、教育、商务办公等行业的数字化转型也将受益于云应用架构调优。普惠性的“上云用数赋智”服务的开展、数字化普惠水平的提升，以及数字健康的发展，都需要高效、可靠的云应用支持。

【知识巩固】

1. 阿里云云监控提供的报警通知方式有（　　）。
   A．短信　　B．邮件　　C．电话　　D．微信
2. 阿里云 ESS 可以根据（　　）指标自动进行伸缩操作。
   A．CPU 使用率　　B．内存使用率　　C．网络带宽使用率　　D．磁盘 I/O
3. 阿里云云监控可以用于监控哪些类型的云资源?
4. 阿里云 ESS 支持哪些部署方式?

【拓展任务】

1. 在“华东 1（杭州）”地域，申请一台任意规格的云服务器，并将其接入阿里云云监控，查看各项监控指标。

2. 在本拓展任务步骤 1 的地域内申请一台任意规格的 RDS，并将其接入阿里云云监控。

3. 在云服务器中搭建、配置 LNMP 架构，并使用本拓展任务步骤 2 申请的 RDS 构建 WordPress 上云应用系统，申请 ESS 与负载均衡服务，完成云应用架构调优。

项目5 云容器服务

【学习目标】

【知识目标】

云容器服务-理论讲解

1. 理解容器化技术的基本概念，如Docker镜像、容器、仓库等。
2. 掌握ACK的使用方法，如容器创建、启动、停止、删除等。
3. 熟悉ACK的特点和优势，如高可用、弹性伸缩、安全性等。
4. 熟悉容器编排工具Kubernetes的基本概念和使用方法。
5. 了解微服务和服务网格的基本概念，以及微服务架构与其他架构模式的区别。
6. 掌握阿里云服务网格的核心概念、架构和组件。
7. 熟悉Istio的工作原理和使用方法，包括流量管理、安全性和可观测性等方面的知识。
8. 了解服务网格在容器化应用中的优势和应用场景。

【技能目标】

1. 掌握Docker的使用方法：学会Docker的安装、镜像管理和容器运行等操作，以及Docker的基本命令，能够进行简单的应用部署。
2. 熟悉Kubernetes的基本原理和操作：掌握Kubernetes的架构、组件和工作原理，学会部署和管理Kubernetes集群、应用及服务。
3. 了解ACK的基本特性和功能：熟悉ACK的产品架构、系统功能和使用方法，包括高可用、弹性伸缩、灰度发布等方面的知识。
4. 具备实践能力与项目经验：通过实践案例，掌握如何在ACK中进行创建应用、构建镜像、部署服务、实现自动化运维等操作，积累实际项目开发和运维经验。
5. 能够使用阿里云服务网格创建和管理服务网格，并将其部署到容器化环境中。
6. 能够使用Istio进行流量管理，如路由、负载均衡、故障恢复等。
7. 能够使用Istio进行应用程序的安全管理，如访问控制、认证、加密等。
8. 能够使用Istio进行应用程序的可观测性管理，如观测日志、指标和分布式跟踪等。
9. 能够通过ACK实现服务网格的自动化部署和扩展。
10. 能够使用服务网格优化容器化应用的性能和安全性，构建高可用、弹性伸缩和自动化运维的容器平台。

【素质目标】

1. 培养学生具备良好的学习习惯和自主学习能力，能够独立学习并掌握新技术。
2. 培养学生具备团队合作能力，能够与他人合作完成容器化应用的开发、部署和维护。

3. 培养学生具备踏实的工作态度和较强的责任心，能够保障容器化应用的稳定运行和安全性。

4. 培养学生不断学习并提升自己的技术水平，引导学生建立终身学习的意识。

【项目概述】

本项目使用的是一个基于Kubernetes的容器编排平台，该平台可以帮助开发者、运维人员和企业其他人员构建和管理高度可扩展的容器化应用。本项目将分别从以下两个方向展开。

1. 方向一：分布式云容器平台服务

其包括以下内容。

① 阿里云容器服务的架构和组件。

② 容器集群的创建和管理。

③ 容器镜像的制作和管理。

④ 容器化应用的部署和管理。

⑤ 容器的网络和存储管理。

⑥ 容器化应用的监控和调试。

2. 方向二：服务网格

其包括以下内容。

① 微服务和服务网格的概念。

② 阿里云服务网格的架构和组件。

③ 应用程序的性能管理和异常处理。

④ 流量管理和安全性。

⑤ 故障排除和恢复。

通过对本项目的学习，读者将掌握如何使用ACK构建和管理容器化应用，并了解微服务和服务网格的概念，以及如何使用阿里云服务网格保障应用程序的性能和安全性。

【知识准备】

5.1 容器化技术

随着云计算和微服务架构的兴起，传统软件开发、部署和维护面临着新的挑战。传统的软件部署方式依赖于操作系统的特定配置，且往往在不同环境中表现出不一致的情况。容器化技术的出现解决了这个问题。容器化技术用于将应用程序及其所有依赖项打包成一个独立的容器，使应用程序能够在任何环境中运行，从而提高了应用程序的可移植性和一致性。

Docker 作为容器化技术的领军者，于 2013 年首次发布，之后迅速在开发者和运维社区中获得了广泛认可。Docker 凭借其开源的特性和强大的生态系统实现了快速发展，成为容器化的事实标准。

5.1.1 Docker 架构

Docker 采用了客户端/服务器（Client/Server，C/S）架构，主要包括 Docker Daemon、REST API 和 Docker CLI。其中，Docker Daemon 负责管理容器的创建、运行和监控；REST

API 提供了与守护进程通信的接口；Docker CLI 则是用于实现开发者与 Docker 交互的命令行工具。深入理解这一架构有助于读者更好地掌握 Docker 的工作原理。

5.1.2 Docker 的基本概念

① 镜像（Image）：Docker 镜像是应用程序及其依赖项的打包结果，包括文件系统、库和配置等。镜像是容器的基础。

② 容器（Container）：Docker 容器是运行时的实例，是基于镜像创建的。每个容器都是相互隔离的，拥有独立的文件系统和进程空间。

③ 仓库（Registry）：Docker 仓库是用于存储、分享和获取镜像的地方。Docker Hub 是一个常用的公共仓库，企业也可以搭建私有仓库以满足安全和隐私方面的需求。

5.2 容器编排服务

随着容器化技术的广泛应用，管理大规模容器的部署成为挑战。管理单个容器的部署相对简单，但当容器数量增加到成百上千时，需要一个自动化的解决方案来管理容器部署。这就是容器编排服务 Kubernetes（简称为 K8s）出现的背景。

5.2.1 Kubernetes 的历史与发展

Kubernetes 是谷歌公司基于多年运行容器化工作负载的经验开发的，于 2014 年以开源项目的形式发布。Kubernetes 一经发布便迅速成为容器编排领域的领先技术，拥有一个活跃的社区和强大的生态系统。

5.2.2 Kubernetes 架构

Kubernetes 采用了分布式架构，其核心组件包括控制面、节点（Node）、资源管理组件（Pod）、服务（Service）和部署（Deployment）。

① 控制面负责整个集群的管理和决策，包括调度应用、处理应用状态变更等。

② 节点是指工作节点，用于运行容器化应用。每个节点由 Kubelet 管理，它负责运行容器并向控制面报告状态。

③ Pod 是 Kubernetes 的基本调度单元，一个 Pod 中可以包含一个或多个容器，其是 Kubernetes 运行和管理的基本单位。

④ 服务定义了一种访问 Pod 的方法，并为一组 Pod 提供统一的访问接口。总而言之，它是一个抽象层，用于定义一组 Pod 的逻辑集合和访问它们的策略。

⑤ 部署用于管理 Pod 的声明式更新，如滚动更新和回滚等，提供声明式的应用更新能力，允许用户定义应用的期望状态，并由 Kubernetes 自动将实际状态转变为期望状态。

此外，Kubernetes 引入了标签和选择器（Label and Selector）的概念，用于组织和选择一组 Pod 或其他资源，实现灵活的资源管理和操作。这些核心组件和概念共同帮助 Kubernetes 实现强大的功能和灵活性，使其成为管理容器化应用的首选平台。

5.3 分布式云容器平台服务

阿里云容器服务 Kubernetes 版（Alibaba Cloud Container Service for Kubernetes，ACK）是全球首批通过 Kubernetes 一致性认证的平台服务，可提供高性能的容器化应用管理服务，支持企业级 Kubernetes 容器化应用的生命周期管理，让用户可以轻松、高效地在云端运行 Kubernetes 容器化应用。

5.3.1 ACK 简介

ACK 是阿里云提供的一种云容器服务，基于 Kubernetes 的托管服务，旨在简化容器集群的创建、部署和自动化运维过程，并提升弹性伸缩的效率。ACK 具有弹性扩展和高可用性特点，能够根据负载情况自动调整集群大小，提供高可用架构和容灾能力。作为基于 Kubernetes 的托管服务，ACK 提供强大的容器编排功能，用于简化复杂的编排流程。ACK 还提供应用市场，用户可在应用市场中选择预构建的容器化应用和服务，并轻松将其集成到自己的应用中。在安全方面，ACK 提供网络隔离、访问控制和数据加密等功能，并与其他阿里云安全服务集成，实现全面的安全保护。此外，ACK 提供的日志和监控功能可以与其他阿里云服务集成，以便实时收集和分析容器的日志及指标数据，有助于进行性能监控和故障诊断。ACK 为用户提供可靠、灵活和高度可扩展的云容器平台，降低了容器编排和管理的复杂性，可满足不同应用场景的需求。

5.3.2 ACK 的特点

ACK 的特点如下。

（1）高可用性：提供具有高可靠性和高可用性的容器编排功能，支持自动扩缩容、灰度发布和滚动升级等功能。

（2）安全性：具备多层次的网络安全防护能力，包括 VPC、安全组、DDoS 攻击防护等。

（3）易用性：支持多种容器编排工具，如 Kubernetes、Helm 等，同时提供 Web 控制台、交互式命令行工具和 API，方便用户管理容器。

（4）弹性伸缩：能够根据业务需求自动进行资源调度和负载均衡，保证了系统的稳定性和高效性。

（5）高性能：基于阿里云自研的高性能容器化技术，提供低延迟、高吞吐量的容器服务。

（6）开放性：支持多种应用场景，如微服务、大数据、人工智能等，并且与阿里云其他产品和开源社区相互兼容。

5.3.3 ACK 的架构和组件

容器化技术的基础设施主要包括以下几种：控制节点，负责实现集群管理、调度和监控等功能；工作节点，承担实际运行容器的主机节点角色；镜像仓库，用于存储和管理容器镜像；网络和负载均衡，提供高效、安全的容器网络和自动负载均衡功能；日志与监控，为用户提供监控、日志和报警功能，帮助用户更好地理解和管理整个应用程序的运行情况；数据持久化存储，用于确保容器数据的持久性和可靠性。

5.3.4 ACK 的应用场景

ACK 适用于以下应用场景。

（1）微服务：支持多种容器编排工具，如 Kubernetes、Helm 等，方便用户快速构建和管理微服务应用。

（2）大数据：可与阿里云大数据产品整合，为用户提供高性能的容器化大数据处理方案。

（3）人工智能：支持图形处理单元（Graphics Processing Unit，GPU）等高性能计算资源的自动调度和负载均衡，为用户提供高效的人工智能应用部署环境。

（4）敏捷开发：支持灵活的容器编排方式，用户可以通过持续集成/持续交付（Continuous Integration and Continuous Delivery，CI/CD）流程快速构建、测试和部署应用程序。

（5）移动应用：提供稳定、高效的容器化移动应用后端服务，满足用户在移动互联网时代的业务需求。

（6）多云、混合云：支持容器化应用跨云平台部署和管理，帮助用户实现多云、混合云架构。

5.4 服务网格

随着微服务架构在企业中的广泛应用，服务网格（Service Mesh，SM）作为微服务治理的关键技术，变得越来越重要。服务网格提供了一种在微服务之间进行通信的基础设施层，该层能够处理安全、可靠和高效的微服务间调用。

5.4.1 服务网格介绍

服务网格是一种基于云原生架构的微服务治理解决方案。它由一个轻量级代理组成，用于管理和监控微服务之间的通信。服务网格提供了一些常见的微服务治理功能，如流量管理，以及安全性、可靠性和可观测性方面的功能。

服务网格支持多种开发框架，包括 Spring Cloud、Dubbo、ServiceComb 等，并且与 Kubernetes 紧密集成，可以将微服务应用快速部署到 Kubernetes 集群上。服务网格提供了一个用户友好的 Web 控制台，用户可以在该 Web 控制台上配置和管理服务网格。

5.4.2 服务网格的特点

服务网格具有以下特点。

（1）智能路由：支持基于权重、版本、请求头等多种负载均衡策略进行路由，用户可以根据业务需求灵活配置路由策略。

（2）流量控制：支持限流、熔断、降级、重试等多种流量控制策略，以保证系统的可靠性和高效性。

（3）安全性能：提供免费的证书管理和身份认证服务，支持传输层安全（Transport Layer Security，TLS）协议加密和双向传输层安全（mutual Transport Layer Security，mTLS）协议认证，以保障网络通信的安全性。

（4）可观察性：提供实时的监控和日志分析功能，以帮助用户更好地诊断和解决问题。

（5）易用性：支持多语言、多框架的应用程序，提供简单易用的 Web 控制台和交互式命令行工具，便于用户管理和维护服务网格。

5.4.3 服务网格的架构和组件

服务网格的架构如图 5-1 所示。

服务网格分为控制面、数据面。其中，控制面负责管理服务网格的整体状态；数据面通过 Pod-Proxy 组合、Waypoint 组件和外部注册集群等，为异构计算基础设施上的应用服务提供网格化治理。

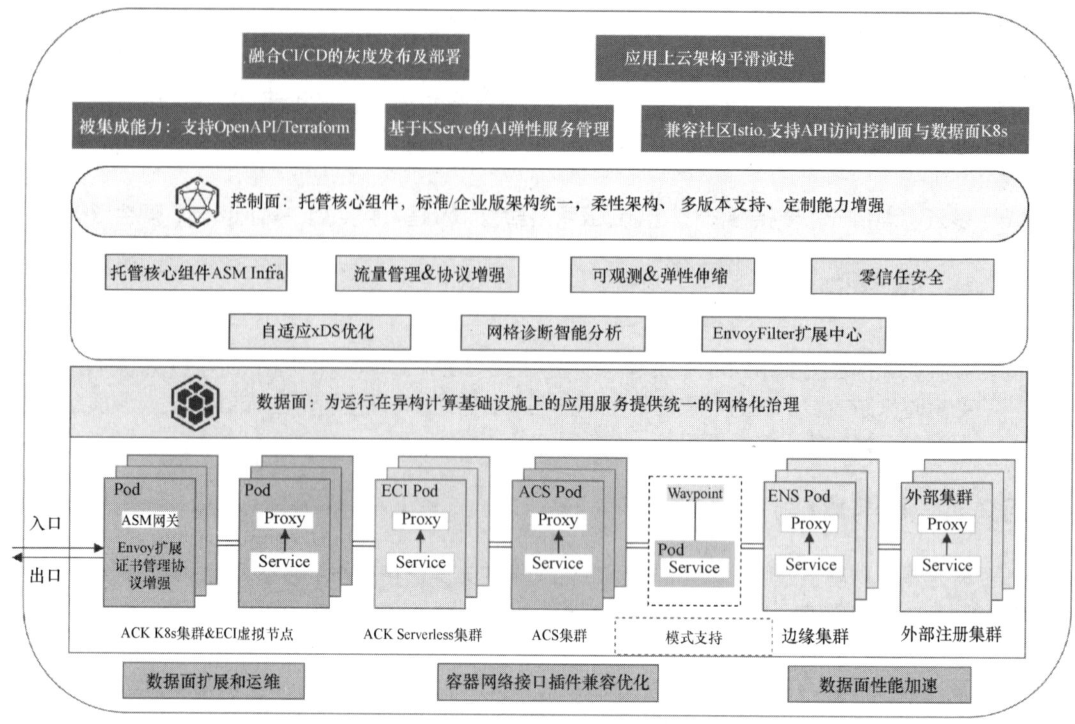

图 5-1　服务网格的架构

5.4.4　服务网格的应用场景

服务网格提供了针对微服务的可观测性、流量控制、安全等方面的解决方案，适用于以下应用场景。

（1）微服务架构：服务网格可以帮助用户管理多个微服务之间的调用关系，提高系统的可观测性和稳定性。

（2）跨语言和跨云服务提供商的微服务治理：服务网格支持跨语言和跨云服务提供商的微服务治理，使用统一的接口和协议控制微服务之间的访问。

（3）云上容器化应用：服务网格可以在容器化应用中实现流量控制、限流、熔断降级等功能，提高应用的稳定性和可用性。

（4）金融、电子商务等高并发场景：服务网格的流量控制和限流功能可以有效保障高并发场景下系统的稳定性及可用性。

（5）大规模微服务部署：服务网格可以通过流量控制、限流等功能降低微服务之间的耦合度，提高系统的可维护性和扩展性。

5.4.5　应用程序性能管理和异常处理

服务网格能够对应用程序进行性能管理和异常处理，具体来说，服务网格具有以下功能。

（1）服务发现和负载均衡：服务网格能够动态发现服务并自动将流量负载分布到多个实例上，这有助于提高应用程序的可用性。

（2）流量管理和路由：服务网格实现了复杂的流量管理和路由功能，支持基于服务版本、路径、请求头等属性的路由规则，并且可实现流量转移、金丝雀部署和 A/B 测试（即分流测试或对照实验），有助于提升应用程序的性能与发布的灵活性。

（3）弹性和容错性：服务网格提供了实现弹性和容错性模式的机制，如重试、超时、断路和负载限制，从而便捷地处理故障，隔离问题，并防止系统中出现级联故障。

（4）可观察性和调试：服务网格为开发者提供了强大的可观察性功能，如分布式跟踪、指标收集和日志记录，帮助开发者了解服务的行为和性能。开发者能够调试问题、跨服务边界跟踪请求，并优化应用程序的性能。

（5）异常检测：在服务网格中，异常可以定义为服务行为偏离正常模式的情况，如请求超时、错误率增加、流量异常和资源使用率异常。异常检测方法包括同步检测、异步检测、分布式追踪和日志分析，这些方法可以帮助开发者识别和确认异常行为或状态。

（6）故障注入：服务网格通过故障注入机制模拟网络或服务中的各种异常状态，帮助开发和运维人员提前发现及修复潜在问题，确保系统的健壮性和高可用性。故障注入主要包括延迟注入、流量中断和错误返回。

（7）异常处理：服务网格可以处理检测到的异常，帮助开发者迅速恢复出错的服务，保证服务间的调用是无缝的，同时确保服务之间的通信可靠。

5.4.6 故障排除和恢复

服务网格能够有效地管理和监控微服务架构中的故障，并及时进行恢复，提高系统的稳定性和可靠性。服务网格提供的故障排除和恢复策略如下。

（1）健康检查：服务网格中通常包括两种健康检查，即主动健康检查和被动健康检查。主动健康检查通过定期发送请求来确定服务的健康状态，而被动健康检查通过监控实际流量来评估服务的健康程度。

（2）熔断机制：熔断机制是服务网格中实现自动化服务恢复的重要组成部分。当服务连续请求失败达到一定阈值时，系统会暂时切断对该服务的请求，防止故障扩散。

（3）自动重试和重路由：服务网格可以配置自动重试、重路由或熔断等策略，以确保服务在发生故障时能够自动恢复。

（4）流量分割和金丝雀部署：服务网格允许将传入流量划分到不同的服务版本或配置中，以实现平稳过渡，并最大限度地降低变更的影响；同时，服务网格支持金丝雀部署模式，可以将一小部分用户或流量引导到新的服务版本，而大多数用户继续使用现有的稳定版本。

（5）安全通信：服务网格提供安全通信功能，如双向传输层安全（Transport Layer Security，TLS）协议加密、身份认证和授权，确保数据的机密性和完整性。

（6）自我修复：通过对服务进行健康检查、流量控制、重路由等，服务网格能够使服务在遇到故障时自动检测问题、采取措施解决问题并恢复到正常状态。核心策略包括服务健康检查、动态路由、容错处理和流量控制。

【项目实施】

任务 5.1 基于 ACK 的云容器服务实战

云容器服务-项目实施 1

在本任务中，读者需要根据指定的名称、专有网络、容器集群参数等信息，创建一个 ACK 集群，并使用 ACK 集群结合阿里云平台及实际业务场景，创建一个 WordPress 博客系统。

子任务 5.1.1 ACK 服务的购买与初始化

1. 创建 ACK 集群的专有网络

在专有网络 VPC 页面中，将地域更改为“华东 1（杭州）”，单击“创建专有网络”按钮，进入创建专用网络页面。此时需要配置专有网络的参数信息，地域默认为“华东 1（杭州）”，配置名称为“ACK_Cluster”，IPv4 网段为“172.16.0.0/12”，IPv6 网段为“不分配”，如图 5-2 所示。

图 5-2 专有网络配置

继续配置交换机的参数，设置名称为“ACK_Cluster_Switch1”，可用区为“杭州 可用区 G”，IPv4 网段为“172.16.10.0/24”，如图 5-3 所示。如后期有需求，则可再添加 IPv4 网段。以上参数配置完成后，单击左下角的“确定创建”按钮即可。

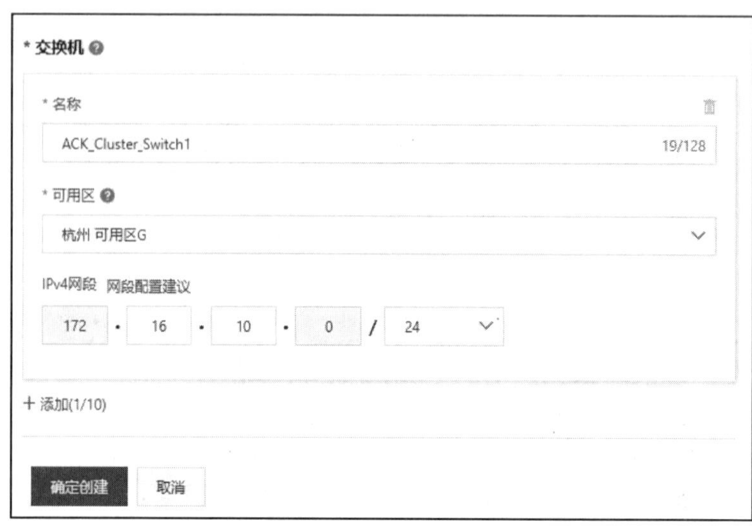

图 5-3 交换机配置

等待几秒，专有网络创建成功，如图 5-4 所示。

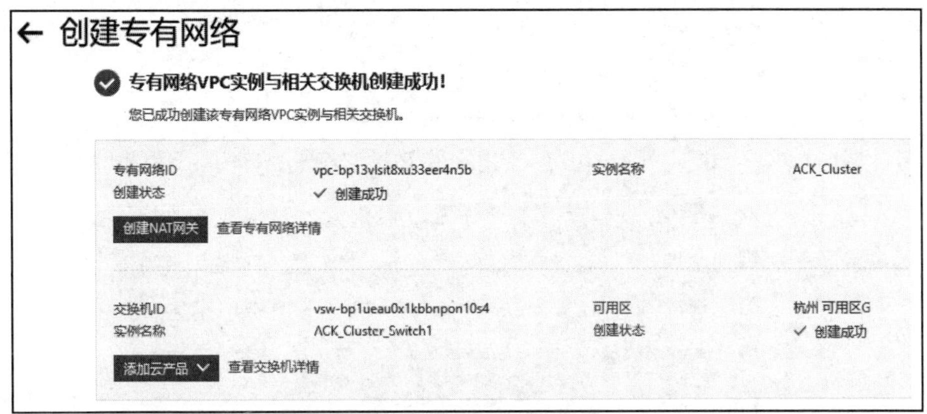

图 5-4 专有网络创建成功

2. 创建 ACK 集群

利用阿里云产品与服务列表进入容器服务 ACK 页面，单击“创建集群”按钮，在进入的 ACK 集群基本信息页面中配置集群名称为“ACK-Cluster”，集群规格为“标准版”，地域为“华东 1（杭州）”，付费类型为“按量付费”，专有网络为 ACK_Cluster，虚拟交换机为“ACK_Cluster_Switch1”，Pod 虚拟交换机为“ACK_Cluster_Switch1”，其他配置均为默认，如图 5-5 所示，配置完成后单击“下一步：节点池配置”按钮即可。

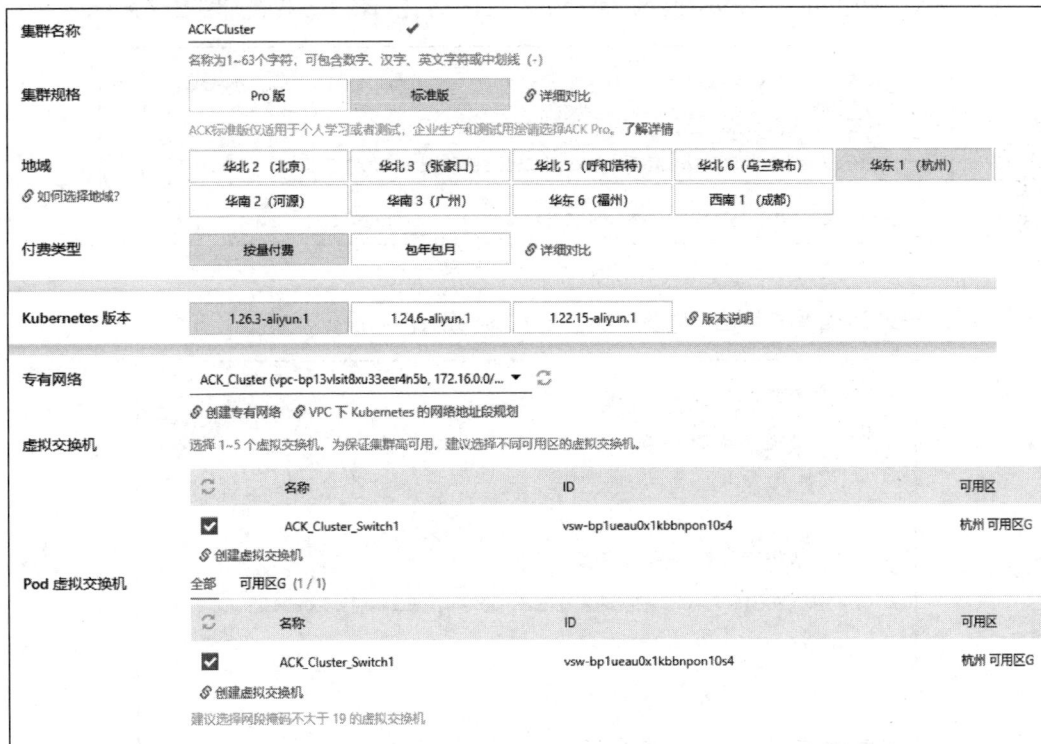

集群名称 ACK-Cluster ✔
名称为1~63个字符，可包含数字、汉字、英文字符或中划线（-）
集群规格 Pro 版 标准版 详细对比
ACK标准版仅适用于个人学习或者测试，企业生产和测试用途请选择ACK Pro。了解详情
地域 华北 2（北京） 华北 3（张家口） 华北 5（呼和浩特） 华北 6（乌兰察布） 华东 1（杭州）
如何选择地域？ 华南 2（河源） 华南 3（广州） 华东 6（福州） 西南 1（成都）
付费类型 按量付费 包年包月 详细对比
Kubernetes 版本 1.26.3-aliyun.1 1.24.6-aliyun.1 1.22.15-aliyun.1 版本说明
专有网络 ACK_Cluster (vpc-bp13vlsit8xu33eer4n5b, 172.16.0.0/...
创建专有网络 VPC 下 Kubernetes 的网络地址段规划
虚拟交换机 选择 1~5 个虚拟交换机。为保证集群高可用，建议选择不同可用区的虚拟交换机。

	名称	ID	可用区
☑	ACK_Cluster_Switch1	vsw-bp1ueau0x1kbbnpon10s4	杭州 可用区G

创建虚拟交换机
Pod 虚拟交换机 全部 可用区G（1/1）

	名称	ID	可用区
☑	ACK_Cluster_Switch1	vsw-bp1ueau0x1kbbnpon10s4	杭州 可用区G

创建虚拟交换机
建议选择网段掩码不大于 19 的虚拟交换机

图 5-5 ACK 集群基本信息页面

进入节点池配置页面后，在实例规格中，设置实例规格为“ecs.sn1ne.xlarge”、vCPU 为“4

vCPU”、内存为“8 GiB”、规格族为“计算网络增强型 sn1ne”，如图 5-6 所示。

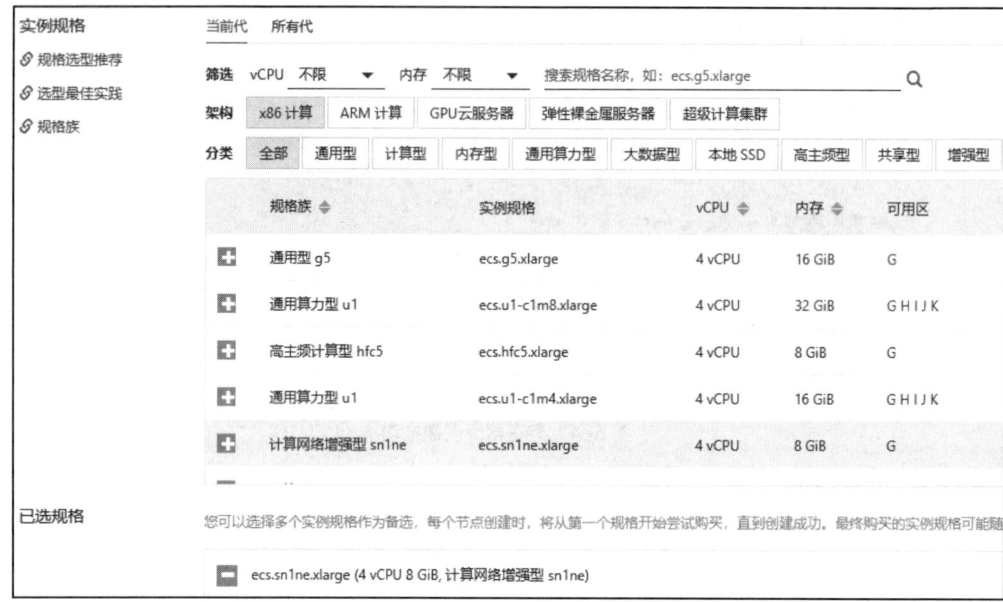

图 5-6 ACK 集群实例规格

首次购买 ACK 集群时，在节点池配置页面下方的节点数设置中，会提示需要先授予 CS 获取云资源的权限。单击 AliyunOOSLifecycleHook4CSRole 进行资源授权，如图 5-7 所示。

设置期望节点数后，删除集群或节点池时，节点池内全部按量付费节点将会被释放。以下场景会导致节点池自动
1. 通过 ECS 控制台或者 OpenAPI 释放 ECS 实例；
2. 包年包月 ECS 实例到期；
3. ESS 控制台操作可能导致非预期弹出，请勿到 ESS 控制台操作节点池的伸缩组。

请先授权 CS 获取云资源的权限，点击 AliyunOOSLifecycleHook4CSRole 进行授权 重新检查

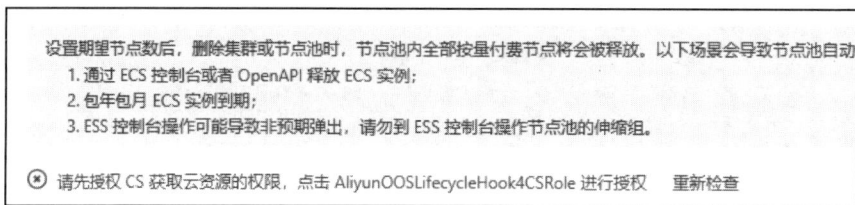

图 5-7 资源授权

进入资源授权页面后，单击“同意授权”按钮即可完成资源授权，如图 5-8 所示。

图 5-8 资源授权页面

随后返回创建 ACK 集群页面，单击“重新检查”超链接即可消除提示，设置操作系统为“CentOS 7.9”，登录方式为“设置密码”，登录密码为自定义密码，其他配置均为默认，如图 5-9 所示，单击“下一步：组件配置”按钮。

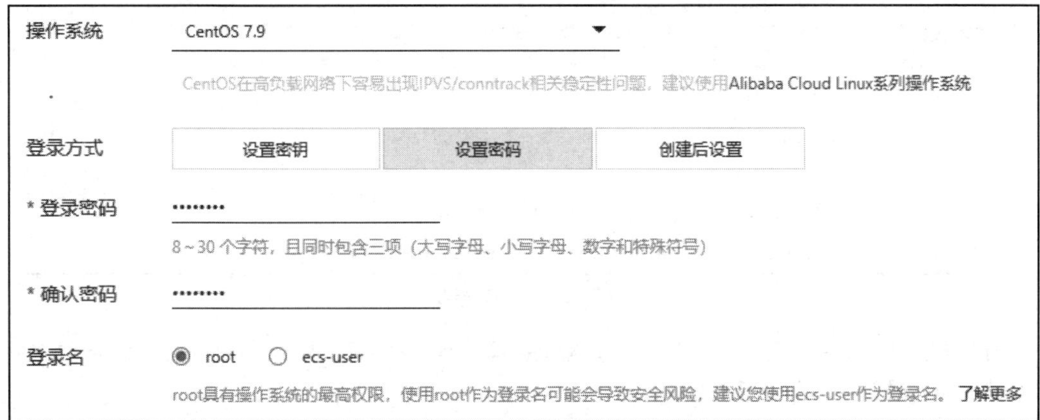

图 5-9　设置操作系统、登录方式和登录密码等

在组件配置页面中，全部配置均为默认即可，如图 5-10 所示，单击“下一步：确认配置”按钮。

Ingress　不安装　Nginx Ingress　ALB Ingress　MSE Ingress

负载均衡类型　公网　私网

负载均衡规格　标准型I（slb.s2.small）

服务发现　安装 NodeLocal DNSCache

在节点上运行 DNS 缓存代理以提升域名解析性能和稳定性。安装后须开启 DNS 配置注入才可生效，查看详情。

存储插件　CSI

如何选择 Kubernetes 集群的存储插件

创建默认NAS文件系统和CNFS容器网络文件系统动态存储类型，并默认开启 NAS 回收站特性，支持数据快速恢复。查看详情　费用详情

免费提供容器服务Kubernetes集群12个月5GiB容量型或1GB性能型的存储空间，具体规则参考，活动详情

监控插件　使用 Prometheus 监控服务　费用详情

免费提供容器服务 Kubernetes 集群基础监控和报警，查看详情

报警配置　使用默认报警模板配置报警　容器服务默认报警配置

请选择报警通知联系人分组　Default Contact Group

提供容器服务Kubernetes集群基础监控和报警（需采购部署ARMS-Prometheus云服务）

注意：开启报警配置功能，需要同时开通日志服务事件中心功能、Prometheus监控服务功能。

日志服务　使用日志服务　费用详情

使用已有 Project　创建新 Project

将自动创建名称为 k8s-log-{ClusterID} 的 Project，开启后将自动开通集群审计功能。

创建 Ingress Dashboard

图 5-10　组件配置页面

在确认配置页面中，检查并确认配置是否正确。确认无误后，勾选“我已了解和接受上述说明，并已阅读和同意阿里云容器服务 Kubernetes 版服务条款和免责声明”复选框，如图 5-11 所示，单击“创建集群”按钮。

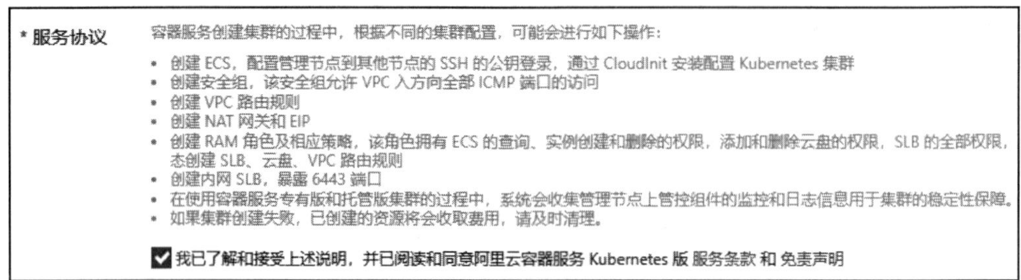

* 服务协议
容器服务创建集群的过程中，根据不同的集群配置，可能会进行如下操作：
创建 ECS，配置管理节点到其他节点的 SSH 的公钥登录，通过 CloudInit 安装配置 Kubernetes 集群
创建安全组，该安全组允许 VPC 入方向全部 ICMP 端口的访问
创建 VPC 路由规则
创建 NAT 网关和 EIP
创建 RAM 角色及相应策略，该角色拥有 ECS 的查询、实例创建和删除的权限，添加和删除云盘的权限，SLB 的全部权限，态创建 SLB、云盘、VPC 路由规则
创建内网 SLB，暴露 6443 端口
在使用容器服务专有版和托管版集群的过程中，系统会收集管理节点上管控组件的监控和日志信息用于集群的稳定性保障。
如果集群创建失败，已创建的资源将会收取费用，请及时清理。
我已了解和接受上述说明，并已阅读和同意阿里云容器服务 Kubernetes 版 服务条款 和 免责声明

图 5-11 同意授权

在集群列表页面中，等待约 10 分钟，刚刚创建的集群状态变为“运行中”后，单击集群名称即可查看集群信息，如图 5-12 所示。

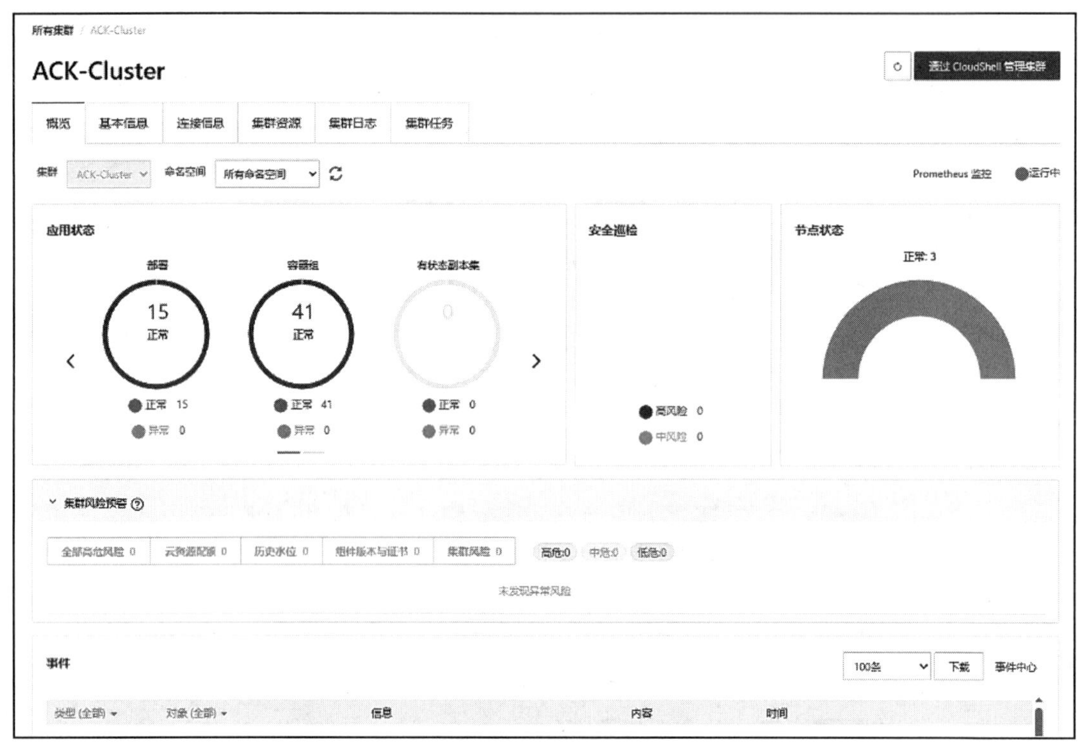

图 5-12 查看集群信息

子任务 5.1.2 ACK 集群的使用

1. 连接集群

通过阿里云产品与服务列表进入 EIP 对应的页面，单击“创建弹性公网 IP”按钮，将地域和可用区设置为“华东 1（杭州）”，名称设置为“ACK”，其他配置均为默认，如图 5-13 所示。

单击“立即购买”按钮，进入确认订单页面。在确认订单页面中，勾选“我已阅读并同意弹性公网 IP 开通服务协议”复选框，如图 5-14 所示，单击“立即开通”按钮。

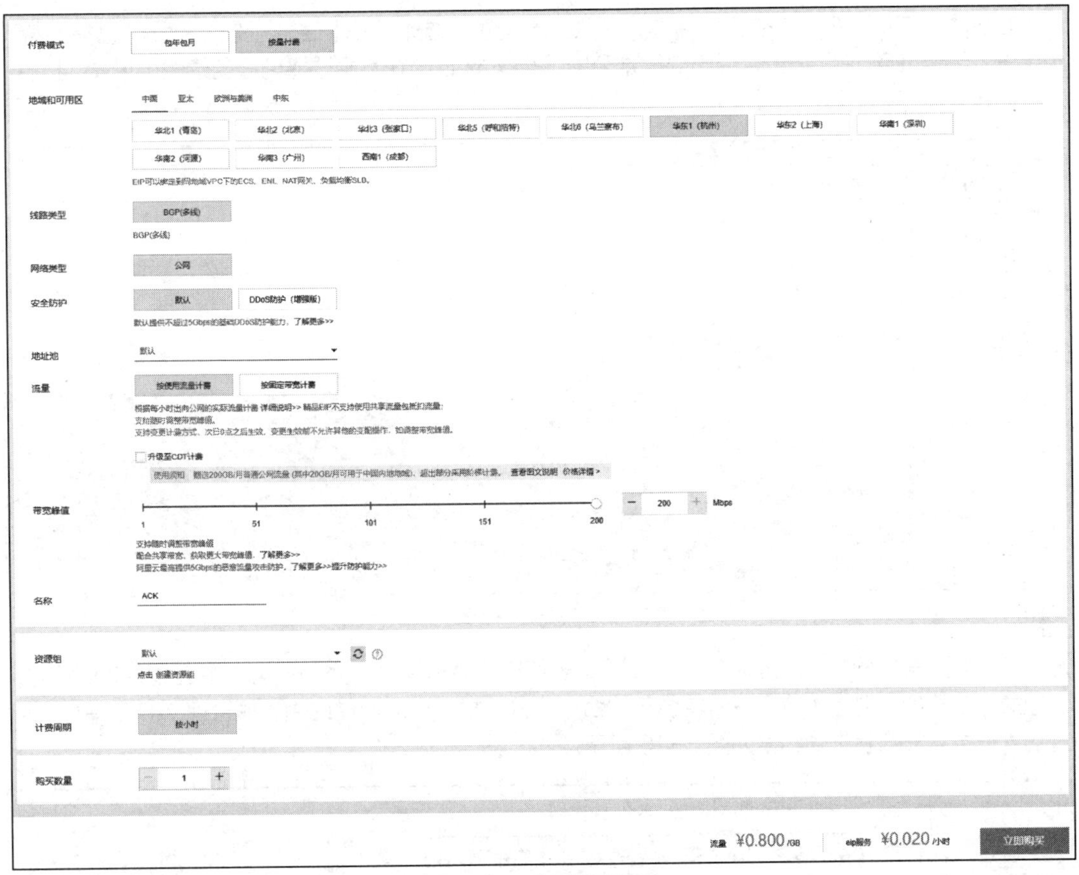

付费模式　包年包月　按量付费

地域和可用区　中国　亚太　欧洲与美洲　中东

华北1（青岛）　华北2（北京）　华北3（张家口）　华北5（呼和浩特）　华北6（乌兰察布）　华东1（杭州）　华东2（上海）　华南1（深圳）　华南2（河源）　华南3（广州）　西南1（成都）

线路类型　BGP(多线)

网络类型　公网

安全防护　默认　DDoS防护（增强版）

地址池　默认

流量　按使用流量计费　按固定带宽计费

升级至CDT计费

带宽峰值　1　51　101　151　200　200 Mbps

名称　ACK

资源组　默认

点击 创建资源组

计费周期　按小时

购买数量　1

流量 ¥0.800/GB　eip服务 ¥0.020/小时　立即购买

图 5-13　集群信息配置

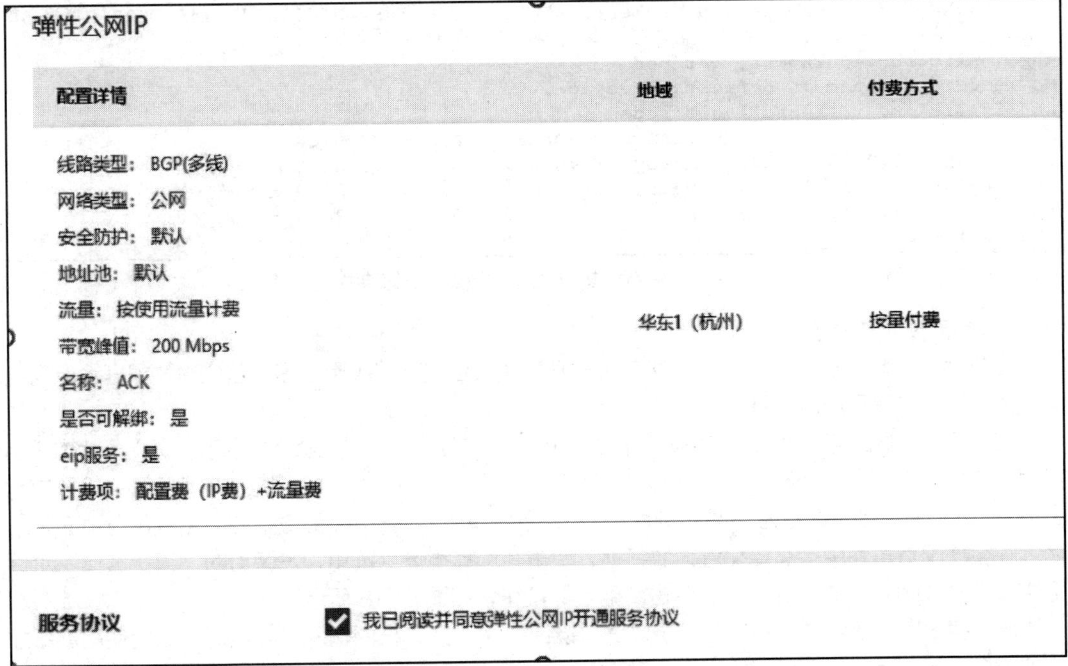

图 5-14　确认订单页面

在集群列表页面中，单击集群名称，进入集群页面，选择“基本信息”选项卡后，在集群信息中单击“绑定公网 IP”按钮，弹出“绑定公网 IP”对话框，在其中选择前面创建的 EIP 地址，单击“确定”按钮，如图 5-15 所示。

图 5-15　确定 EIP 地址信息

在集群列表页面中，单击集群的“⋮”（更多）下拉按钮，在弹出的下拉列表中选择“CloudShell 管理集群”选项，随后浏览器下方将会出现命令行输入框，可以通过此输入框管理 ACK 集群。通过输入框查看节点状态的结果如图 5-16 所示。

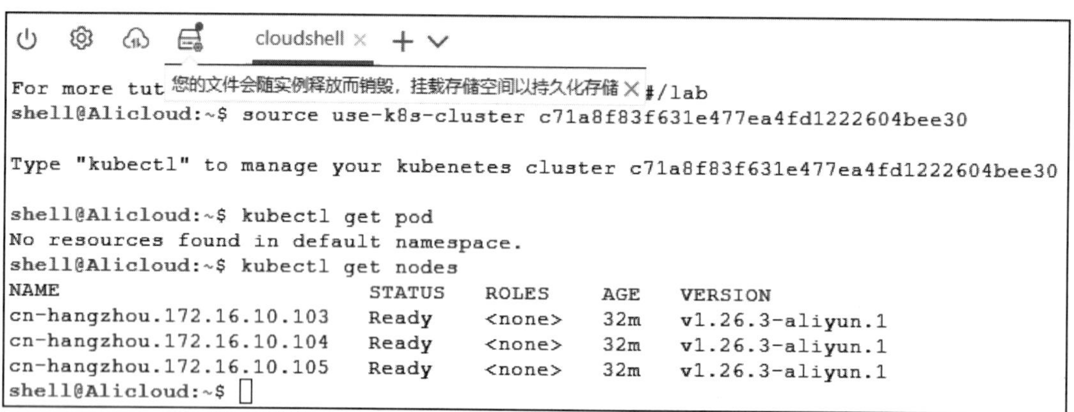

图 5-16　通过输入框查看节点状态的结果

2. 创建无状态容器

目前 ACK 集群已经部署完毕，现在正式开始使用容器部署应用程序，首先需要根据镜像创建无状态容器，以满足用户的需求。

在 ACK 集群的管理页面的左侧导航栏中选择“工作负载”→“无状态”选项，进入无状态应用页面，单击“使用镜像创建”按钮，进入使用镜像创建页面。在容器的应用基本信息页面中设置应用名称为“app1”，副本数量为“2”，如图 5-17 所示。单击“下一步”按钮，进入容器配置页面。

在容器配置页面中，需要配置镜像名称，单击“选择镜像”按钮，在弹出的“镜像选择”对话框中搜索“nginx”，选中 nginx 后单击“确定”按钮，如图 5-18 所示。

因为镜像存在版本之间的区分，所以在“镜像 Tag”文本框中输入“latest”，表明使用最新版本的镜像，如图 5-19 所示。

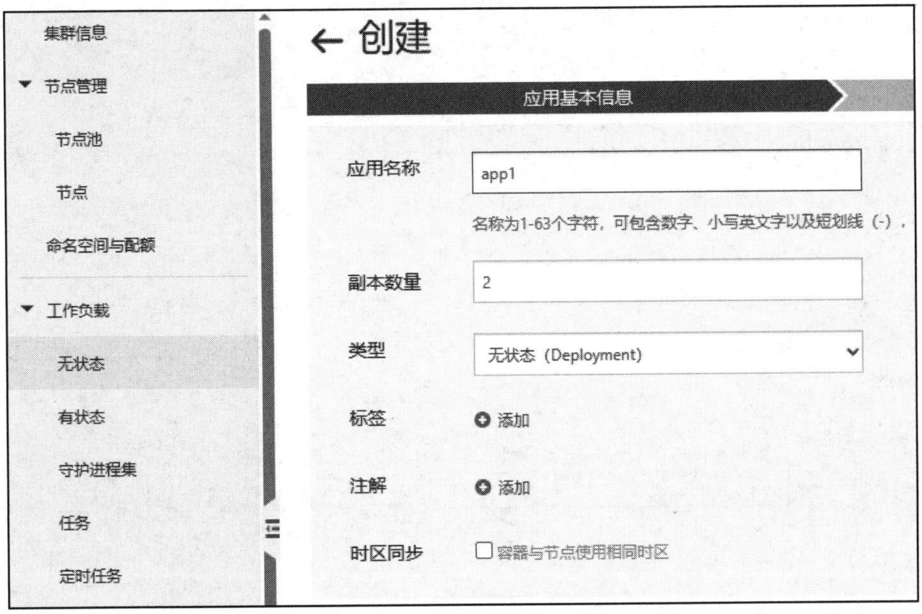

图 5-17　应用基本信息页面 1

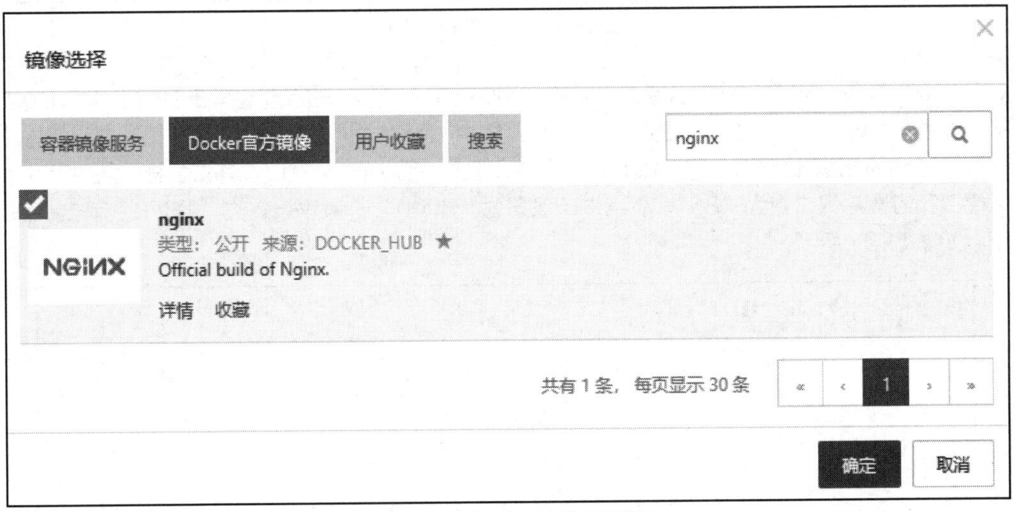

图 5-18　“镜像选择”对话框

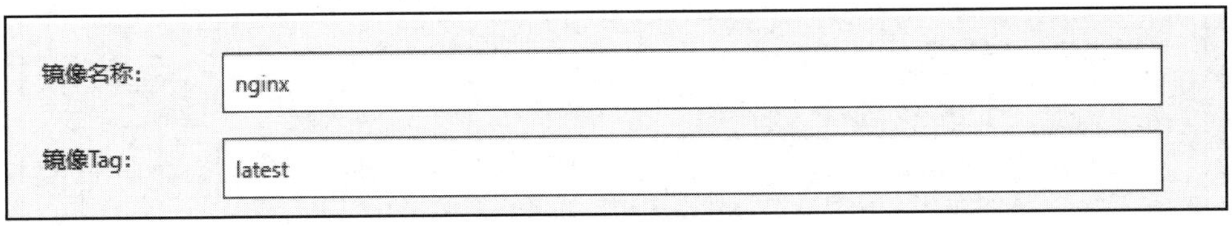

图 5-19　镜像版本

在容器配置页面的端口设置区域中，单击“新增”按钮，增加端口，将名称设置为“http”，容器端口设置为“80”，协议设置为“TCP”；在生命周期设置区域中，设置容器的生命周期，将启动执行中的命令设置为“nginx -g "daemon off;" ”，如图 5-20 所示。单击“下一步”按钮，进入高级配置页面。

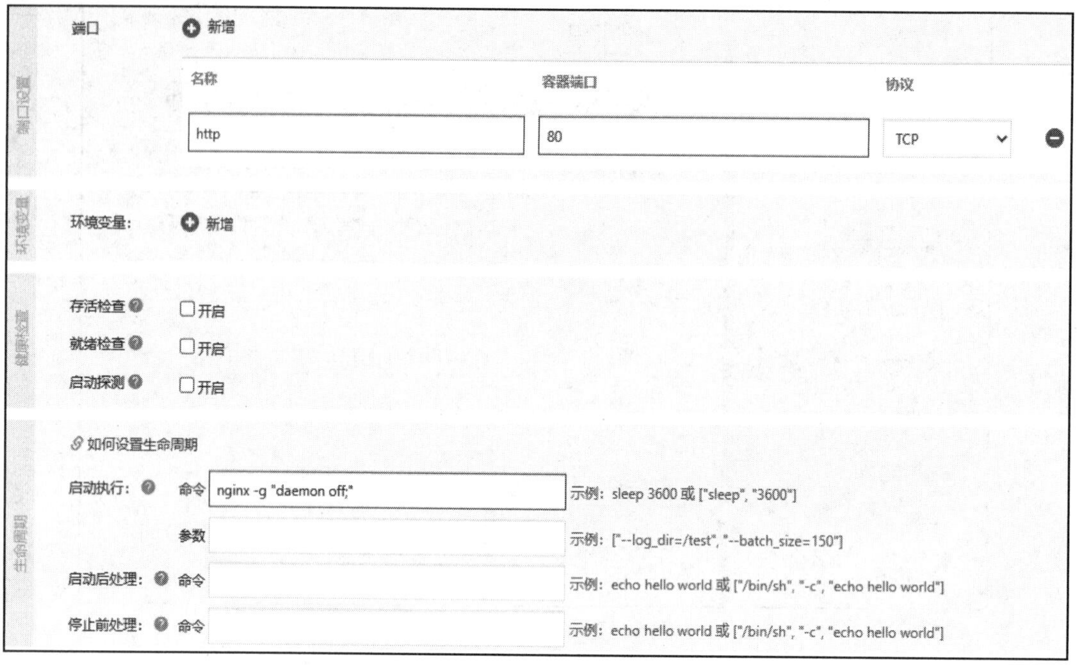

图 5-20　容器基本配置 1

在高级配置页面的访问设置区域中，设置使用暴露后端 Pod 的方式。单击服务（Service）右侧的“创建”按钮，在弹出的“创建服务”对话框中，将名称设置为“app1-svc”，类型设置为“节点端口”，外部流量策略设置为“Cluster”。在端口映射中添加一个端口，并将名称设置为“http”，服务端口和容器端口设置为“80”，节点端口设置为“30001”，协议设置为“TCP”，单击“创建”按钮，如图 5-21 所示。

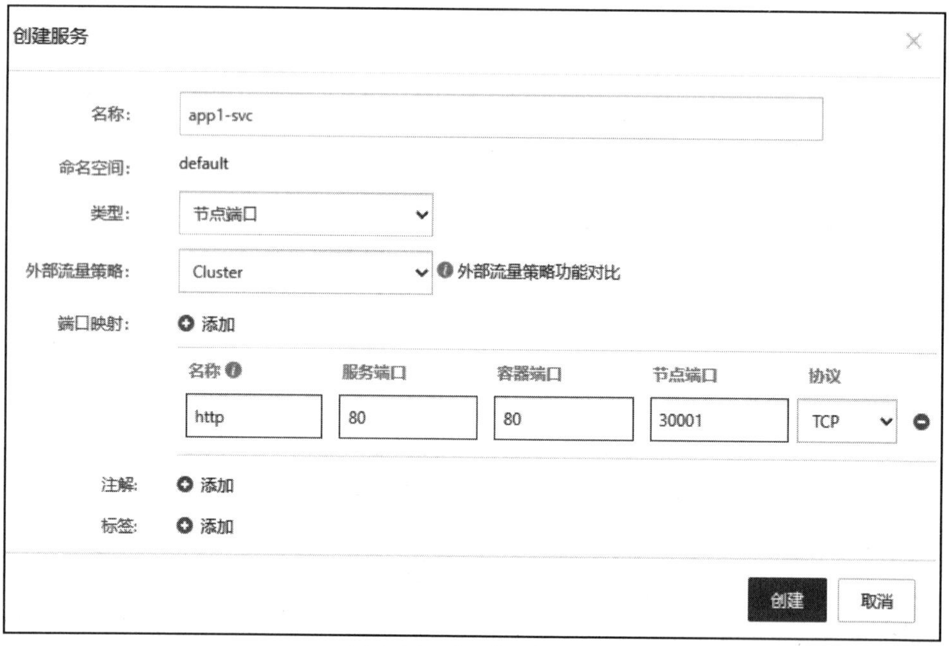

图 5-21　容器的服务配置

单击路由（Ingress）右侧的“创建”按钮，在弹出的“创建”对话框中创建后端 Pod 的路由规则。将名称和域名都设置为“www”，路径设置为“/”，添加一个服务，并将其名称设置为“app1-svc”，端口设置为“80”，其他配置保持默认，单击“创建”按钮，如图 5-22 所示。

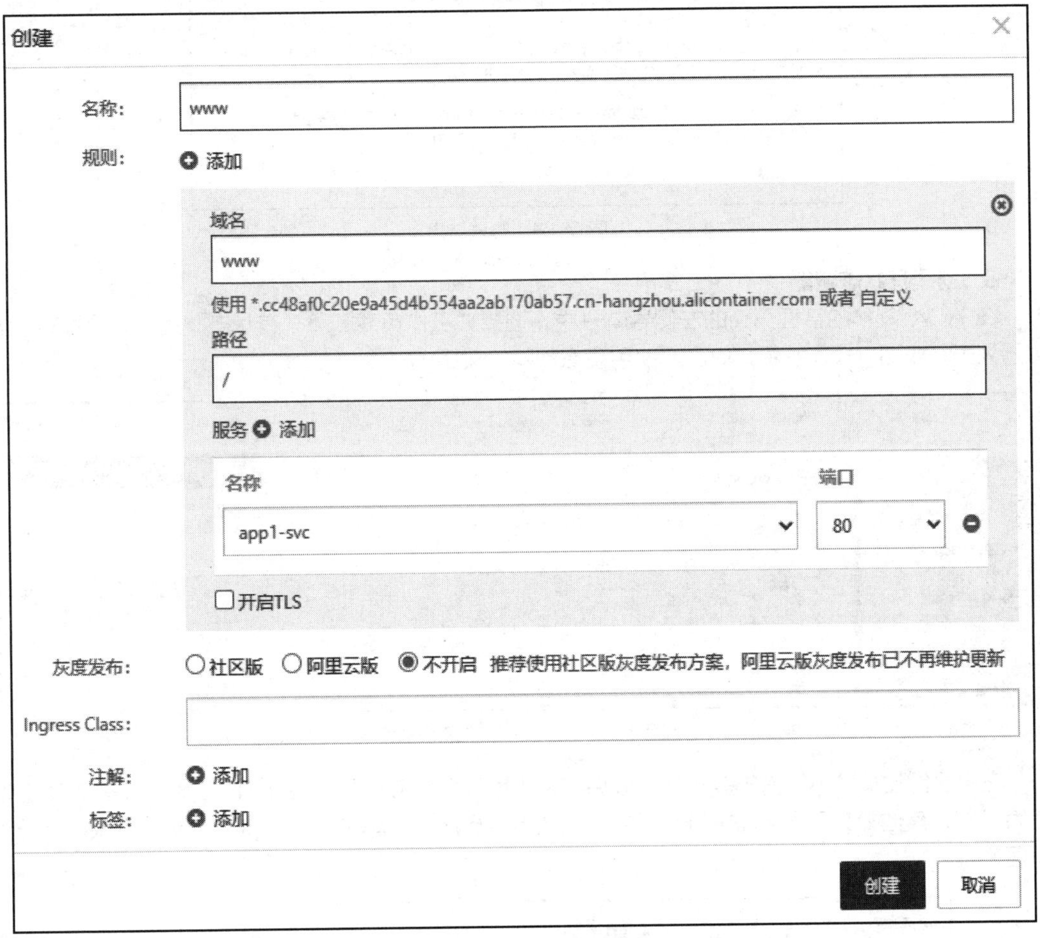

创建
名称：
www
规则：
添加
域名
www
使用 *.cc48af0c20e9a45d4b554aa2ab170ab57.cn-hangzhou.alicontainer.com 或者 自定义
路径
/
服务 添加
名称
端口
app1-svc
80
开启TLS
灰度发布：
社区版
阿里云版
不开启
推荐使用社区版灰度发布方案，阿里云版灰度发布已不再维护更新
Ingress Class：
注解：
添加
标签：
添加
创建
取消

图 5-22　容器的路由配置

在集群列表的左侧导航栏中选择“网络”→“路由”选项，在路由页面中查看规则中的测试域名，如图 5-23 所示，复制该测试域名。

所有集群 / 集群：ACK-Cluster / 命名空间：default / 路由
路由 Ingress
名称
请输入
名称
网关类型
规则
www
Nginx
www.c71f0564c10e847228380efc5bc9d47ea.cn-hangzhou.alicontainer.com/ → app1-svc
删除(0)

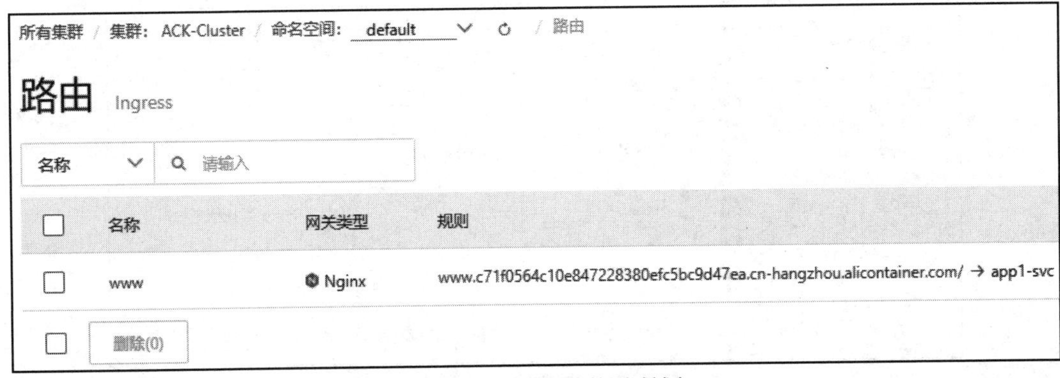

图 5-23　查看规则中的测试域名

通过浏览器访问测试域名，测试结果如图 5-24 所示。

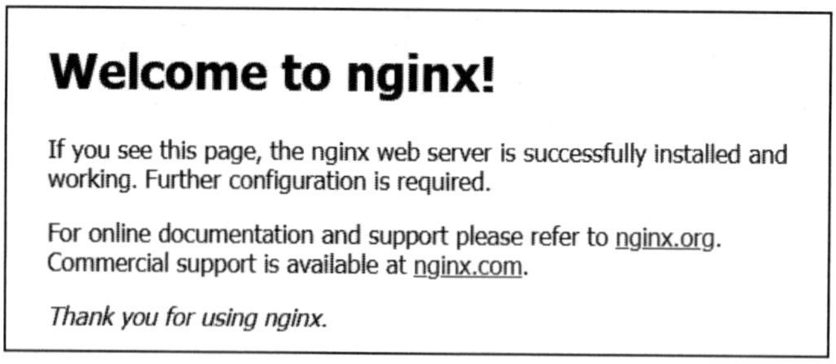

Welcome to nginx!

If you see this page, the nginx web server is successfully installed and working. Further configuration is required.

For online documentation and support please refer to nginx.org.
Commercial support is available at nginx.com.

Thank you for using nginx.

图 5-24　测试结果

3. 创建有状态容器

在 ACK 集群的管理页面的左侧导航栏中，选择“工作负载”→“有状态”选项，查看有状态容器列表，如图 5-25 所示，单击“使用镜像创建”按钮。

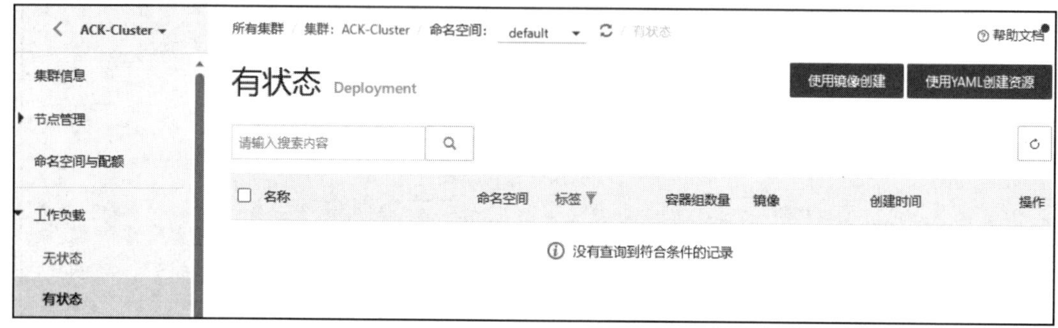

图 5-25　查看有状态容器列表

在容器创建页面中，首先需要设置应用的基本信息，将应用名称设置为“app2”，副本数量设置为“1”，其他参数可根据需求进行调整，如图 5-26 所示。单击“下一步”按钮，进入容器配置页面。

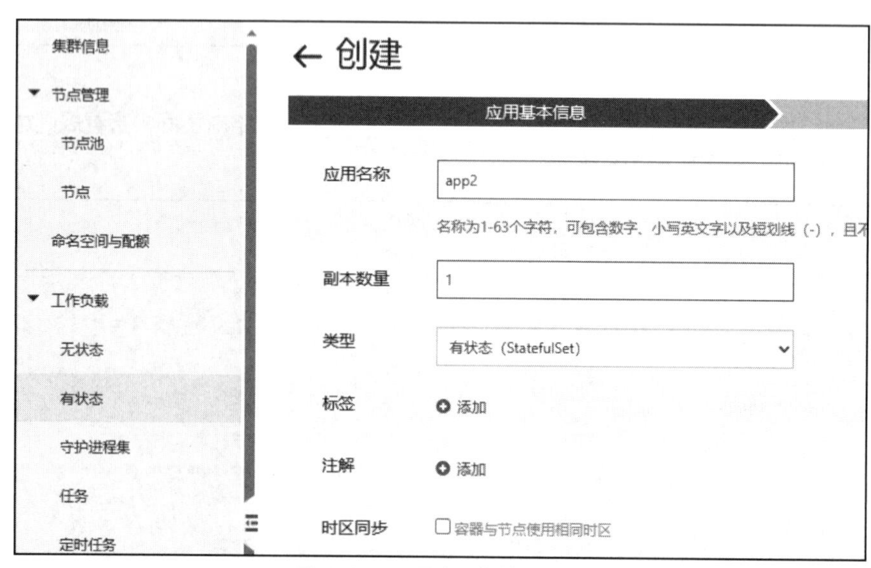

图 5-26　设置应用的基本信息

在容器配置页面中，将镜像名称设置为“nginx”，镜像 Tag 设置为“latest”，在端口设置区域中新增一个端口，并将名称设置为“http2”，容器端口设置为“80”，协议设置为“TCP”，其他参数可以根据需求进行调整，如图 5-27 所示，单击“下一步”按钮。

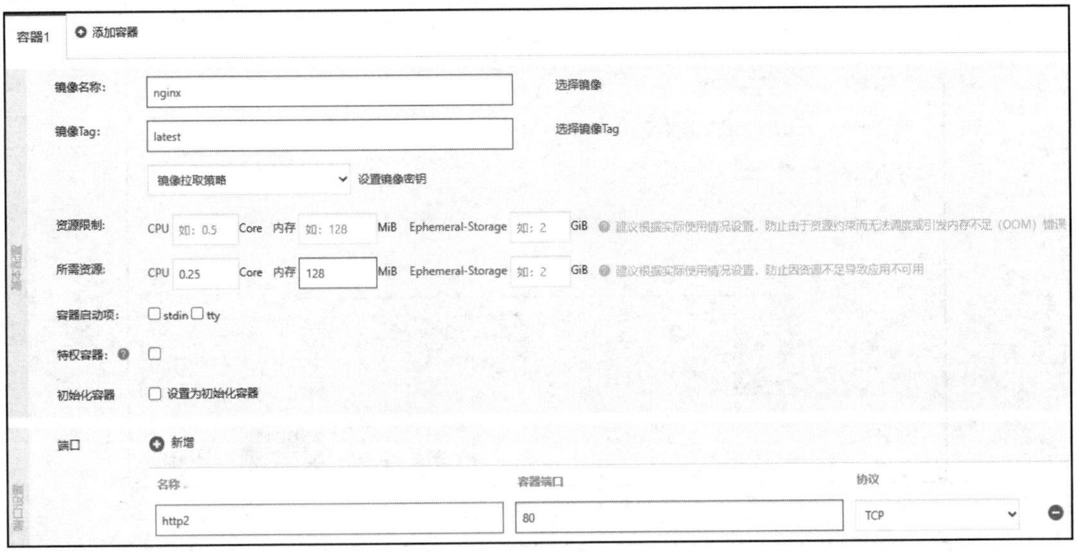

图 5-27　容器基本配置 2

在容器配置页面的生命周期区域中，将启动执行中的命令设置为“nginx -g "daemon off;"”。在数据卷区域中，单击“增加本地存储”按钮，在增加的本地存储中设置挂载源为“/app2/”，容器路径为“/usr/share/nginx/html/”，如图 5-28 所示，单击“下一步”按钮，进入高级配置页面。

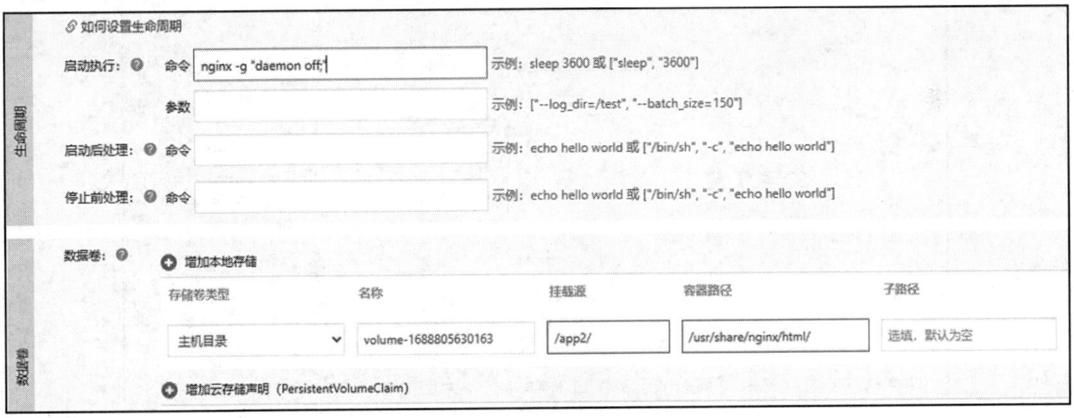

图 5-28　设置生命周期和数据卷

在高级配置页面的访问设置区域中，单击服务（Service）右侧的“创建”按钮。在弹出的“创建服务”对话框中，将名称设置为“app2-svc”，类型设置为“虚拟集群 IP”。在端口映射区域中单击“添加”按钮，在添加的端口映射中将名称设置为“app2”，服务端口和容器端口均设置为“80”，单击“创建”按钮，如图 5-29 所示。

单击路由（Ingress）右侧的“创建”按钮，在弹出的“创建”对话框中，将名称设置为“app2-ingress”。在规则中单击“添加”按钮，设置规则中的域名为“app2”，路径为“/”，在“名称”下拉列表中选择“app2-svc”选项，单击“创建”按钮，如图 5-30 所示。

图 5-29 服务配置

图 5-30 路由配置

在 ACK 集群的管理页面的左侧导航栏中，选择“工作负载”→“有状态”选项，进入有状态容器列表。在列表中单击容器名称“app2”，进入该容器的详细信息页面，记录此时该 Pod 的工作节点。如图 5-31 所示，可以看到，该 Pod 的工作节点位于 172.16.10.199。

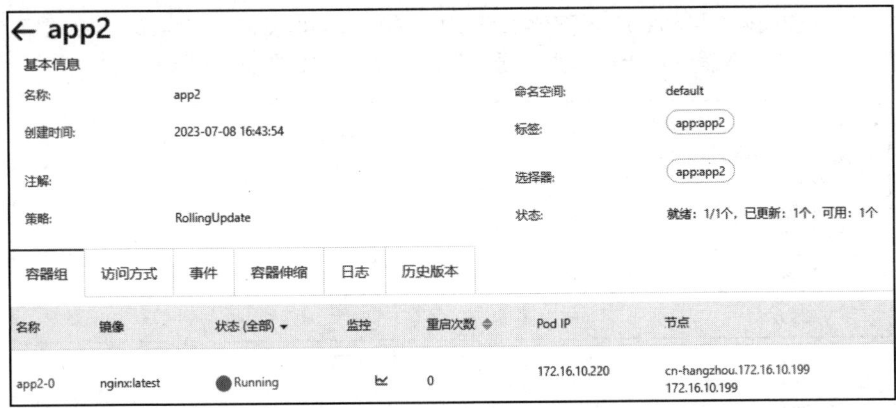

图 5-31　app2 容器的详细信息页面

在 ACK 集群的管理页面中，在左侧导航栏中选择“节点管理”→“节点”选项，进入节点页面，如图 5-32 所示。找到上一步记录的 IP 地址（172.16.10.199），单击该 IP 地址下方的 ECS ID（i-bp1g7bsitjhalvz1ozju），进入该 ECS ID 对应的 ECS 详细信息页面，如图 5-33 所示。

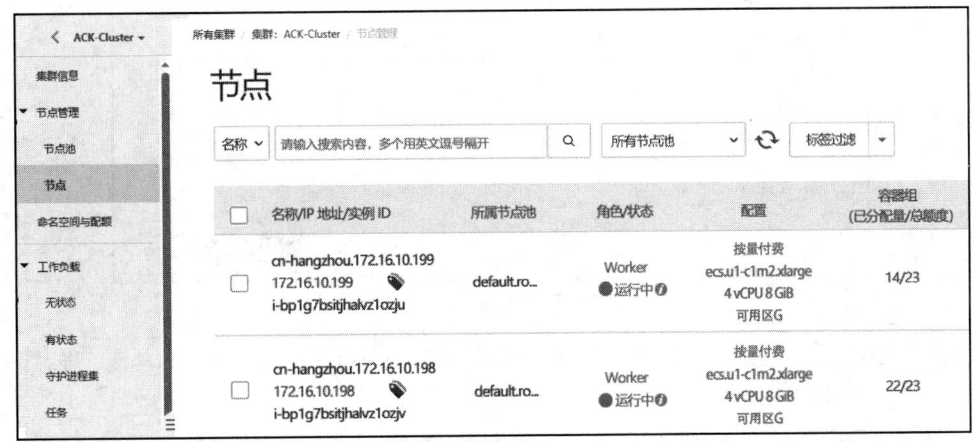

图 5-32　节点页面

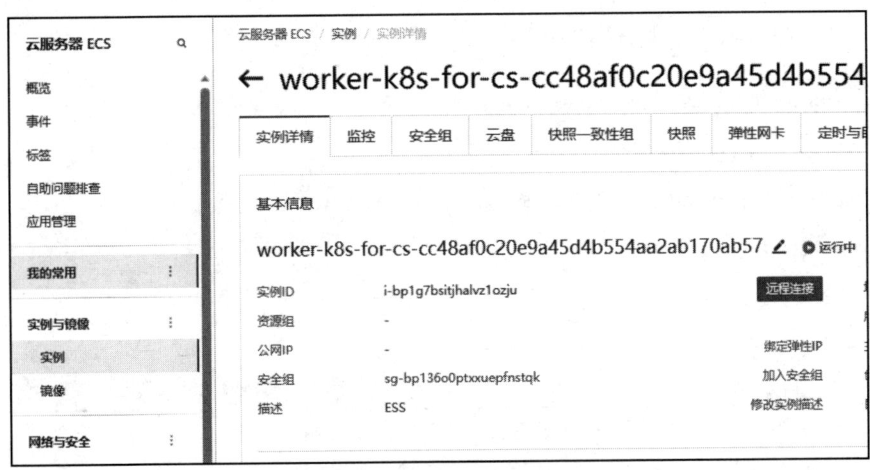

图 5-33　查看 ECS 详细信息

在 ECS 详细信息页面中，单击“安全组”选项卡中的安全组 ID，进入 ECS 安全组配置页面，选择“入方向”选项卡，手动添加一条安全组规则，将协议类型设置为“全部”，将端口范围设置为“目的：-1/-1”，将授权对象设置为“源：0.0.0.0/0”，如图 5-34 所示。

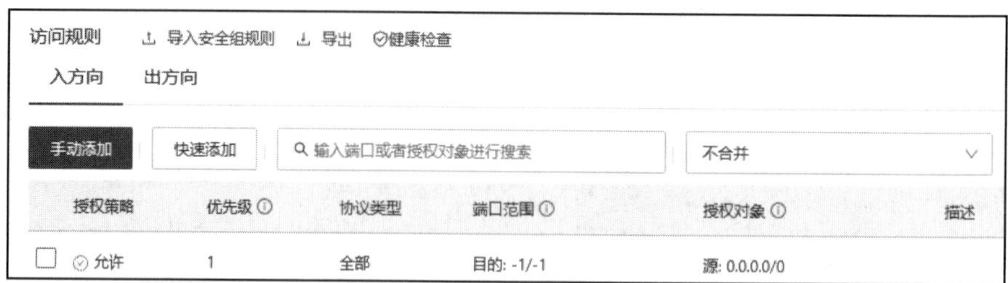

图 5-34　ECS 安全组配置页面

返回 ECS 详细信息页面（图 5-33），单击“远程连接”按钮，在弹出的“远程连接”对话框中，单击“立即登录”按钮，如图 5-35 所示。

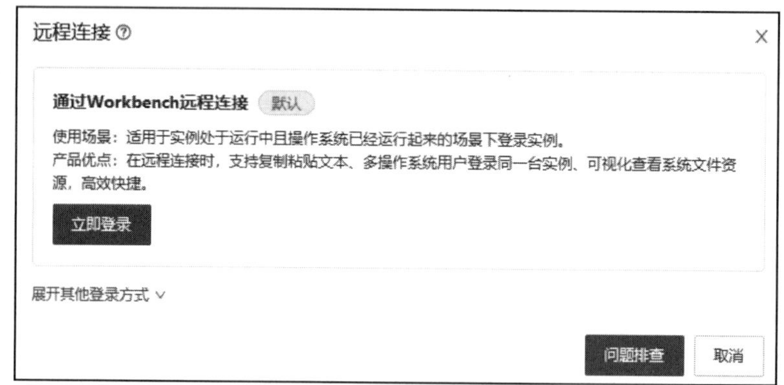

图 5-35　“远程连接”对话框

弹出“登录实例”对话框，在“云服务器 ECS”选项卡中输入实例的密码，单击“确定”按钮即可，如图 5-36 所示。

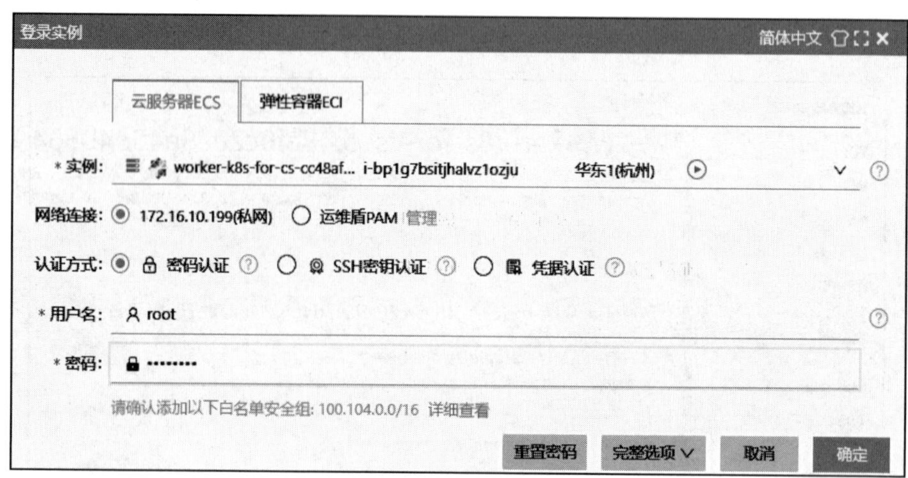

图 5-36　“登录实例”对话框

进入 CLI 后，创建一个名为“app2”的目录，并创建网站首页对应的文件，文件内容为“App2”，如图 5-37 所示。

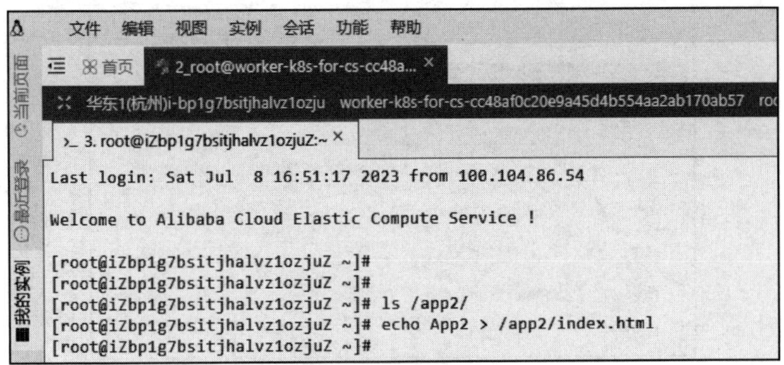

图 5-37 配置网站首页

在 ACK 集群的详细信息页面的左侧导航栏中，选择“工作负载”→“有状态”选项。在有状态容器列表中，单击容器名称“app2”。在容器的详细信息页面中，选择“访问方式”选项卡，查看记录的路由规则中的测试域名（域名为随机生成），如图 5-38 所示。

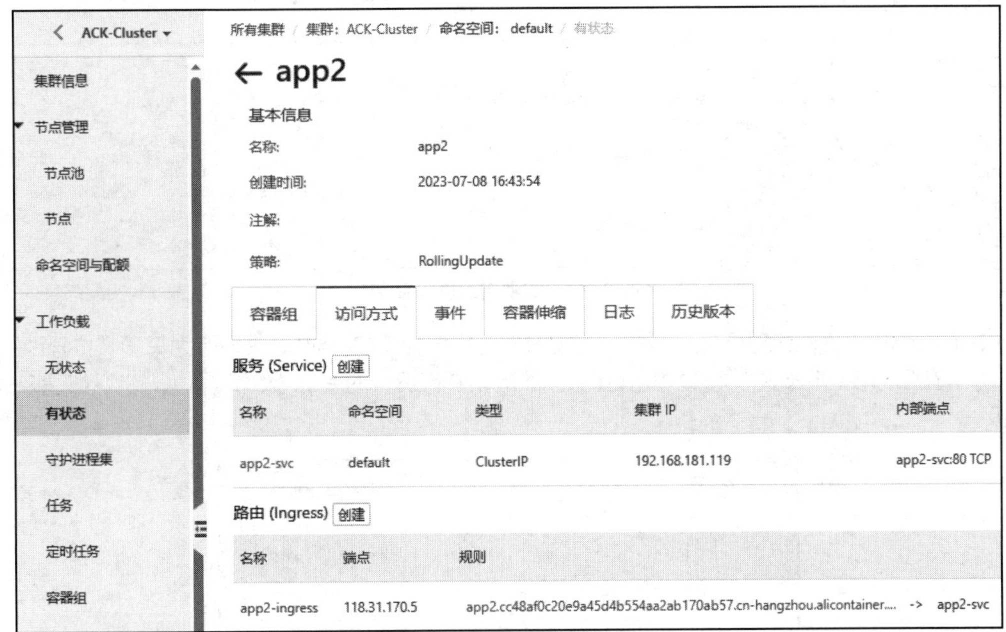

图 5-38 容器的详细信息页面

通过浏览器访问测试域名，即 http://app2.cc48af0c20e9a45d4b554aa2ab170ab57.cn-hangzhou.alicontainer.com，结果如图 5-39 所示。

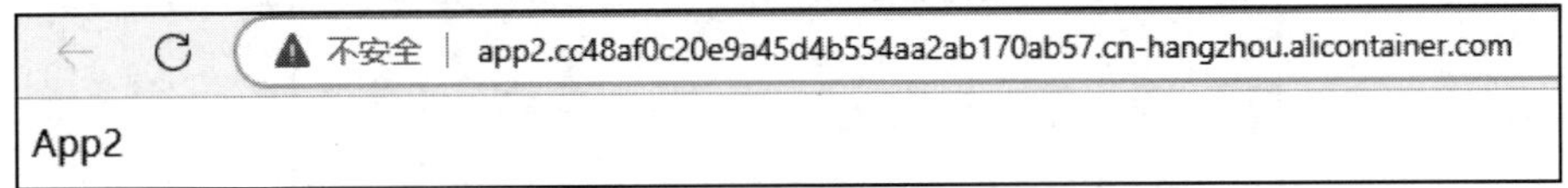

图 5-39 浏览器访问页面

4. 创建定时任务

在 ACK 集群的详细信息页面中，在左侧导航栏中选择“工作负载”→“定时任务”选项，单击右上角的“使用镜像创建”按钮。在进入的创建页面的应用基本信息页面中，将应用名称设置为“cron-app”，如图 5-40 所示。单击“下一步”按钮，进入容器配置页面。

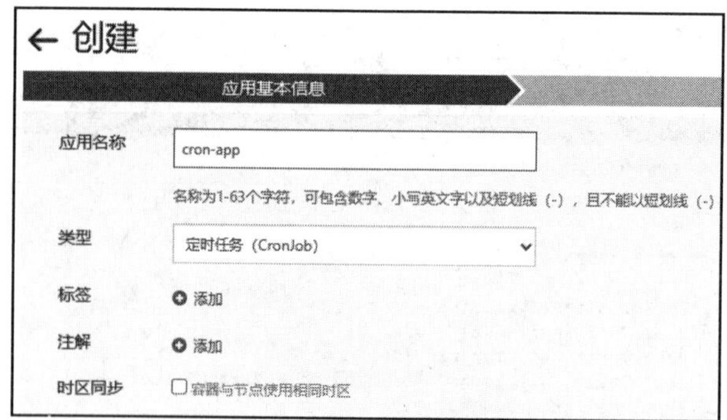

图 5-40　应用基本信息页面 2

在容器配置页面中，将镜像名称设置为“busybox”，将镜像 Tag 设置为“latest”。在容器配置页面的生命周期区域中，将启动执行中的命令设置为“wget http://app2.cc48af0c20e9a45d4b554aa2ab170ab57.cn-hangzhou.alicontainer.com/”，如图 5-41 所示。单击“下一步”按钮，进入高级配置页面。

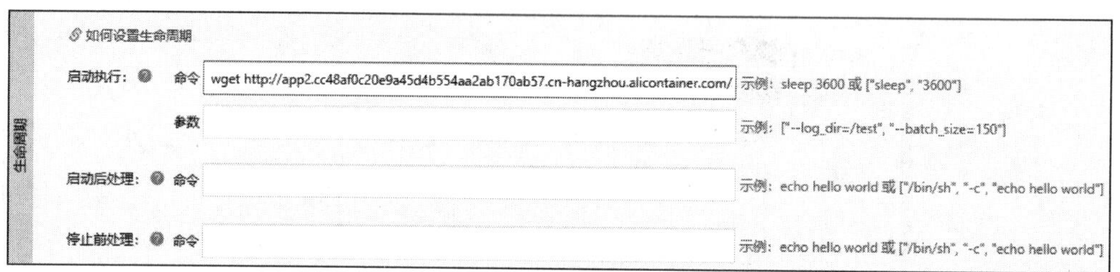

图 5-41　设置启动执行命令

在高级配置页面的定时任务区域中，将定时规则设置为“按小时”，并设定为每“1”“分钟”执行一次；在任务设置区域中，将成功运行的 Pod 数和并行运行的 Pod 数均设置为“3”，如图 5-42 所示。

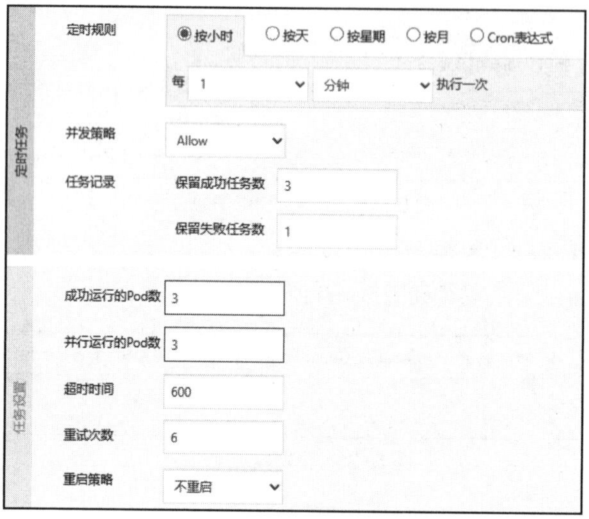

图 5-42　高级配置页面

其他配置保持默认即可，单击“创建”按钮，随后完成该定时任务的创建。在定时任务列表中单击任务名称“cron-app”，在进入的页面中可以查看定时任务的执行情况，如图 5-43 所示。

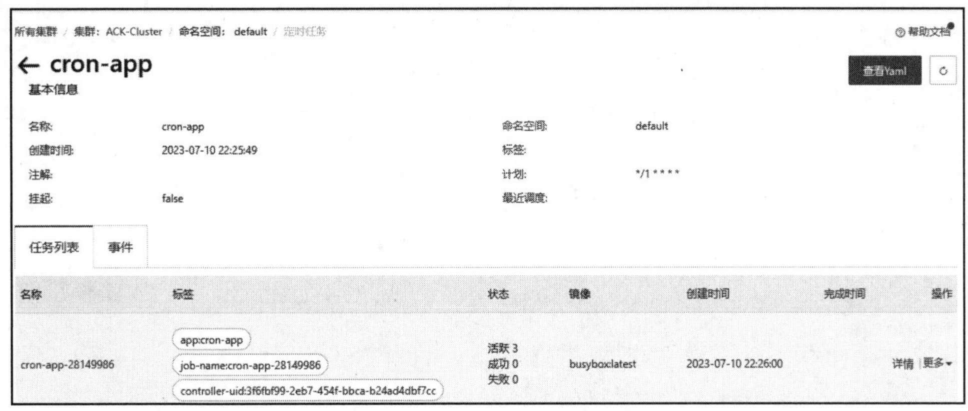

图 5-43　定时任务的执行情况

5. 监控容器日志

在 ACK 集群的详细信息页面的左侧导航栏中，选择“工作负载”→“有状态”选项。在容器列表中，单击 app2 的“编辑”按钮。进入编辑页面后，在日志配置区域中，单击“采集配置”按钮，将日志库配置为“nginx”，将容器内日志路径（可设置为 stdout）修改为“stdout”，如图 5-44 所示，保存配置。

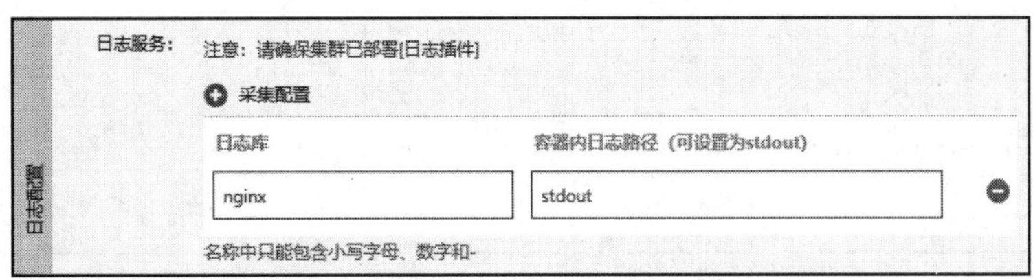

图 5-44　日志配置

在 ACK 集群的详细信息页面的左侧导航栏中，选择“运维管理”→“日志中心”选项，进入日志中心页面。在“应用日志”选项卡中，将日志库设置为“nginx”，如图 5-45 所示。

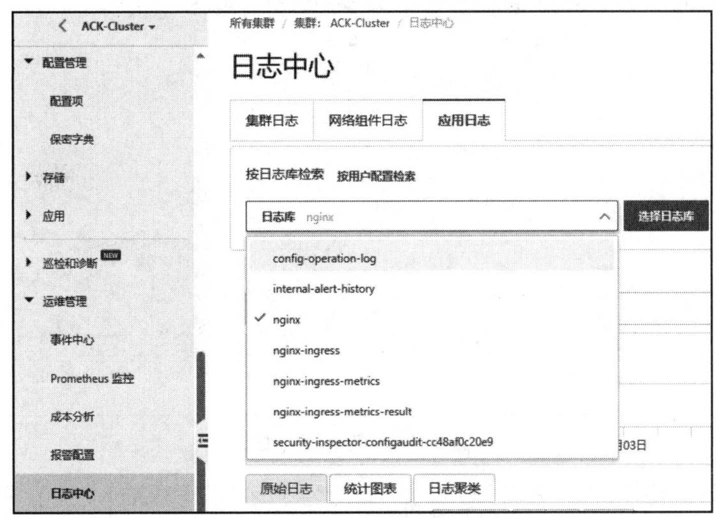

图 5-45　设置日志库

等待一段时间后，即可在原始日志中看到该容器的日志及其分析记录，如图 5-46 所示。

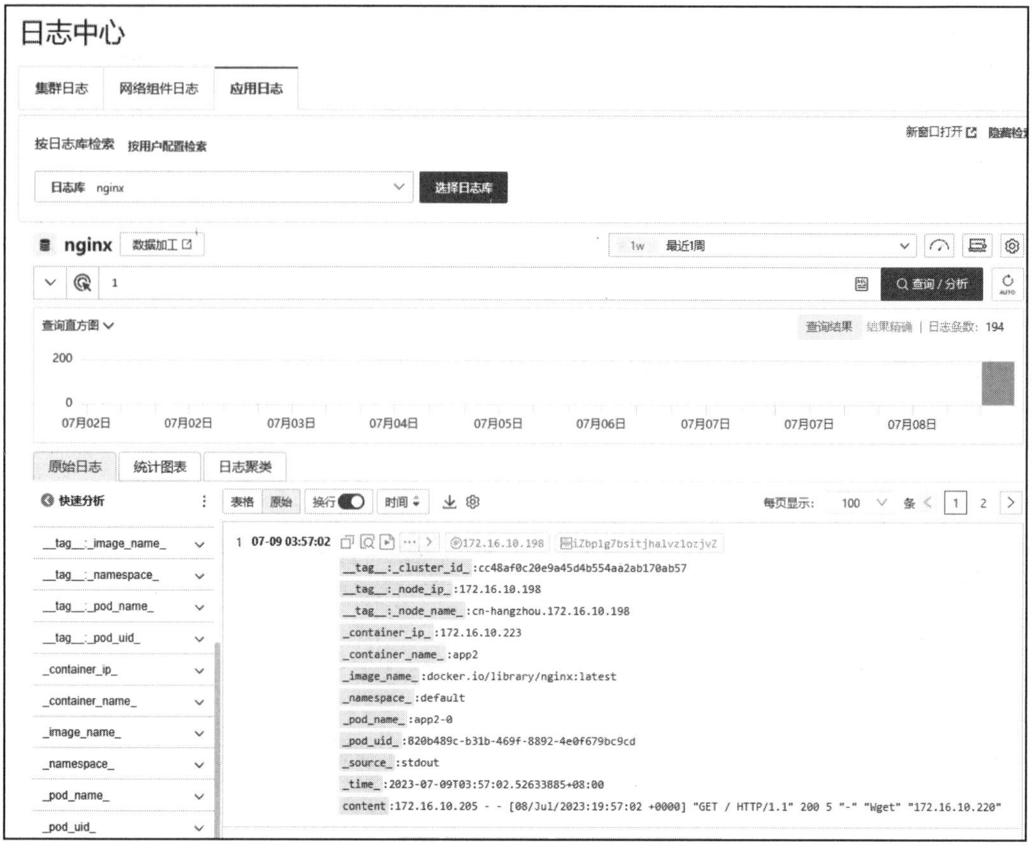

图 5-46　容器的日志及其分析记录

6. 控制容器调度

在 ACK 集群的管理页面的左侧导航栏中，选择“节点管理”→“节点”选项，进入节点管理页面，单击右上角的“标签与污点管理”按钮，如图 5-47 所示。

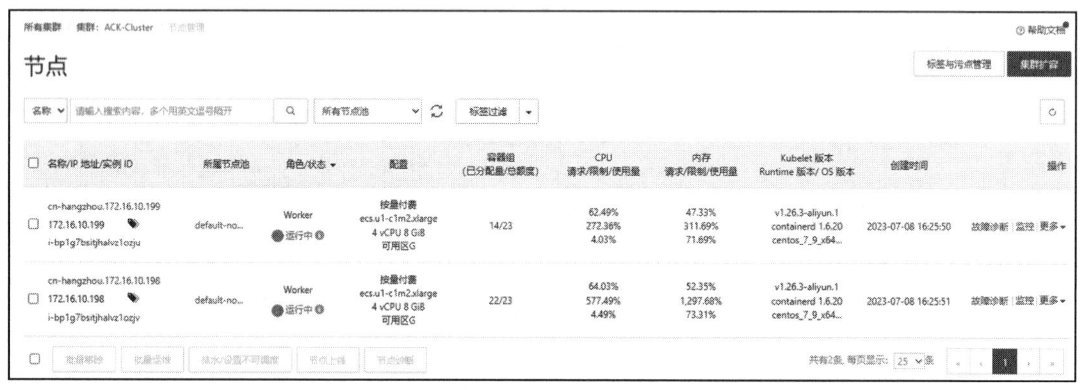

图 5-47　节点管理页面

选择“标签”选项卡，勾选第二个节点（IP 地址为 172.16.10.199）对应的复选框，单击“添加标签”按钮，在弹出的“添加”对话框中，设置名称为“group”，值为“app1”，如图 5-48 所示，单击“确定”按钮。

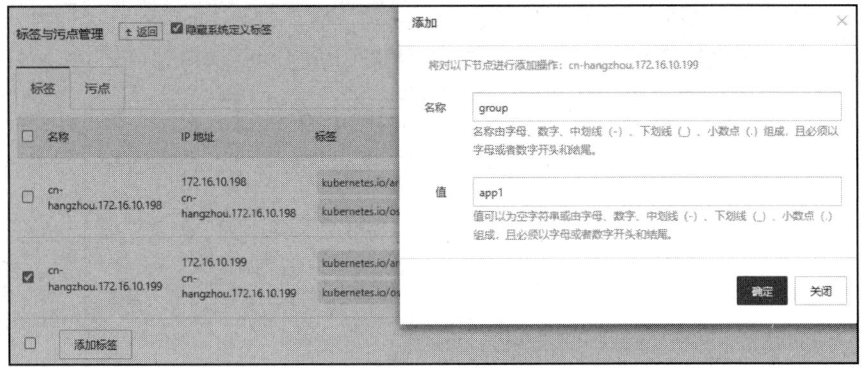

图 5-48　节点标签管理

进入无状态应用 app1 的管理页面后，查看应用详细信息，选择“容器组”选项卡，可以看到有两个容器分别部署在不同的节点上，如图 5-49 所示。

图 5-49　应用详细信息

进入无状态应用的管理页面，在右侧的“更多”下拉列表中选择“节点亲和性”选项，如图 5-50 所示。

图 5-50　选择“节点亲和性”选项

在弹出的“更新”对话框中，单击“添加规则”按钮，并添加一个选择器，将标签名设置为“group”，操作符设置为“In”，标签值设置为“app1”，单击“更新”按钮，如图 5-51 所示。

图 5-51 “更新”对话框

在节点亲和性规则更新后，读者可以在对应的应用 app1 中查看当前容器组部署的节点。可以看到，目前两个容器都部署在同一个节点上，也就是上述实践中设置了标签的节点，如图 5-52 所示。

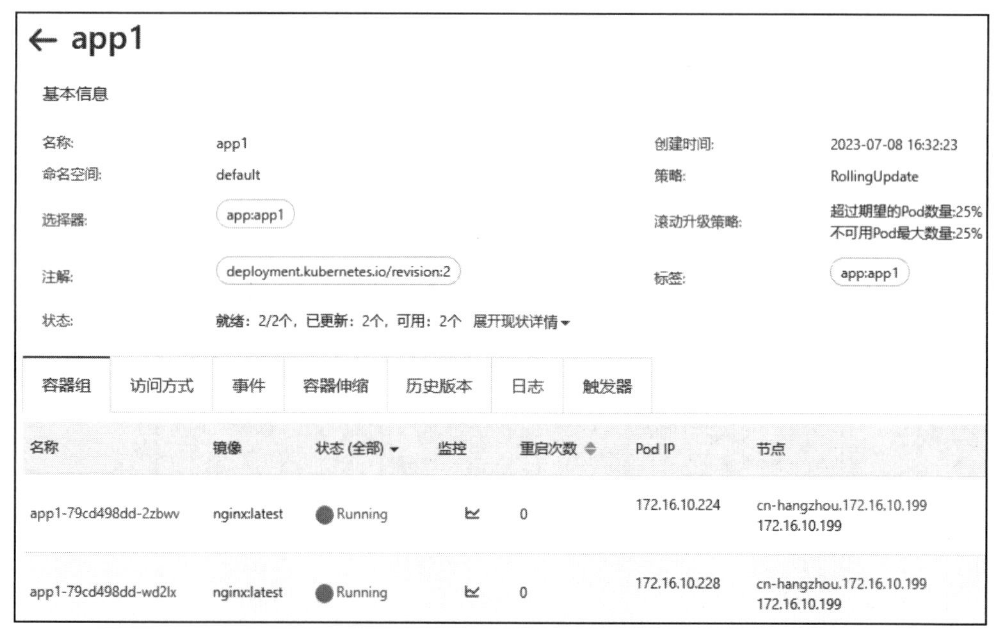

图 5-52 查看当前容器组部署的节点

7. 通过 Nginx Ingress 实现灰度发布

灰度发布用于为新版本创建一个与旧版本完全一致的生产环境，在不影响旧版本的前提下，按照一定的规则将部分流量迁移到新版本。当新版本试运行一段时间并且没有发现问题后，将用户的全部流量从旧版本迁移至新版本。下面对所创建的 app1 和 app2 应用进行灰度发布。

在 ACK 集群的管理页面的左侧导航栏中选择“网络”→“路由”选项，进入路由管理页面，如图 5-53 所示。

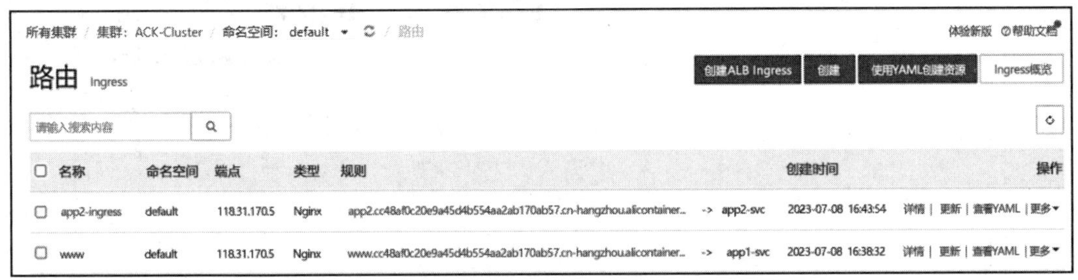

图 5-53　路由管理页面

单击名称为“www”的路由右侧的“更新”超链接，在“更新”对话框中，单击规则区域中的“添加”按钮。在新添加的服务中，将名称设置为“app2-svc”，权重设置为“30”，并将 app1-svc 的权重设置为“70”。选中灰度发布区域中的“阿里云版”单选按钮，勾选“开启”复选框，单击“更新”按钮，完成路由规则的更新，如图 5-54 所示。

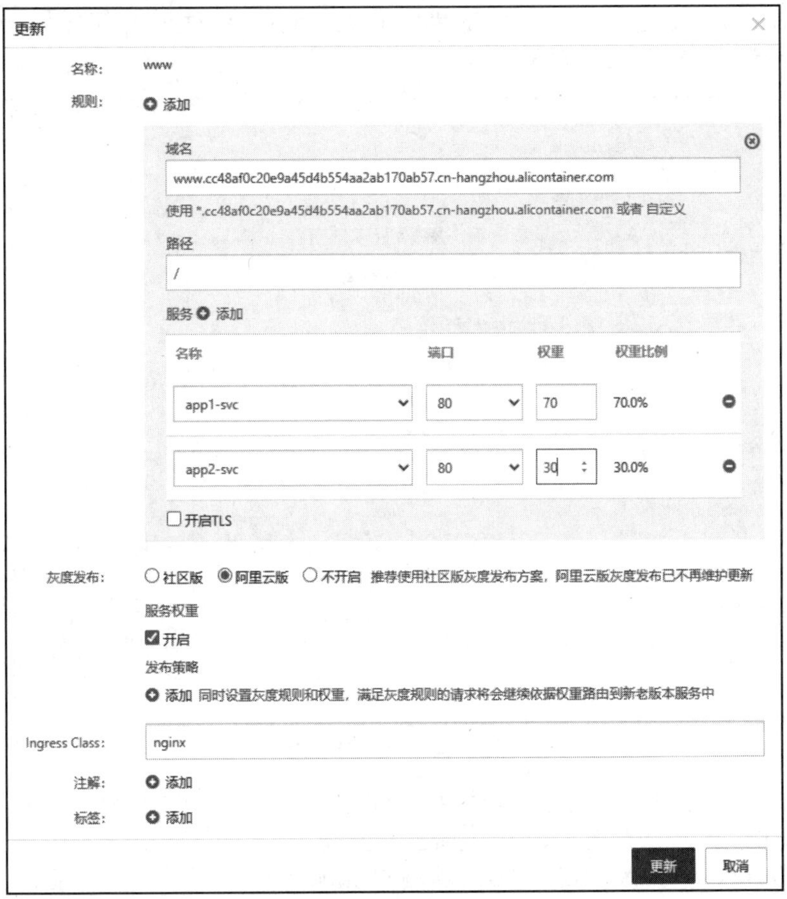

图 5-54　路由规则的更新

更新路由规则后，读者可以使用浏览器进行测试，如图 5-55 所示。访问图 5-54 中的域名10次后，会发现访问到 Nginx 默认页面的概率为 70%，访问到内容为 app2 页面的概率为 30%。

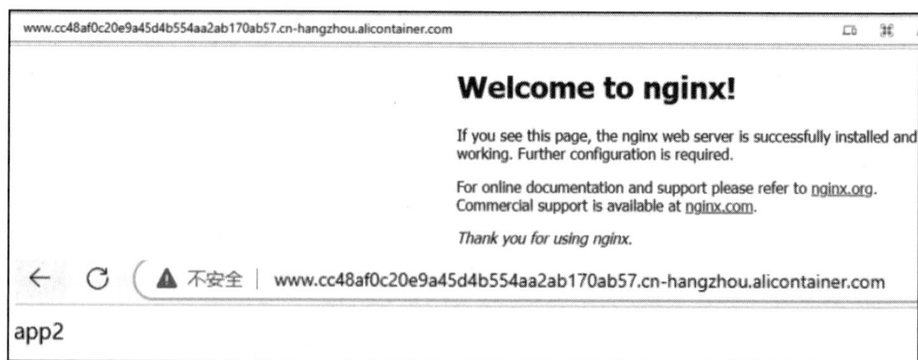

图 5-55 浏览器访问

8. 使用配置管理部署容器

在 ACK 集群的管理页面的左侧导航栏中，选择“配置管理”→“保密字典”选项，单击右上角的“创建”按钮。在弹出的“创建”对话框中，将名称配置为“user-pass”，类型配置为“Opaque”。随后开始配置键值对，首先将名称配置为“username”，将对应的值配置为“admin”。单击“添加”按钮，在新添加的键值对中，将名称设置为“password”，将对应的值配置为“adminpass”，如图 5-56 所示，单击“确定”按钮。

图 5-56 保密字典配置

在 ACK 集群的管理页面的左侧导航栏中，选择“配置管理”→“配置项”选项。在配置项管理页面中，单击右上角的“创建”按钮。在弹出的“创建”对话框中，将配置项名称配置为“info”。随后开始配置键值对，将名称设置为“ip”，将对应的值设置为“127.0.0.1”，如图 5-57 所示，单击“确定”按钮。

创建　从文件导入（只支持json格式的文件）

* 配置项名称　info

名称长度为 1-253 字符，只能包含小写字母、数字、中划线（-）和小数点（.）

名称	值
ip	127.0.0.1

名称只能包含数字、字母、下划线（_）、中划线（-）和小数点（.）

＋ 添加

图 5-57　配置项配置

在 ACK 集群的管理页面的左侧导航栏中，选择“工作负载”→“有状态”选项，在有状态管理页面中单击右上角的“使用镜像创建”按钮。在应用基本信息页面中，将应用名称配置为“config-test”，副本数量设置为“1”，类型设置为“有状态（StatefulSet）”。单击“下一步”按钮，进入容器配置页面。

在容器配置页面中，将镜像名称设置为“busybox”，将镜像 Tag 设置为“latest”。

在容器配置页面的环境变量区域中，新增 3 个环境变量，将第一个环境变量的类型设置为“配置项”，变量名称设置为“ip”，变量设置为“info”，变量引用设置为“ip”；将第二个环境变量的类型设置为“保密字典”，变量名称设置为“name”，变量设置为“user-pass”，变量引用设置为“username”；将第三个环境变量的类型设置为“保密字典”，变量名称设置为“pass”，变量设置为“user-pass”，变量引用设置为“password”，如图 5-58 所示。

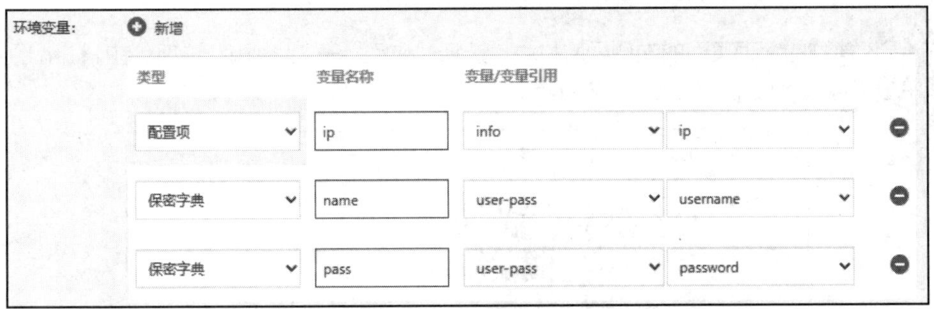

图 5-58　应用环境变量信息

在容器配置页面的生命周期区域中，将启动执行的命令设置为“sleep 3600”，如图 5-59 所示，依次单击“下一步”按钮和“创建”按钮。

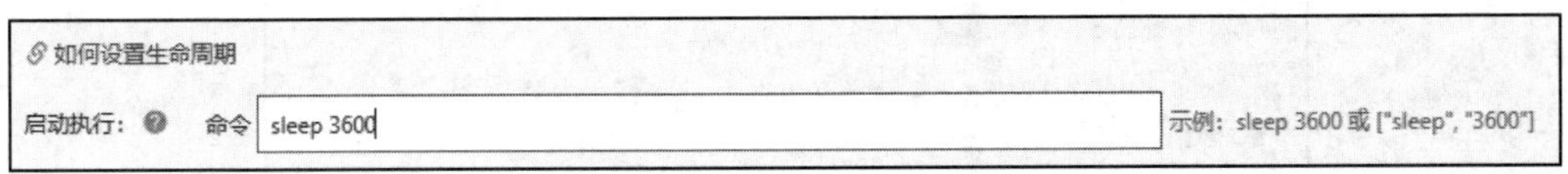

图 5-59　启动执行命令设置

在 ACK 集群的管理页面的左侧导航栏中，选择“工作负载”→“有状态”选项，进入有状态列表后，单击名称“config-test”，进入该应用。在应用的详细信息页面中，选择“容器组”选项卡，单击容器右侧的“终端”下拉按钮，并在下拉列表中选择“config-test”选项，进行远程连接，如图 5-60 所示。

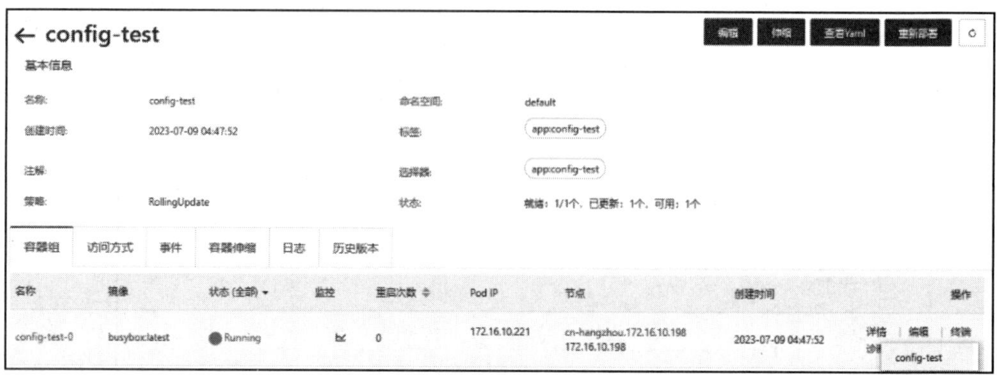

图 5-60　应用的详细信息页面

进入控制终端页面后，可以使用$ip、$name 和$pass 这 3 个变量进行测试和验证，如图 5-61 所示。

```
>_ 2. Terminal ×
/ #
/ # echo $ip
127.0.0.1
/ # echo $name
admin
/ # echo $pass
adminpass
/ #
```

图 5-61　进行测试和验证

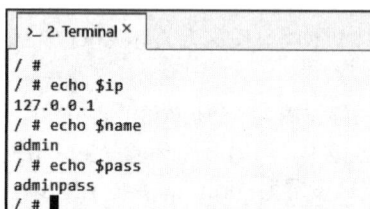

子任务 5.1.3　使用 ACK 集群部署应用

在 ACK 集群的管理页面的左侧导航栏中，选择“应用”→“Helm”选项，在 Helm 的管理页面中，单击“创建”按钮，如图 5-62 所示。

图 5-62　Helm 的管理页面

在 Helm 的创建页面中，将应用名设置为“wordpress”，将命名空间设置为“default”，随后搜索关键词“word”，并选择搜索结果中的 WordPress 应用，如图 5-63 所示。

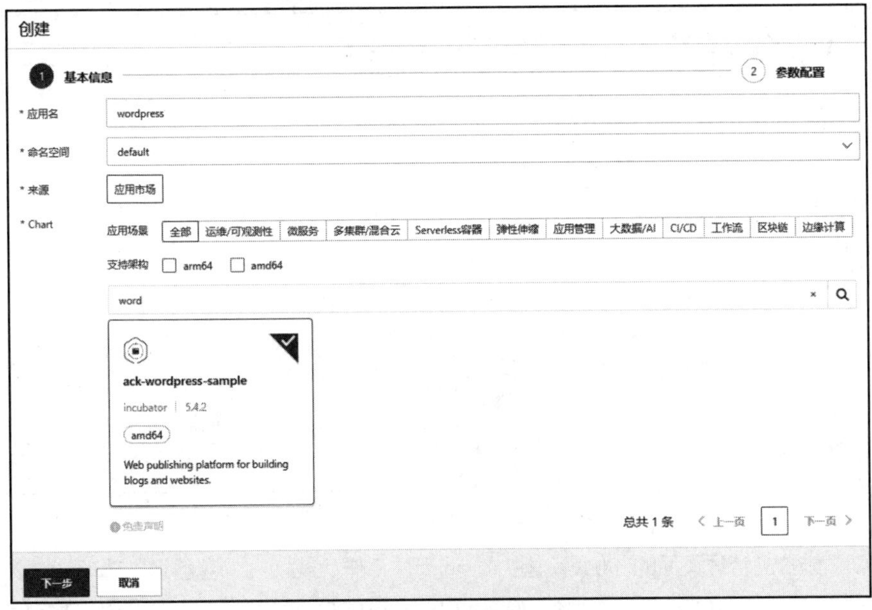

图 5-63　Helm 的创建页面

单击“下一步”按钮，进行 Helm 的参数配置，配置完成后，单击“确定”按钮，进入 WordPress 应用的管理页面，如图 5-64 所示，随后单击类型为“Secret”、名称为“wordpress-ack-wordpress-sample”的资源。

图 5-64　WordPress 应用的管理页面

进入 Secret 资源类型的管理页面后，单击“值”下面的 图标，加密的密码将会显示为解密后的结果。此密码为 WordPress 的 root 用户的登录密码，如图 5-65 所示。

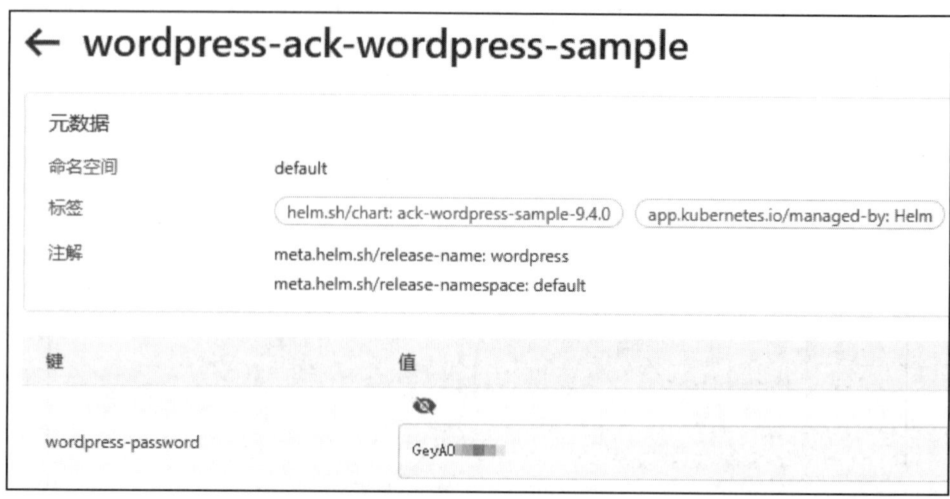

图 5-65　WordPress 的 root 用户的登录密码

在 ACK 集群的管理页面的左侧导航栏中，选择“工作负载”→“容器组”选项。进入容器组页面后，单击名称格式为 wordpress-ack-wordpress-sample-xxxxxx-xx 的容器，如图 5-66 所示。

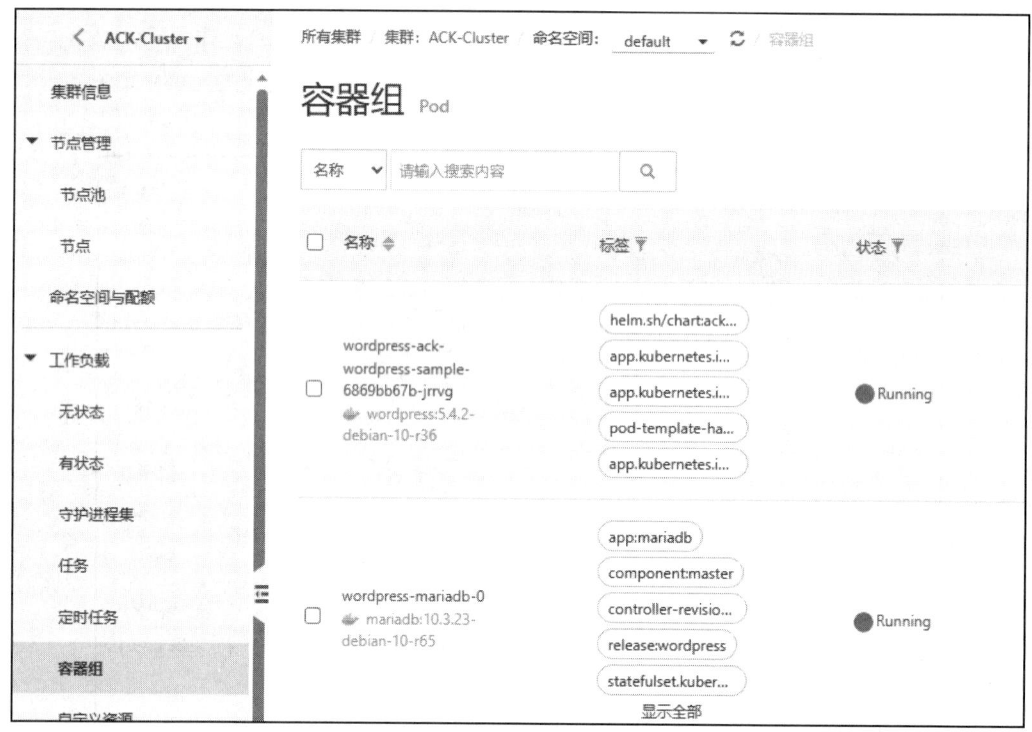

图 5-66　WordPress 容器组

在容器的管理页面中，选择“访问方式”选项卡，此时可以看到列表中包含外部端点。单击“外部端点”列中的 80 端口，使用此端口对应的 IP 地址（47.111.28.188）访问 WordPress，如图 5-67 所示。

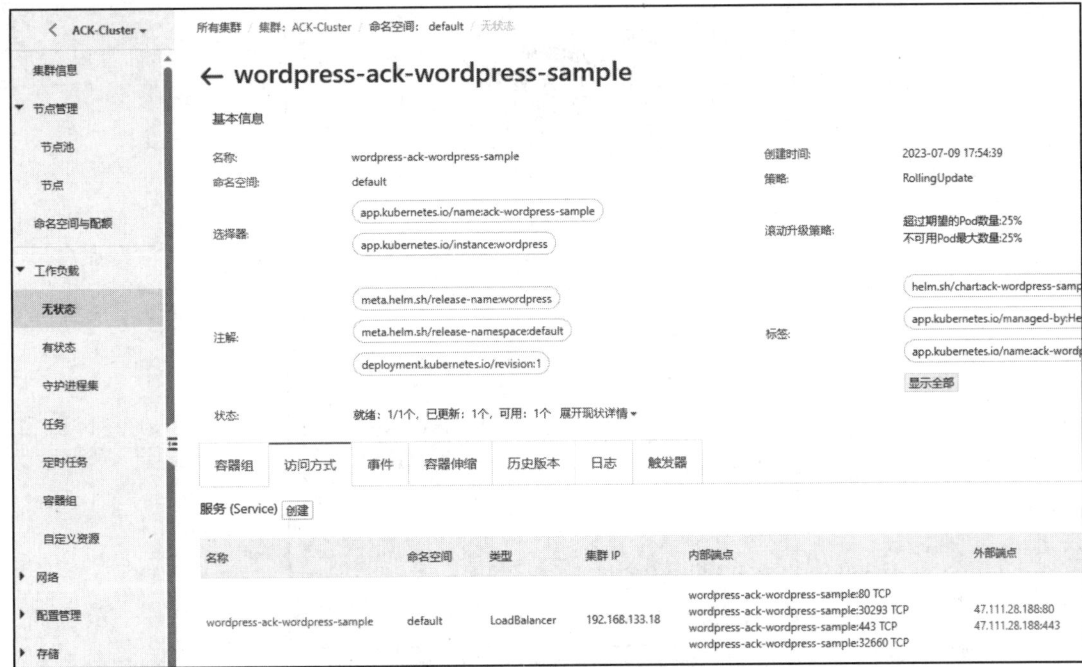

图 5-67　访问 WordPress

使用浏览器访问该 IP 地址后，可以看到 WordPress 的默认首页，如图 5-68 所示。向下滚动页面，可以看到“Log in”超链接，单击该超链接可以访问 Wordpress 的管理后台页面。

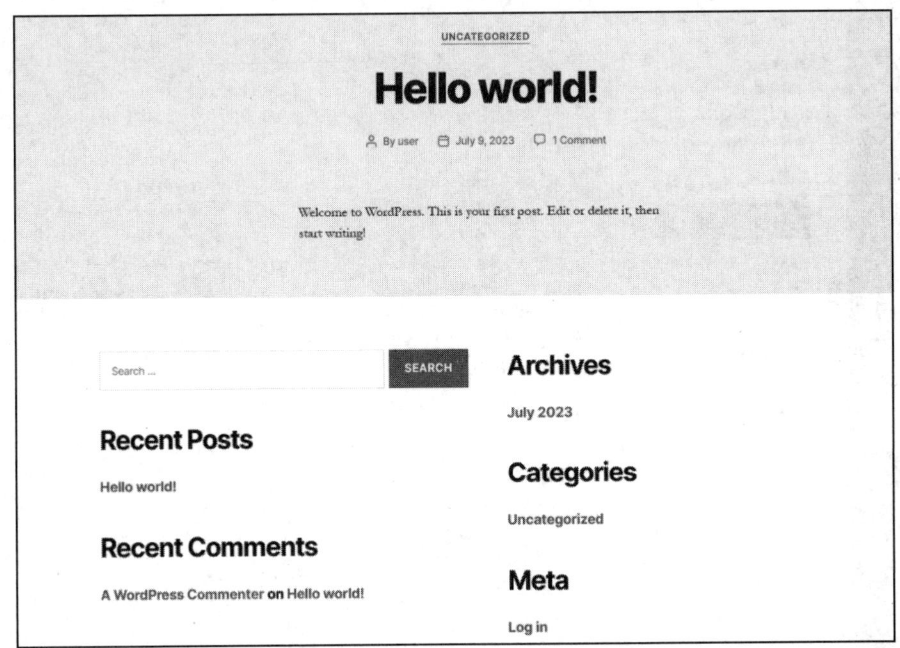

图 5-68　WordPress 的默认首页

在单击该超链接进入的 WordPress 登录页面中，输入账号“user@example.com”和已知密码，如图 5-69 所示。

图 5-69　WordPress 登录页面

最后，成功登录 WordPress 的管理后台页面，如图 5-70 所示。

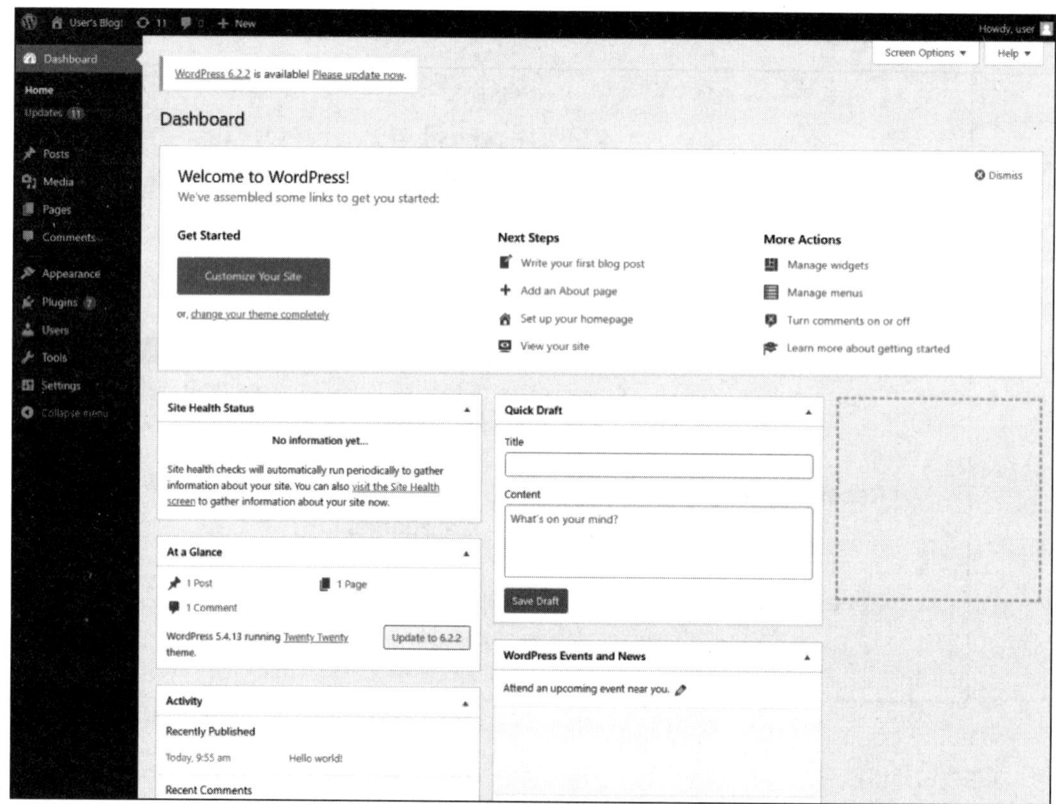

图 5-70　成功登录 WordPress 的管理后台页面

任务 5.2　服务网格实战

在本任务中，读者需要在 ACK 集群中创建一个服务网格，用于管理 ACK 集群中各种应用的网络路由和访问规则，最后通过部署 Bookinfo 项目学习各种常用的流量管理规则。

云容器服务-项目实施 2

子任务 5.2.1　阿里云服务网格服务的购买

在阿里云管理控制台上，单击左上角的按钮。在进入的页面的搜索框中输入“ASM”并按 Enter 键。在搜索结果中找到并选择“服务网格”选项，如图 5-71 所示，进入服务网格管理页面。

图 5-71　选择“服务网格”选项

在服务网格管理页面的左侧导航栏中，选择“服务网格”→“网格管理”选项，进入网格管理页面，单击“创建新网格”按钮，如图 5-72 所示。

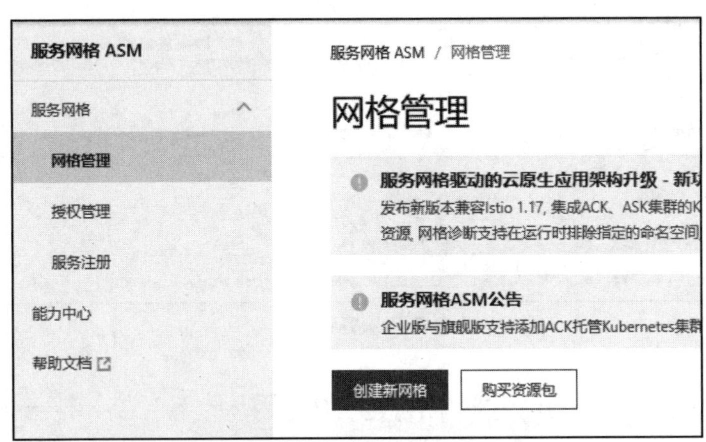

图 5-72　网格管理页面

进入服务网格创建页面后，将网络名称设置为“ACK-Istio”，规格设置为“标准版”，地域设置为“华东 1（杭州）”，付费类型设置为“按量付费”，专有网络设置为任务 5.1 中创建的 ACK 集群的专有网络，交换机设置为任务 5.1 中部署 ACK 集群时所使用的交换机，将 Istio 控制面访问和 API Server 访问都设置为“简约型 I(slb,s1,small)最大连接数 5000”，如图 5-73 所示。单击“创建服务”按钮。

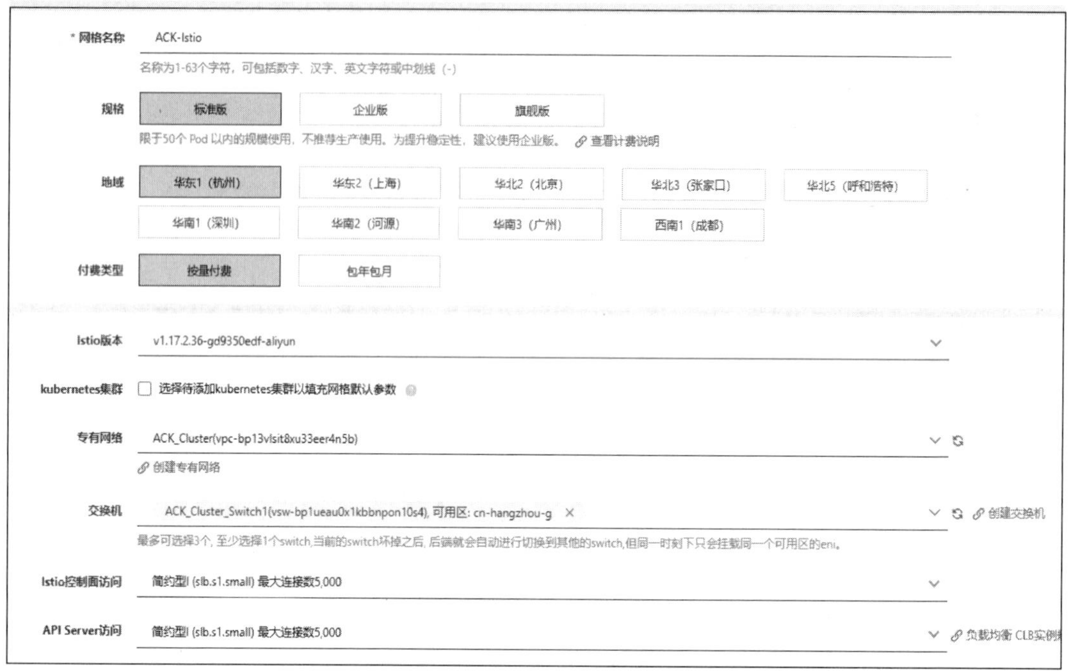

图 5-73　服务网格创建界面

等待 3 分钟（一个服务网格实例的创建时间一般为 2～3 分钟），刷新网络管理页面，可以看到该服务网格的状态已变为“运行中”，如图 5-74 所示。

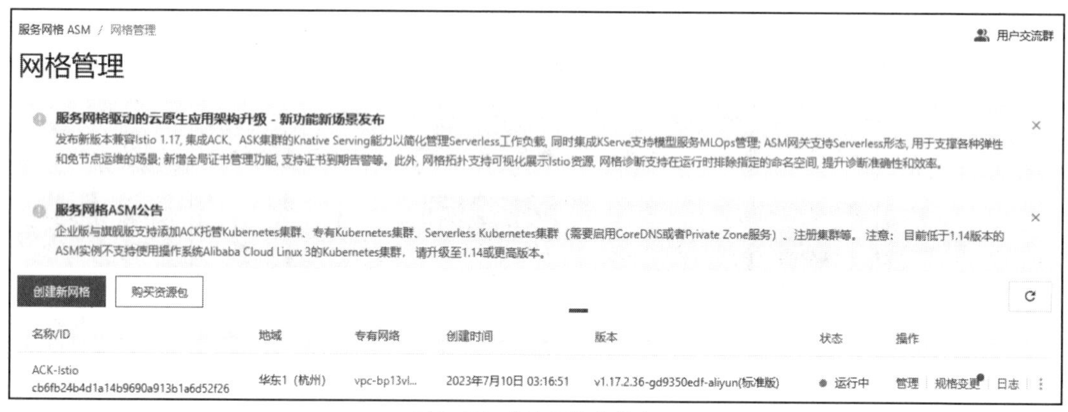

图 5-74　服务网格的状态

子任务 5.2.2　阿里云服务网格服务的使用

在 ACK 集群的管理页面的左侧导航栏中，选择“工作负载”→“无状态”选项，查看无状态容器列表，如图 5-75 所示，单击“使用 YAML 创建资源”按钮。

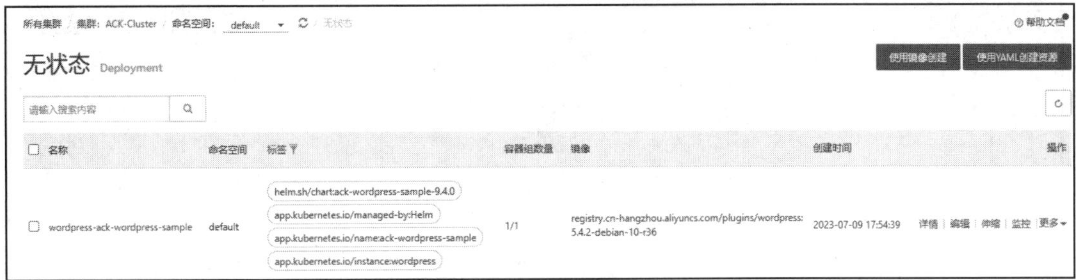

图 5-75　查看无状态容器列表

访问地址“https://github.com/istio/istio/blob/master/samples/bookinfo/platform/kube/bookinfo.yaml”，进入的页面中有 YAML 文件，单击 图标，完整地复制该 YAML 文件内容至创建页面中，随后单击“创建”按钮，如图 5-76 所示。

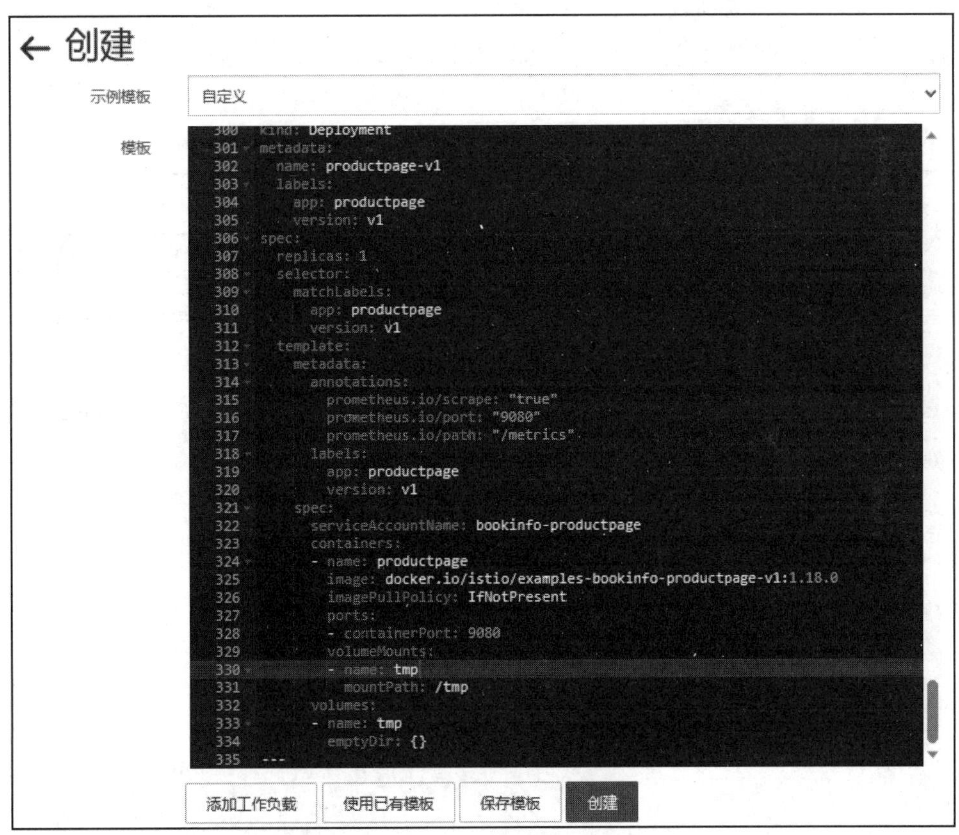

图 5-76　使用 YAML 文件创建容器组

返回无状态容器列表，等待全部容器组数量都为 1，此时表示全部容器已启动，如图 5-77 所示。

入口网关服务为 ACK 集群提供了 7 层网关功能，该服务对外提供一个统一的 7 层服务入口，根据 HTTP 请求的内容，将来自同一个 TCP 端口的 HTTP 请求分发给不同的 ACK 服务。所以接下来读者需要创建一个入口网关，在阿里云服务网格控制台的左侧导航栏中选择“服务网格”→“网格管理”选项，进入网格管理页面，单击目标实例名称，在左侧导航栏中选择“ASM 网关”→“网关规则”选项，进入网关规则页面，单击“创建”按钮，如图 5-78 所示。

无状态 Deployment　　使用镜像创建　使用YAML创建资源

请输入搜索内容

名称	命名空间	标签	容器组数量	镜像	创建时间	操作
details-v1	default	app:details version:v1	1/1	docker.io/istio/examples-bookinfo-details-v1:1.18.0	2023-07-09 18:18:36	详情 | 编辑 | 伸缩 | 监控 | 更多
productpage-v1	default	app:productpage version:v1	1/1	docker.io/istio/examples-bookinfo-productpage-v1:1.18.0	2023-07-09 18:18:36	详情 | 编辑 | 伸缩 | 监控 | 更多
ratings-v1	default	app:ratings version:v1	1/1	docker.io/istio/examples-bookinfo-ratings-v1:1.18.0	2023-07-09 18:18:36	详情 | 编辑 | 伸缩 | 监控 | 更多
reviews-v1	default	app:reviews version:v1	1/1	docker.io/istio/examples-bookinfo-reviews-v1:1.18.0	2023-07-09 18:18:36	详情 | 编辑 | 伸缩 | 监控 | 更多
reviews-v2	default	app:reviews version:v2	1/1	docker.io/istio/examples-bookinfo-reviews-v2:1.18.0	2023-07-09 18:18:36	详情 | 编辑 | 伸缩 | 监控 | 更多
reviews-v3	default	app:reviews version:v3	1/1	docker.io/istio/examples-bookinfo-reviews-v3:1.18.0	2023-07-09 18:18:36	详情 | 编辑 | 伸缩 | 监控 | 更多

图 5-77　无状态容器列表

图 5-78　网关规则页面

在进入的网关规则创建页面的基本信息区域中，配置命名空间为“default”，名称为“bookinfo-gateway”。在作用网关实例区域中，配置标签名为“istio”，标签值为“ingressgateway”。在对外提供服务区域中，配置名称为“http”，端口为“80”，协议为“HTTP”，服务为“*”，如图 5-79 所示。单击“创建”按钮。

图 5-79　网关规则创建页面

接下来创建虚拟服务，创建完成后即可通过/productpage、/static、/login、/logout、/api/v1/products 路径访问 Bookinfo 应用。在网格管理页面左侧导航栏中选择“流量管理中心”→“虚拟服务”选项，在进入的虚拟服务页面中单击“创建”按钮，如图 5-80 所示。

图 5-80　虚拟服务页面

在进入的虚拟服务创建页面中，将命名空间设置为“default”，名称设置为“demo1”。在作用范围区域中，打开“作用于指定网关规则”开关，单击“请选择网关规则”超链接，在弹出的“请选择网关规则”对话框中，选中“bookinfo-gateway”单选按钮；关闭“作用于所有 Sidecar”开关；单击“选择所属网关服务域名”按钮，在弹出的“选择所属网关服务域名”对话框中，选中“*”单选按钮，如图 5-81 所示。

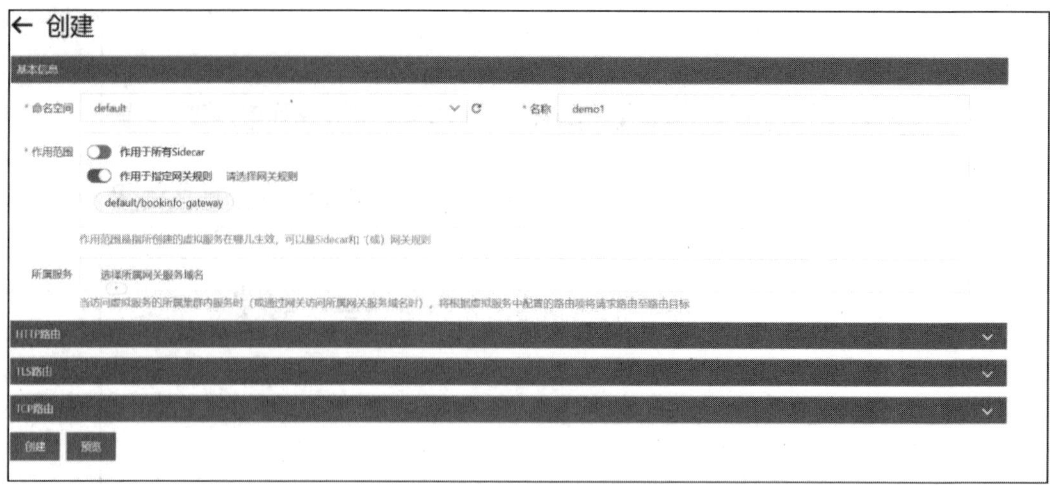

图 5-81　虚拟服务创建页面

单击“HTTP 路由”按钮，单击“添加路由”按钮，自定义路由名称，单击“添加请求匹配规则”按钮，打开“匹配请求的 URI”开关，配置匹配方式为“精确”，匹配内容为“/productpage”。重复单击“添加请求匹配规则”按钮，打开“匹配请求的 URI”开关，分别配置匹配方式为“前缀”，匹配内容为“/static”；配置匹配方式为“精确”，匹配内容为“/login”；配置匹配方式为“精确”，匹配内容为“/logout”；配置匹配方式为“前缀”，匹配内容为“/api/v1/products”　，如图 5-82 所示。

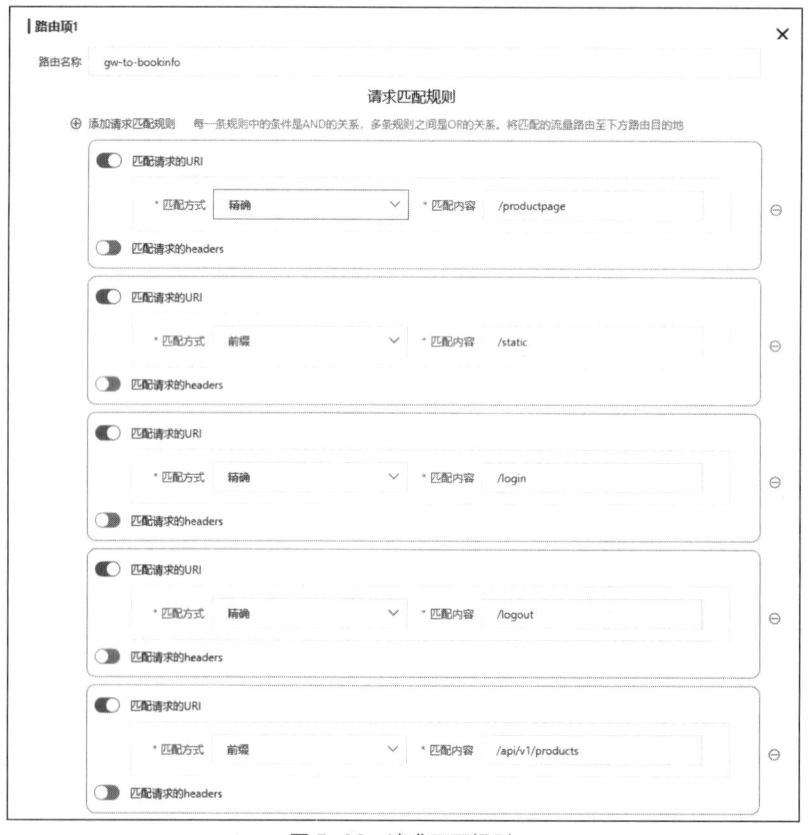

图 5-82　请求匹配规则

单击“添加路由目的地”按钮，配置服务名称为“productpage”，端口为“9080”，单击“创建”按钮。

在 ACK 集群的管理页面的左侧导航栏中，选择“网络”→“服务”选项。在服务页面顶部，选择命名空间为“istio-system”，查看 istio-ingressgateway 右侧“外部端点”列中 80 端口对应的 IP 地址，如图 5-83 所示。

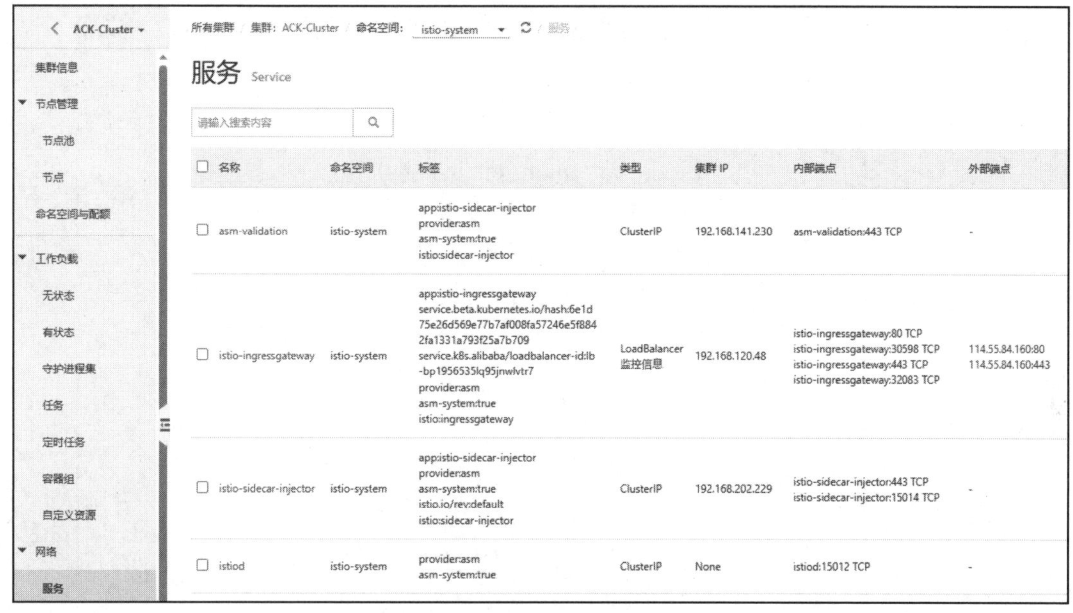

图 5-83　服务列表

在浏览器地址栏中，输入 http://刚才查看的 IP 地址（即入口网关服务的 IP 地址）/productpage，并按 Enter 键，进入 Bookinfo 访问页面，如图 5-84 所示，持续刷新 10 次页面。由于 Bookinfo 应用会轮流访问 reviews 服务的 v1、v2、v3 版本，因此读者可以看到 3 次无五角星的页面、3 次显示黑色五角星的页面、4 次显示红色五角星的页面。

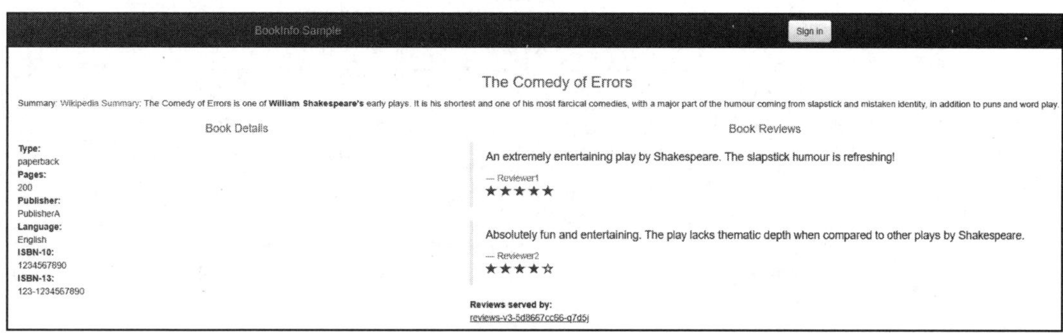

图 5-84　Bookinfo 访问页面 1

在网格管理页面中，单击目标实例名称，在左侧导航栏中选择“流量管理中心”→“目标规则”选项。在进入的页面中，单击“创建”按钮。在目标规则创建页面中，配置命名空间为“default”，自定义目标规则的名称，配置服务名称为“reviews”。

展开“服务版本(子集)”，单击“添加服务版本(子集)”按钮，配置版本名称为“v1”，单击“添加标签”按钮，配置标签名为“version”，标签值为“v1”。以同样的方法，再添加 2 个“服务版本(子集)”和“标签”，配置版本名称分别为“v2”和“v3”，标签名仍为“version”，配置标签值分别为“v2”和“v3”，如图5-85所示。单击“创建”按钮。

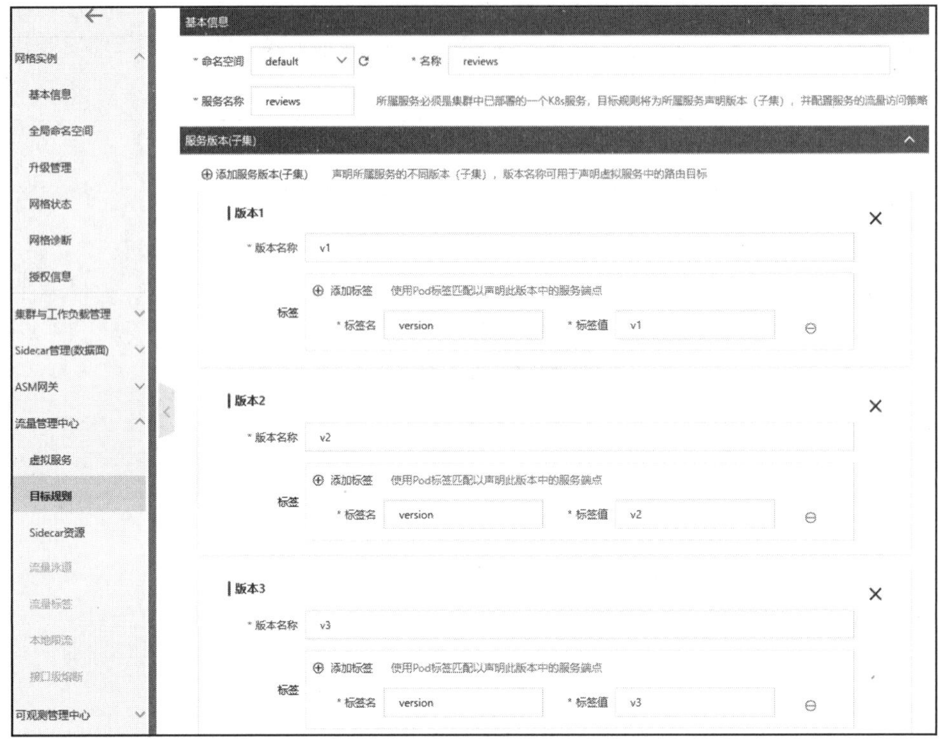

图5-85　目标规则创建页面

在网格管理页面中，单击目标实例名称，在左侧导航栏中选择“流量管理中心”→“虚拟服务”选项。在进入的页面中，单击“创建”按钮，配置命名空间为“default”，自定义虚拟服务的名称。在所属服务区域中，单击“添加所属服务”按钮。在弹出的“添加所属服务”对话框中，配置命名空间为“default”，在添加所属服务区域中，将“reviews”服务添加至“已选择”区域，勾选“reviews”服务对应的复选框，添加该服务，单击“确定”按钮，如图5-86所示。

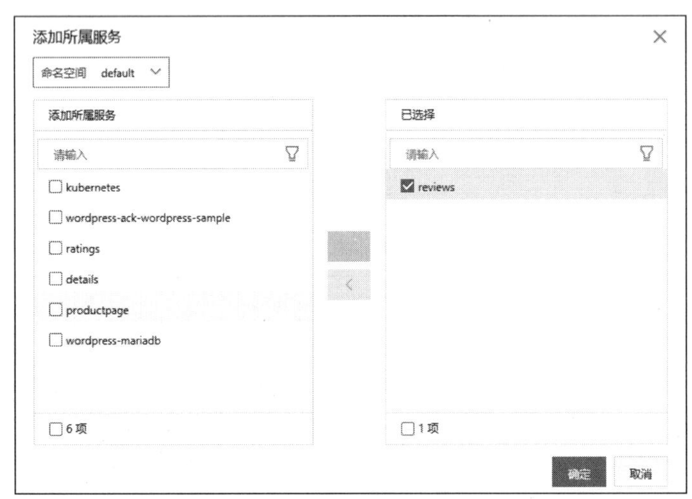

图5-86　“添加所属服务”对话框

单击“HTTP 路由”按钮，单击“添加路由”按钮，自定义路由名称。单击“添加路由目的地”按钮，依次添加 3 个路由目的地，配置服务名称都为“reviews”，版本为“v1”，权重为“10”；版本为“v2”，权重为“40”；版本为“v3”，权重为“50”，如图 5-87 所示。单击“创建”按钮。

图 5-87　路由目的地配置

在浏览器地址栏中输入 http://入口网关服务的 IP 地址/productpage，并按 Enter 键，进入 Bookinfo 访问页面，如图 5-88 所示，持续刷新 10 次页面。

可以看到 Bookinfo 应用访问 reviews 服务的 v1、v2、v3 版本得到的页面 1 次显示无五角星、4 次显示黑色五角星、5 次显示红色五角星。该输出结果说明 10%的流量被路由到 reviews 服务的 v1 版本，40%的流量被路由到 reviews 服务的 v2 版本，50%的流量被路由到 reviews 服务的 v3 版本。输出结果符合预期，表明版本流量路由成功。

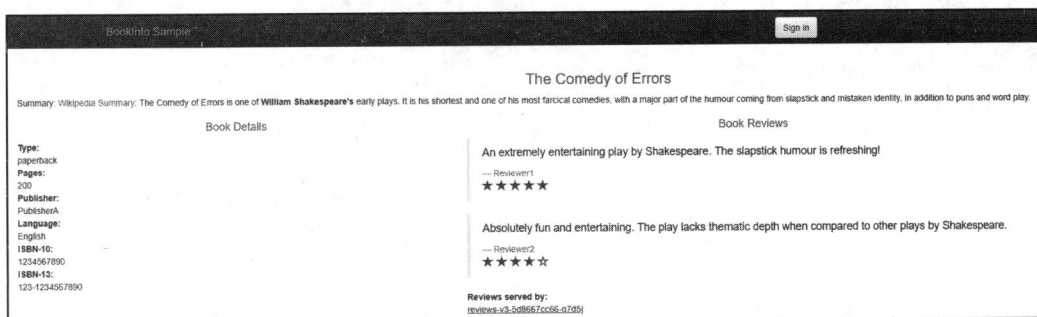

Bookinfo Sample　Sign in

The Comedy of Errors

Summary: Wikipedia Summary: The Comedy of Errors is one of **William Shakespeare's** early plays. It is his shortest and one of his most farcical comedies, with a major part of the humour coming from slapstick and mistaken identity, in addition to puns and word play.

Book Details

Type: paperback
Pages: 200
Publisher: PublisherA
Language: English
ISBN-10: 1234567890
ISBN-13: 123-1234567890

Book Reviews

An extremely entertaining play by Shakespeare. The slapstick humour is refreshing!
— Reviewer1
★★★★★

Absolutely fun and entertaining. The play lacks thematic depth when compared to other plays by Shakespeare.
— Reviewer2
★★★★☆

Reviews served by: reviews-v3-5d8667cc66-q7d5j

图 5-88　Bookinfo 访问页面 2

子任务 5.2.3　使用服务网格服务部署应用

在 ACK 集群的管理页面的左侧导航栏中，选择“工作负载”→“无状态”选项，查看无状态容器列表，单击右上角的“使用 YAML 创建资源”按钮，如图 5-89 所示。

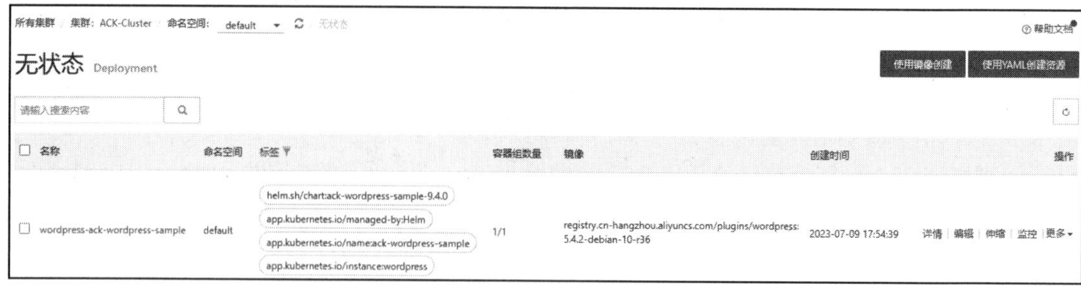

图 5-89 查看无状态容器列表

单击“wordpress-ack-wordpress-sample”行最右侧的“更多”下拉按钮，在弹出的下拉列表中选择“查看 YAML”选项，将以下代码内容复制并粘贴到代码框中，单击“创建”按钮。

```
apiVersion: v1
kind: ServiceAccount
metadata:
  name: httpbin
---
apiVersion: v1
kind: Service
metadata:
  name: httpbin
  labels:
    app: httpbin
    service: httpbin
spec:
  ports:
  - name: http
    port: 8000
    targetPort: 80
  selector:
    app: httpbin
---
apiVersion: apps/v1
kind: Deployment
metadata:
  name: httpbin
spec:
  replicas: 1
  selector:
    matchLabels:
      app: httpbin
      version: v1
  template:
    metadata:
      labels:
```

```
        app: httpbin
        version: v1
    spec:
      serviceAccountName: httpbin
      containers:
      - image: docker.io/kennethreitz/httpbin
        imagePullPolicy: IfNotPresent
        name: httpbin
        ports:
        - containerPort: 80
```

在网格管理页面的左侧导航栏中，选择“ASM 网关”→“网关规则”选项，单击“创建”按钮。在基本信息区域中，配置命名空间为“default”，名称为“httpbin”。在作用网关实例区域中，配置标签名为“istio”，标签值为“ingressgateway”。在对外提供服务区域中，配置名称为“httpbin”，端口为“80”，协议为“HTTP”，服务为“*”，如图 5-90 所示。单击“创建”按钮。

图 5-90　网关规则配置

在网格管理页面的左侧导航栏中，选择“流量管理中心”→“虚拟服务”选项，单击“创建”按钮，进入虚拟服务创建页面，将命名空间设置为“default”，名称设置为“httpbin”。在作用范围区域中，打开“作用于指定网关规则”开关，单击“请选择网关规则”按钮，在弹出的“请选择网关规则”对话框中，选中“httpbin”单选按钮。关闭“作用于所有 Sidecar”开关。单击“选择所属网关服务域名”按钮，在弹出的“选择所属网关服务域名”对话框中，选中“*”单选按钮。

单击“HTTP 路由”按钮，单击“添加路由”按钮，自定义路由名称，单击“添加路由目的地”按钮，将服务名称设置为“httpbin.default.svc.cluster.local”，端口设置为“8000”。

在网格管理页面的左侧导航栏中，选择“入口网关”选项，进入入口网关页面，如图 5-91 所示，找到服务地址，并记录此地址。

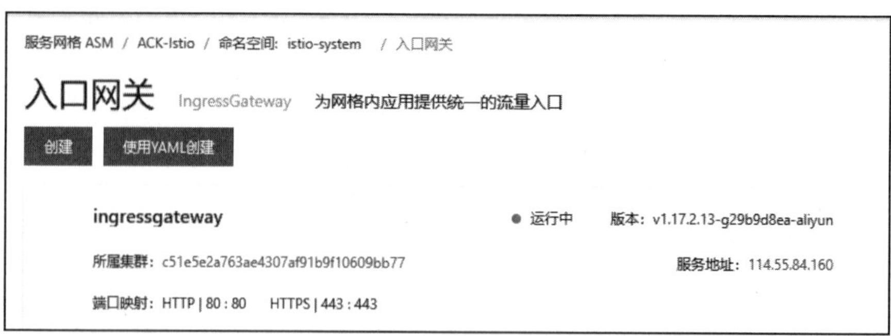

图 5-91 入口网关页面

在 ACK 集群的管理页面中，单击“更多”下拉按钮，在弹出的下拉列表中选择“通过 CloudShell 管理集群”选项，登录到集群内部。通过以下命令访问 httpbin 的/status/200，如图 5-92 所示。

```
shell@Alicloud:~$ curl http://114.55.84.160/status/200 -v
*   Trying 114.55.84.160...
* TCP_NODELAY set
* Connected to 114.55.84.160 (114.55.84.160) port 80 (#0)
> GET /status/200 HTTP/1.1
> Host: 114.55.84.160
> User-Agent: curl/7.58.0
> Accept: */*
>
< HTTP/1.1 200 OK
< server: istio-envoy
< date: Sun, 09 Jul 2023 19:10:12 GMT
< content-type: text/html; charset=utf-8
< access-control-allow-origin: *
< access-control-allow-credentials: true
< content-length: 0
< x-envoy-upstream-service-time: 1
<
* Connection #0 to host 114.55.84.160 left intact
```

图 5-92 访问 httpbin 的/status/200

通过以下命令访问 httpbin 的/status/418，如图 5-93 所示。

```
shell@Alicloud:~$ curl http://114.55.84.160/status/418 -v
*   Trying 114.55.84.160...
* TCP_NODELAY set
* Connected to 114.55.84.160 (114.55.84.160) port 80 (#0)
> GET /status/418 HTTP/1.1
> Host: 114.55.84.160
> User-Agent: curl/7.58.0
> Accept: */*
>
< HTTP/1.1 418 Unknown
< server: istio-envoy
< date: Sun, 09 Jul 2023 19:11:21 GMT
< x-more-info: http://tools.ietf.org/html/rfc2324
< access-control-allow-origin: *
< access-control-allow-credentials: true
< content-length: 135
< x-envoy-upstream-service-time: 1
<

    -=[ teapot ]=-

       _...._
     .'  _ _ `.
    | ."` ^ `". _,
    \_;`"---"`|//
      |       ;/
      \_     _/
        `"""`
* Connection #0 to host 114.55.84.160 left intact
```

图 5-93 访问 httpbin 的/status/418

通过以下命令访问 httpbin 的/status/403，如图 5-94 所示。

```
shell@Alicloud:~$ curl http://114.55.84.160/status/403 -v
*   Trying 114.55.84.160...
* TCP_NODELAY set
* Connected to 114.55.84.160 (114.55.84.160) port 80 (#0)
> GET /status/403 HTTP/1.1
> Host: 114.55.84.160
> User-Agent: curl/7.58.0
> Accept: */*
>
< HTTP/1.1 403 Forbidden
< server: istio-envoy
< date: Sun, 09 Jul 2023 19:11:46 GMT
< content-type: text/html; charset=utf-8
< access-control-allow-origin: *
< access-control-allow-credentials: true
< content-length: 0
< x-envoy-upstream-service-time: 1
<
* Connection #0 to host 114.55.84.160 left intact
```

图 5-94　访问 httpbin 的/status/403

通过以下命令访问 httpbin 的/headers，可以看到 Response 会返回请求中携带的 Header，如图 5-95 所示。

```
shell@Alicloud:~$ curl http://114.55.84.160/headers -H test-header:test-value -v
*   Trying 114.55.84.160...
* TCP_NODELAY set
* Connected to 114.55.84.160 (114.55.84.160) port 80 (#0)
> GET /headers HTTP/1.1
> Host: 114.55.84.160
> User-Agent: curl/7.58.0
> Accept: */*
> test-header:test-value
>
< HTTP/1.1 200 OK
< server: istio-envoy
< date: Sun, 09 Jul 2023 19:12:15 GMT
< content-type: application/json
< content-length: 1077
< access-control-allow-origin: *
< access-control-allow-credentials: true
< x-envoy-upstream-service-time: 3
<
{
  "headers": {
    "Accept": "*/*",
    "Host": "114.55.84.160",
    "Test-Header": "test-value",
    "User-Agent": "curl/7.58.0",
    "X-Envoy-Attempt-Count": "1",
    "X-Envoy-External-Address": "106.14.134.93",
    "X-Envoy-Peer-Metadata": "ChQKDkFQUF9DT05UQUlORVJTEgIaAAoxCgpDTFVTVEVSX0lEEiMaIWM1MWU1ZTJhNzYzYWU0MzA3
YWY5MWI5ZjEwNjA5YmI3NwodCgxJTlNUQU5DRV9JUFMSDRoLMTcyLjE2LjEwLjkKFwoNSVNUSU9fVkVSU0lPThIGGgQxLjE3Cm8KBkxB
QkVMUxJlKmMKHQoDYXBwEhYaFGlzdGlvLWluZ3Jlc3NnYXRld2F5ChQKCmFzbS1zeXN0ZW0SBhoEdHJ1ZQoZCgVpc3RpbxIQGg5pbmdyZX
NzZ2F0ZXdheQoRCghwcm92aWRlchIFGgNhc20KGgoHTUVTSF9JRBIPGg1jbHVzdGVyLmxvY2FsCi8KBE5BTUUSJxolaXN0aW8taW5ncm
Vzc2dhdGV3YXktNjU4NGZiNjQ3NC1wd3NzcwobCglOQU1FU1BBQ0USDhoMaXN0aW8tc3lzdGVtCl0KBU9XTkVSElQaUmt1YmVybmV0ZXM6
Ly9hcGlzL2FwcHMvdjEvbmFtZXNwYWNlcy9pc3Rpby1zeXN0ZW0vZGVwbG95bWVudHMvaXN0aW8taW5ncmVzc2dhdGV3YXkKFwoRUExB
VEZPUk1fTUVUQURBVEESAioACicKDVdPUktMT0FEX05BTUUSFhoUaXN0aW8taW5ncmVzc2dhdGV3YXk=",
    "X-Envoy-Peer-Metadata-Id": "router~172.16.10.9~istio-ingressgateway-6584fb6474-pwsss.istio-system~ist
     io-system.svc.cluster.local"
  }
}
* Connection #0 to host 114.55.84.160 left intact
```

图 5-95　访问 httpbin 的/headers

【项目小结】

本项目分别从 ACK 和服务网格两个方向展开。对于 ACK 方向，本项目介绍了 ACK 服务架构和组件，并深入讨论了容器集群的创建和管理、容器镜像的制作和管理、容器化应用的部署和管理、容器网络和存储管理，以及容器化应用的监视和调试等内容。对于服务网格方向，本项目首先介绍了服务网格的概念，然后详细介绍了服务网格的架构和组件、应用场景，最后讨论了应用程序性能管理和异常处理，以及故障排除和恢复等内容。

通过对本项目的学习，读者可以掌握如何使用 ACK 构建和管理容器化应用，并了解服务网格的概念。此外，读者还可以学会如何使用阿里云服务网格来管理应用程序的性能和异常处理。

【拓展知识】

根据国务院发布的《“十四五”数字经济发展规划》，“十四五”时期，我国数字经济转向深化应用、规范发展、普惠共享的新阶段。随着政务、医疗、教育和商务办公等领域的数字化转型不断深化，我国的公有云市场即将迎来快速发展时期。

自 2022 年起，我国数字经济受益于积极推动的顶层设计。“上云、用数、赋智”服务的推广也将进一步为我国经济发展注入新动力，促进数字技术在各行业的广泛应用，为人们的生活带来更多便利和智能化体验。

【知识巩固】

1．ACK 是基于（　　）容器编排平台构建的。

A．Docker　　B．Kubernetes　　C．OpenShift　　D．Rancher

2．在 ACK 中，（　　）不是其组件。

A．镜像仓库　　B．容器调度器　　C．容器网络　　D．容器监控

3．（　　）是服务网格涉及的概念。

A．容器集群的创建和管理　　B．容器镜像的制作和管理

C．微服务和服务网格的概念　　D．容器化应用的部署和管理

4．阿里云服务网格用于管理（　　）。

A．应用程序的性能和安全性　　B．容器网络和存储管理

C．容器化应用的监视和调试　　D．容器化应用的部署和管理

5．在 ACK 中，（　　）不属于容器化应用的管理方面。

A．容器集群的创建和管理　　B．容器化应用的部署和管理

C．容器网络和存储管理　　D．容器化应用的监视和调试

【拓展任务】

1．在阿里云平台上创建一个 ACK 集群，其中包含 3 个节点。使用 ACK 集群部署一个 WordPress 应用程序，并通过配置项指定账号、密码，同时确保可以通过公网访问该应用程序。

2．通过服务网格配置各种流量规则及伸缩规则，使本拓展任务步骤 1 部署的 WordPress 应用程序尽可能稳定。

项目6 云容灾备份服务

06

【学习目标】

云容灾备份服务-理论讲解

云容灾备份服务是公有云平台提供的关键功能之一，旨在确保用户的数据安全和业务可用性。数据备份是云容灾备份服务的基础，用户可以定期将关键数据复制到云平台上的备用存储中，以便在数据丢失或损坏时能够快速恢复数据。为了提高弹性，公有云提供了异地备份选项，使用户能够将数据备份到地理位置上远离主要数据中心的区域，以防止地方性灾难对数据造成影响。

容灾恢复服务是另一个关键功能，它构建了在灾难性事件中保障业务连续性的策略和流程。通过容灾恢复服务，用户可以在发生灾难时迅速恢复关键业务功能，这可能涉及从备份中还原数据或切换到备用数据中心的操作。冗余性是确保系统可用性的重要手段，公有云平台通过在不同地理位置设置备用服务器和存储设备来实现多重复制，以应对可能发生的单点故障。

【知识目标】

1. 了解云容灾备份服务的概念和数据安全的重要性。
2. 熟悉云容灾备份服务的各种功能和特点。
3. 学会使用阿里云容灾备份服务进行数据库备份。
4. 学会使用阿里云容灾备份服务进行ECS文件备份。
5. 学会使用阿里云容灾备份服务进行ECS整机备份。

【技能目标】

1. 掌握使用阿里云容灾备份服务进行数据库备份的方法和步骤。
2. 掌握使用阿里云容灾备份服务进行ECS文件备份的方法和步骤。
3. 掌握使用阿里云容灾备份服务进行ECS整机备份的方法和步骤。
4. 掌握根据实际需求选择合适的备份策略及配置参数的方法和步骤。

【素质目标】

1. 通过项目合作和小组讨论，培养学生在团队中有效沟通、合作和解决问题的能力。
2. 鼓励学生提出新颖的观点和解决方案，培养其创造力和创新思维。
3. 通过案例分析和项目实践，激发学生的积极性，培养其树立勇于面对挑战、主动解决问题的意识。

【项目概述】

在本项目中，读者需要完成使用阿里云容灾备份服务进行数据库备份、ECS文件备份和ECS整机备份。读者将学习如何创建备份计划、执行备份操作，并了解各服务的特点和操作注意事项。通过学习本项目，读者将获得阿里云容灾备份服务的实践经验，并能够使用该服务提高数据和系统的可靠性与可恢复性。

【知识准备】

6.1 数据安全的重要性

数据安全的重要性在现代社会格外突出。数据安全的重要性体现在以下 3 点。第一，数据丢失或泄露可能导致严重的经济和个人损失。例如，个人隐私数据的丢失或泄露可能导致发生金融欺诈等不法行为。对于企业而言，数据丢失或泄露可能导致生产停滞和财务损失，还会对企业声誉和品牌形象造成长期损害，引发用户流失和业务合作中断。第二，未满足数据保护法规可能面临罚款和法律诉讼。第三，数据安全对国家安全和政治稳定具有重要影响，因为攻击者可能试图窃取敏感数据。因此，保护数据安全至关重要，相关人员需要采取适当的安全措施以加密数据、实施访问控制和确保网络安全，并对员工进行培训，使其提高安全意识。

6.1.1 数据安全的重要性介绍

在公有云上保护数据安全非常重要，因为公有云存储了大量敏感数据，包括用户身份信息、财务记录和知识产权等。如果这些数据被未经授权的人员访问、泄露或篡改，则会给企业带来巨大的负面影响，包括声誉受损、法律诉讼和财务损失等。因此，企业需要采取适当的方法保护其在公有云上存储的数据，如采用数据加密技术、实施访问控制、进行漏洞管理和开展监控等措施。

6.1.2 保护数据安全的方法

在公有云上保护数据安全的方法如下。

（1）数据加密：使用加密技术对数据进行加密，以保护数据在传输和存储过程中的安全。可以采用 TLS 协议对数据进行传输加密；同时，可以采用加密文件系统（Encrypted File System，EFS）等技术对数据进行存储加密。

（2）访问控制：基于用户身份认证和授权机制，对云端数据进行访问控制。可以通过账号、密码认证和多因素认证等措施，以及为特定用户或用户组分配权限的方法限制对数据的访问。

（3）安全审计：建立完整的日志记录和审计机制，用于监测和分析云数据的访问情况。这样可以有效检查不当行为并及时处理潜在的安全威胁。

（4）防火墙和入侵检测系统（Intrusion Detection System，IDS）：使用防火墙和 IDS 等技术，对网络流量进行监测和分析，并防御来自外部攻击的威胁。

（5）数据备份与恢复：定期备份数据，并建立可靠的数据备份与恢复机制，以避免因故障或人为错误导致数据丢失或损坏。

（6）漏洞管理和监控：定期使用工具自动扫描漏洞，识别并修复漏洞和软件配置错误。同时，对系统进行实时监控，以便及时发现并处理潜在的安全威胁，确保公有云环境的安全。

6.1.3 云容灾备份服务介绍

云容灾备份服务主要包括以下几种方式。

（1）数据备份：通过对数据进行定期备份，确保在发生故障时可以恢复数据。阿里云提供了云数据库备份与恢复、云服务器备份等服务。

（2）多可用区部署：将业务部署在不同的可用区内，实现多地域、多机房部署，提高服务的可靠性。阿里云提供了 ECS、RDS 等多可用区部署服务。

（3）自动容灾切换：当某个节点发生故障时，自动将流量切换到备用节点，保证业务的连续性。阿里云提供了 SLB、RDS、MongoDB 等自动容灾切换服务。

（4）异地容灾：将应用部署到不同的地理位置，实现异地容灾。

6.2 云数据库备份与恢复

在当今快速发展的云计算领域，云数据库已成为企业数据管理的核心组件。它不仅改变了传统数据库的部署和管理方式，还为处理大规模数据提供了前所未有的灵活性和可扩展性。云数据库通过在云环境中提供数据存储和管理服务，允许用户通过网络远程访问和操作数据，从而简化了维护数据库的工作，并大幅降低了企业的运营成本。

6.2.1 DBS 介绍

阿里云云数据库备份服务（Database Backup Service，DBS）为用户提供了一种全面的在线数据保护方案，旨在帮助企业实现数据的自动化备份与恢复，以提高数据的安全性和可用性。通过 DBS，用户可以轻松地对 MySQL、SQL Server、MongoDB 等各种在线数据库进行定时和自动化的备份，确保数据的持久性和完整性。DBS 的核心功能包括数据备份、数据恢复、备份管理和跨区域备份。这些核心功能使其成为保障关键业务数据安全、实现灾难恢复、实现数据平滑迁移，以及满足行业合规性要求的理想选择。具体来说，DBS 通过提供定时和自动化的数据备份功能，帮助用户防止数据丢失；支持基于时间点的数据恢复，以应对数据丢失或损坏的情况；提供集中化的备份管理控制台，方便用户管理备份策略和监控备份状态；支持跨区域备份，以增强数据的安全性和可靠性。使用 DBS 时，用户首先需要创建备份任务，这包括在阿里云 DBS 产品页面中选择“创建备份任务”选项，并按照向导填写数据库的相关信息，如数据库类型、连接信息和备份策略，从而确保数据按照企业需求被安全、有效地备份与恢复。

6.2.2 云数据库备份与恢复服务介绍

云数据库备份与恢复服务是一种提供可靠数据备份和灾难恢复解决方案的服务。它为用户提供自动化备份功能，能够保障数据的安全性。该服务支持多地点存储以及实时监控和报警功能，以进一步增强数据的可靠性和安全性。此外，该服务还提供了灵活的恢复选项，使用户能够根据需要快速恢复数据。

使用云数据库备份与恢复服务，用户可以轻松管理数据库备份并快速恢复数据，从而最大程度降低业务中断和数据损失的风险。无论是意外删除、数据损坏还是其他灾难情况，用户都可以依靠该服务进行数据备份与恢复。

公有云提供了一种方便且可靠的方式来进行云数据库备份与恢复。云数据库备份与恢复服务允许用户在云平台上创建数据库的定期备份，以保护数据免受意外删除、硬件故障、恶意攻击或自然灾害等不可预测事件的影响。

云数据库备份与恢复服务通过压缩、加密、流控及生命周期管理等功能，为数据构建高效、安全且可靠的保护屏障。

（1）压缩：云平台使用压缩算法缩小备份数据的存储空间，从而降低存储成本，并提高备份与恢复的效率。

（2）加密：为了保护备份数据的安全性，在备份过程中，公有云通常使用 SSL 协议和高级加密标准 256（Advanced Encryption Standard 256，AES256）等加密技术。这确保了备份数据在传输和存储过程中的机密性及完整性。

（3）流控：为降低对源数据库性能的影响，云平台通常提供控制备份任务线程数的功能。用户可以设置备份任务的线程数，以平衡备份操作与源数据库的性能需求。

（4）生命周期管理：云平台提供完整的备份集（Backup set）生命周期管理功能。备份集就是在进行数据备份操作时产生的一组文件，这些文件是数据在某个特定时刻的快照。用户可根据需求定义全局规则，实现备份数据的自动转存、清理和复制分发等操作。这样可以有效管理备份数据的保留期限和存储空间，同时满足合规性和数据保护方面的需求。

通过这些通用功能，公有云的云数据库备份与恢复服务可以提供更高效、安全和可靠的数据保护。用户可根据自身需求和业务要求配置备份策略，并享受降低存储成本、提高数据安全性以及简化管理带来的好处。

6.2.3　云数据库备份与恢复服务的优势

云数据库备份与恢复服务具有支持多种备份方式、数据备份安全可靠、自动化备份管理、灾难恢复快速可靠等优势，以确保数据的安全性和可靠性，降低管理成本。

（1）支持多种备份方式：云数据库备份与恢复服务支持手动备份、自动备份和物理备份等多种备份方式，以满足不同场景下的备份需求。

（2）数据备份安全可靠：云数据库备份与恢复服务采用了多种加密技术，以保护备份数据在传输和存储过程中的安全。同时，阿里云提供多个数据中心的备份，确保备份数据的可靠性和稳定性。

（3）自动化备份管理：云数据库备份与恢复服务提供自动化备份管理功能，可以根据用户的备份策略周期性地进行备份和清理，最大限度地降低备份管理的工作量。

（4）灾难恢复快速可靠：云数据库备份与恢复服务支持从物理备份中恢复数据，避免了从头开始构建数据库的烦琐过程，同时支持跨地域容灾，确保在灾难情况下可以快速恢复数据库。

6.2.4　云数据库备份与恢复服务的应用场景

云数据库备份与恢复服务适用于以下场景。

（1）数据库备份与恢复：企业在云上搭建数据库时，可以使用云数据库备份与恢复服务进行备份，以便在数据丢失或出现灾难情况时快速恢复数据，避免造成严重损失。

（2）数据库迁移：当企业需要将数据库从其他平台迁移到云上时，可以使用云数据库备份与恢复服务进行迁移。通过将源数据库备份到云端，然后将其恢复到目标数据库，以实现无缝迁移。

（3）数据库测试与开发：对于开发者和测试人员来说，云数据库备份与恢复服务是一个非常实用的工具。它可以将生产环境中的数据库备份到云端，开发者和测试人员可以在云上进行开发和测试，而这些操作不会影响生产环境。

（4）高可用性与容灾备份：企业可以使用云数据库备份与恢复服务实现多地域容灾备份，确保在发生系统故障或灾难事件时，数据库能够快速恢复，避免造成不必要的损失。

6.3　云服务器备份与容灾

在公有云上，存储容灾备份技术提供了可靠的方式来保护云服务器和数据免受故障、灾难和意外事件的影响。以下是公有云上常见的存储容灾备份技术。

（1）跨区域复制：公有云提供了跨区域复制技术，用户可将数据复制到不同的地理区域，以提供地理上的冗余和容灾能力。这样即使某个区域发生灾难事件，备份数据仍然可以在其他区域恢复，确保业务的连续性。

（2）冗余存储：公有云存储服务通常使用冗余存储技术，将数据复制到多台独立的存储设备中。这样，即使某台存储设备发生故障，备份数据仍然可用，不会导致数据丢失或业务中断。

（3）快照备份：快照备份是一种技术，用于为云服务器的存储状态创建并保存快照。通过快照备份，用户可以快速恢复云服务器到特定时间点的状态，以应对数据丢失、误操作或系统故障等情况。

（4）容灾切换：公有云提供容灾切换技术，当主服务器发生故障时，系统会自动将流量和服务切换到备用服务器，以实现高可用性和业务连续性。

（5）自动备份策略：公有云提供灵活的自动备份策略，用户可以根据需求设置备份频率和保留期限。自动备份能够减少人工操作，确保数据的定期备份与恢复。

6.3.1 ECS 文件备份介绍

ECS 文件备份是一种可靠的数据备份和灾难恢复解决方案，专门针对阿里云 ECS 中的文件进行备份与恢复。通过该解决方案，用户可以方便地备份重要文件，并在需要时快速恢复文件，以保护数据免受意外删除、硬件故障、恶意攻击或自然灾害等不可预测事件的影响。

ECS 文件备份具有以下优势和功能。

（1）简便性：ECS 文件备份提供直观的用户界面和易于使用的工具，使用户能够快速设置和管理备份任务。

（2）自动备份：用户可以轻松设置定期自动备份任务，减少人工操作的工作量。这样，用户能够确保备份按时、准确地执行，无须人工干预。

（3）增量备份：ECS 文件备份支持增量备份方法，只备份自上次备份以来发生变化的数据，从而节省存储空间和备份时间。

（4）备份策略具有灵活性：用户可以根据自身需求和业务场景定制备份策略，选择备份的时间间隔、保留的备份数量及备份存储位置等。

（5）备份存储具有可靠性：ECS 文件备份提供了可靠的备份存储服务，如阿里云 OSS 和网络附加存储（Network Attached Storage，NAS）。这些备份存储服务具有高可用性和冗余机制，确保了备份数据的安全性和可靠性。

（6）数据恢复能力：在发生数据丢失或损坏的情况下，用户可以使用 ECS 文件备份轻松恢复备份数据。通过简单操作，用户可以将备份数据还原到云服务器上，使数据恢复到之前的状态。

6.3.2 ECS 整机备份介绍

ECS 整机备份是一种全面的数据备份解决方案，旨在实现对 ECS 实例的完整系统备份和灾难恢复。该解决方案涵盖操作系统、应用程序、数据和配置等关键组件，用于确保整个系统的完整性和一致性。

ECS 整机备份具有以下特点和功能。首先，它支持自动备份，用户可以设置备份计划，定期自动备份 ECS 实例，减少人工操作的工作量。其次，它采用了增量备份技术，只备份自上次备份以来发生变化的数据，提高了备份效率并节省了存储空间。最后，ECS 整机备份提供了灵活的备份恢复选项。用户可以选择完整恢复整个 ECS 实例，也可以选择部分恢复 ECS 实例，即只恢复需要的文件或数据，以满足不同的恢复需求。此外，ECS 整机备份可以快速恢复备份数据，缩短系统恢复时间，最小化业务中断。

6.3.3 ECS 容灾服务介绍

ECS 容灾服务旨在为用户提供可用性高且数据安全、可靠的应用运行环境。该服务提供了 3 种不同的容灾方案：同城容灾方案、异地容灾方案和跨区域容灾方案。

（1）同城容灾方案：将主备 ECS 实例部署在同一个城市内不同的地理位置，通过负载均衡器或 DNS 解析实现流量切换，以保证业务的高可用性。

（2）异地容灾方案：将主备 ECS 实例分别部署在两个不同城市，通过远程复制技术实现数据同步。当主 ECS 实例故障时，自动切换到备份 ECS 实例继续提供服务。

（3）跨区域容灾方案：将主 ECS 实例和备份 ECS 实例部署在两个不同的地理区域，通过异地多活技术实现数据的实时双向同步，并且可以手动或自动切换节点，以保证业务的高可用性。

【项目实施】

任务 6.1 阿里云云数据库备份与恢复服务实战

本任务旨在通过实际操作，使读者掌握阿里云云数据库备份与恢复服务的使用方法和流程。首先，读者需要在阿里云控制台上创建数据库实例，并设置适当的备份方式（手动备份或自动备份）。其次，读者需要执行备份操作以生成数据库的备份文件。最后，读者需要删除数据库并尝试将其恢复。

云容灾备份服务-项目实施 1

子任务 6.1.1 阿里云 DBS 的购买

读者可先根据任务 2.3 中的相关内容，完成 RDS 服务的申请。

RDS 实例创建完成后，返回实例列表，可以查看实例 ID/名称、运行状态及创建时间等，如图 6-1 所示。

图 6-1 RDS 实例列表

在实例列表中单击实例右侧的“管理”超链接，进入实例的管理页面。在左侧导航栏中选择“账号管理”选项，在页面右侧单击“创建账号”按钮。在弹出的“创建账号”对话框中配置数据库账号和密码，将数据库账号设置为“user1”，将账号类型设置为“高权限账号”，将新密码设置为符合密码要求的密码，单击“确定”按钮，如图 6-2 所示。

创建账号后，单击账号管理页面右上方的“登录数据库”按钮，如图 6-3 所示，进入登录实例页面。

在登录实例页面中，将数据库类型设置为“MariaDB”，实例地区设置为“华东 1（杭州）”，实例 ID 设置为前面所创建的 RDS 实例的 ID，数据库账号设置为“user1”，数据库密码设置为自定义的密码，如图 6-4 所示。

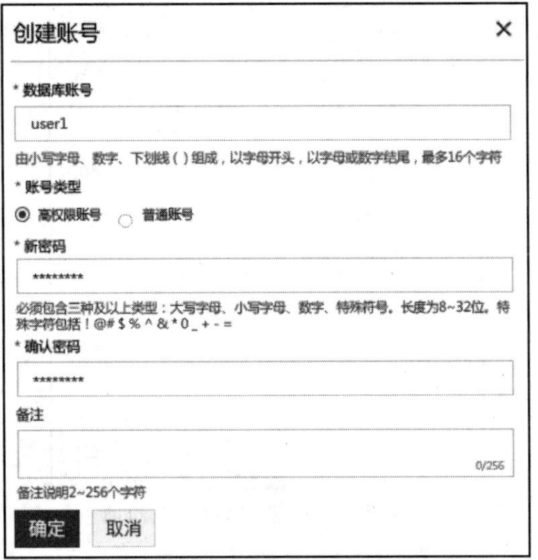

图 6-2 “创建账号”对话框

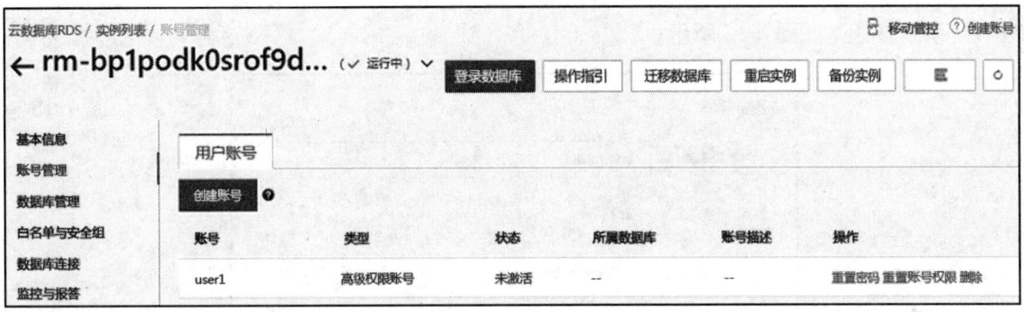

图 6-3 账号列表

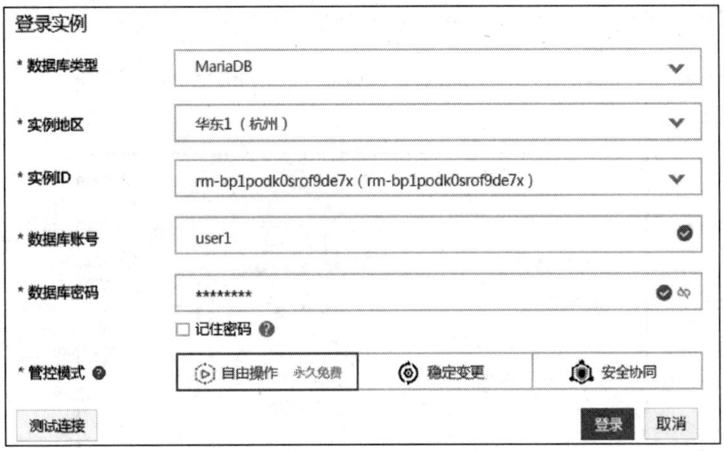

图 6-4 登录实例页面

单击“登录”按钮，进入数据库管理系统页面，选择左侧的“数据库实例”选项卡，可以看到数据库实例。展开“已登录实例”，右击已创建的实例，在弹出的快捷菜单中选择“数据库管理”选项，如图 6-5 所示。

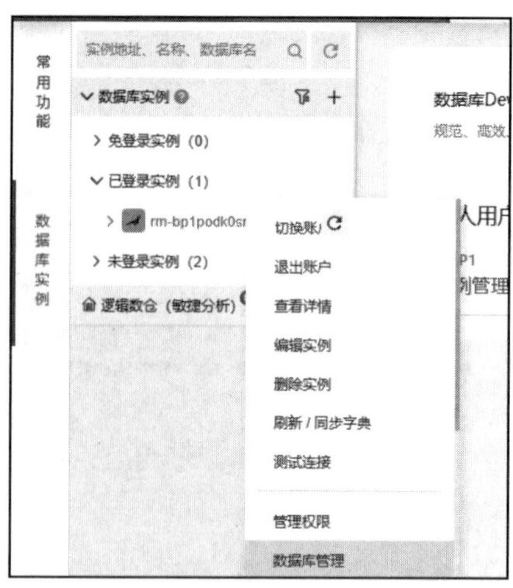

图 6-5　选择“数据库管理”选项

在进入的数据库管理系统页面中，单击左上角的“创建库”按钮，在弹出的“创建数据库”对话框中，将数据库名设置为“test_table”，字符集设置为“utf8”，校验规则设置为“utf8_general_ci”，单击“确认”按钮，如图 6-6 所示。

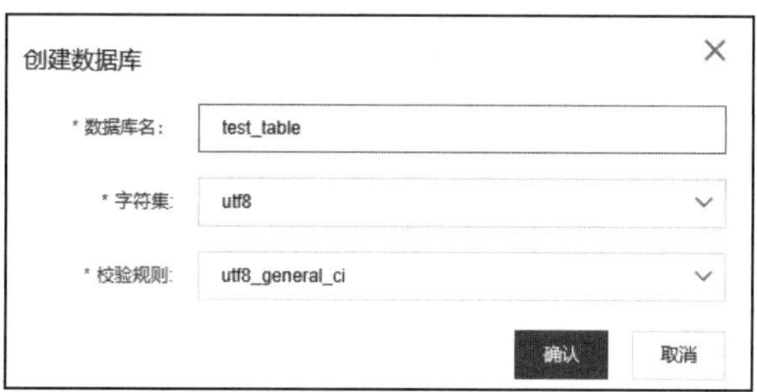

图 6-6　“创建数据库”对话框

展开“数据库实例”，展开已创建实例下的所有数据库，选择已创建实例中的“test_table”选项，如图 6-7 所示，进入该数据库的管理页面。单击“创建表”超链接，进入创建表页面。

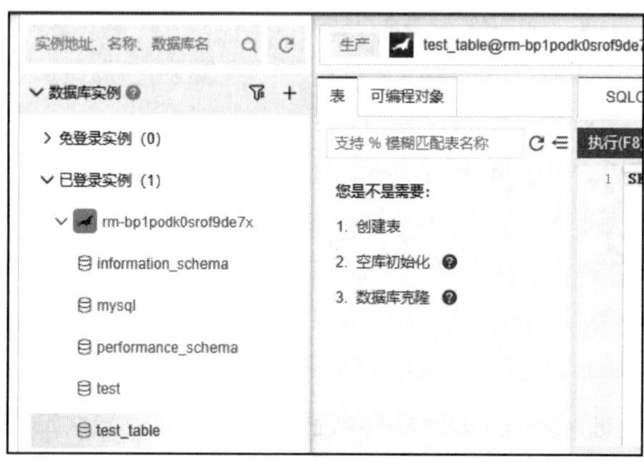

图 6-7　选择“test_table”选项

在创建表页面中，将表名设置为“userinfo”，其他配置均保持默认，单击“保存变更”按钮，如图 6-8 所示。

图 6-8 创建表页面

在数据库的管理页面中，选择“列信息”选项卡，进入列的管理页面，单击左上角的“新增”按钮，随后将序号 0 所对应的列的列名设置为“id”，类型设置为“int”，长度设置为“10”，勾选“主键”复选框；将序号 1 所对应的列的列名设置为“name”，类型设置为“varchar”，长度设置为“10”，勾选“可空”复选框；将序号 2 所对应的列的列名设置为“birthday”，类型设置为“datetime”，勾选“可空”复选框；将序号 3 所对应的列的列名设置为“sex”，类型设置为“char”，长度设置为“5”，勾选“可空”复选框；将序号 4 所对应的列的列名设置为“password”，类型设置为“char”，长度设置为“200”，勾选“可空”复选框。最后，勾选“无符号”和“自动增长”复选框，如图 6-9 所示。

图 6-9 “列信息”选项卡

单击“保存变更”按钮，进入保存变更页面，如图 6-10 所示，单击“直接执行”按钮，完成代码变更。

图 6-10　保存变更页面

在数据库管理系统页面中，查看数据表 userinfo 当前包含的信息，如图 6-11 所示。

图 6-11　查看数据表 userinfo 当前包含的信息

在数据库管理系统页面中，右击数据表 userinfo，在弹出的快捷菜单中选择“打开表”选项，如图 6-12 所示，进行表编辑。

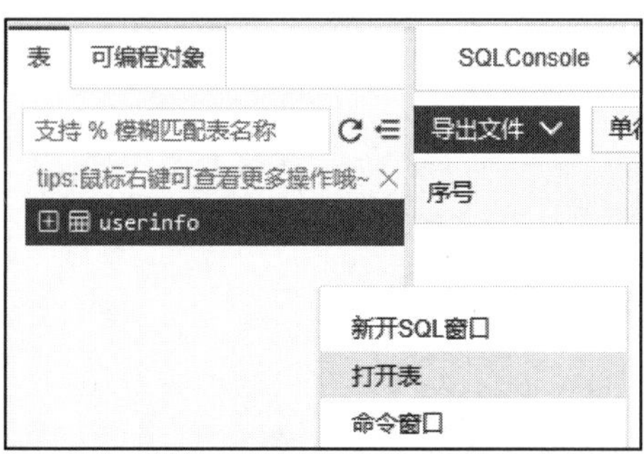

图 6-12　选择“打开表”选项

在 SQLConsole 页面中打开数据表 userinfo，单击“开启编辑”超链接，进入编辑页面，表编辑信息如图 6-13 所示。

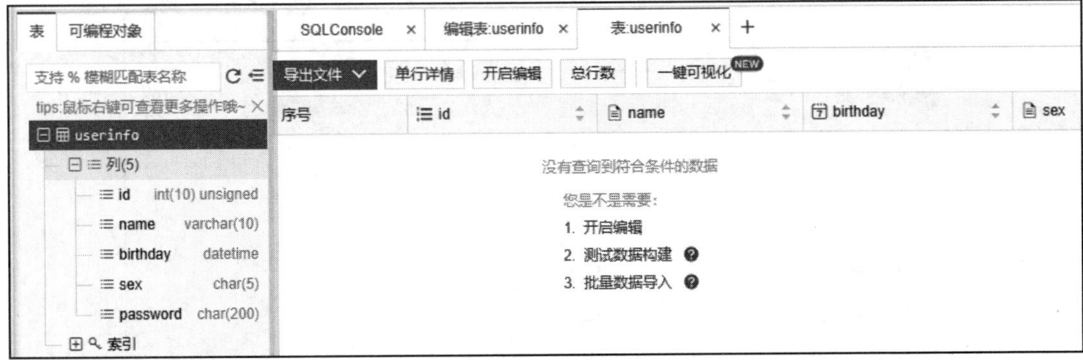

图 6-13　表编辑信息

在 SQLConsole 页面中打开数据表 userinfo，单击“新增”按钮，将序号 1 所对应的行的 id 设置为“1”，name 设置为“lisi”，birthday 设置为“2023-07-08 15:28:00”，sex 设置为“boy”，password 设置为“pass1”；将序号 2 所对应的行的 id 设置为“2”，name 设置为“zhangsan”，birthday 设置为“2023-07-13 15:28:32”，sex 设置为“girl”，password 设置为“pass2”，如图 6-14 所示。

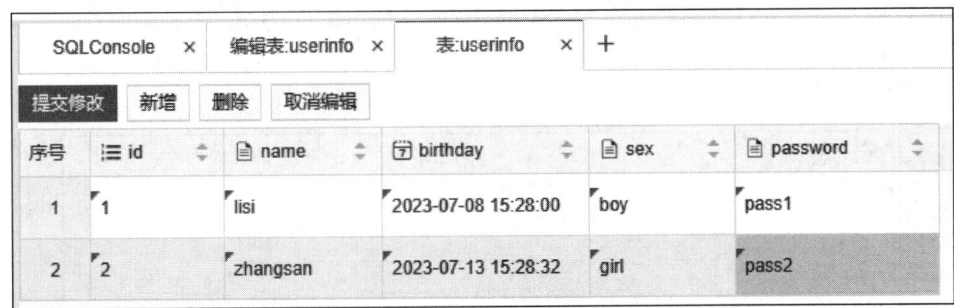

图 6-14　表数据编辑

编辑完成后，单击左上方的“提交修改”按钮，随后即可进入执行状态页面。数据新增执行结果如图 6-15 所示。

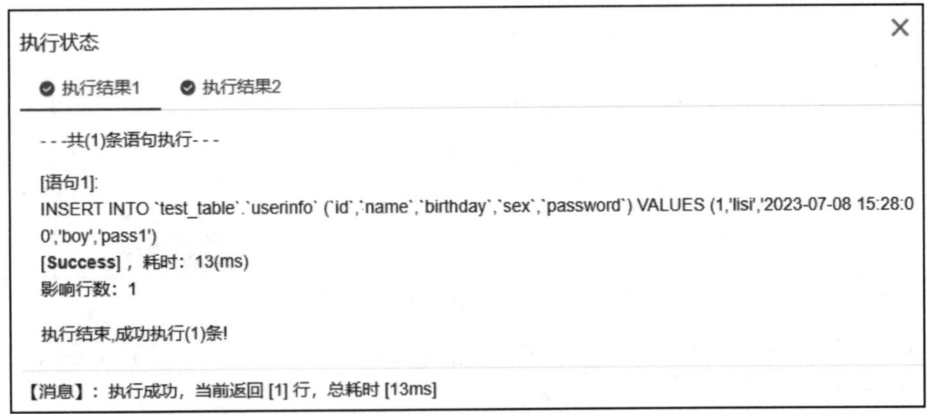

图 6-15　数据新增执行结果

在阿里云控制台中单击左上角的≡按钮，打开阿里云产品与服务列表。搜索关键词“DBS”，在搜索结果中找到“数据库管理工具”，并选择 DBS 对应的“数据库备份 DBS”选项，如图 6-16 所示。

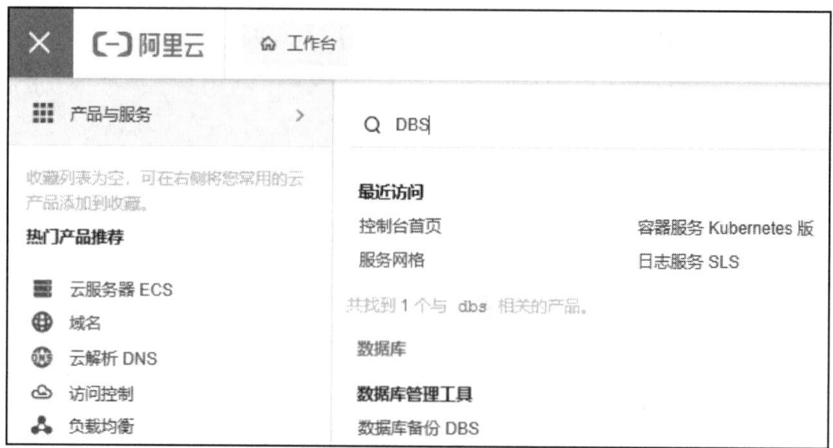

图 6-16　选择“数据库备份 DBS”选项

在数据库备份 DBS 页面中，选择左侧导航栏中的“数据源”选项，进入数据源页面后，单击“添加数据源”按钮。在弹出的“添加数据源”对话框中，将数据源类别设置为“云数据库”，数据源名称设置为“hzsql”，实例类型设置为“RDS 实例”，数据库类型设置为“MariaDB”，RDS 实例 ID 设置为刚刚创建的 RDS 实例 ID，数据库账号设置为“user1”，密码设置为自定义的密码，单击“测试连接”按钮，如图 6-17 所示。

添加数据源
* 数据源类别：云数据库
数据源名称：hzsql
* 实例类型：RDS实例　跨阿里云账号实例
* 数据库类型：MariaDB　DBS支持链路类型
* 数据库地域：华东1（杭州）
* RDS实例ID：rm-bp1podk0srof9de7x
* 数据库账号：user1　账号说明
* 密码：••••••••
* 测试连接　测试连接　测试通过
确定　取消

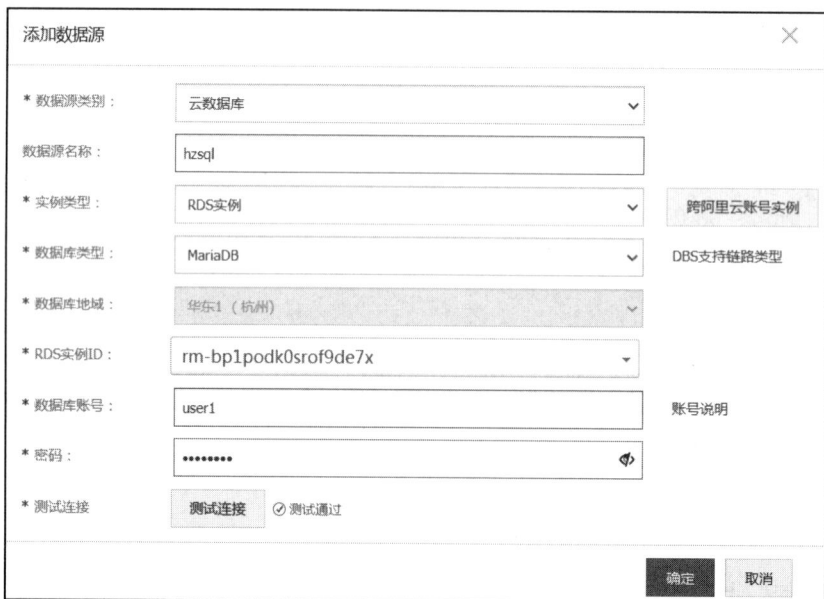

图 6-17　“添加数据源”对话框

测试通过后，单击“确定”按钮。在数据源列表页面中，可以看到对应的数据源已经创建完成，如图 6-18 所示。

图 6-18　数据源列表页面

在数据库备份 DBS 页面中，选择左侧导航栏中的“备份策略”选项，进入备份策略列表页面后，单击“添加备份策略”按钮。在添加策略模板页面中配置备份策略模板，设置策略名称为“test”，并将备份类型设置为“物理备份”，如图 6-19 所示。

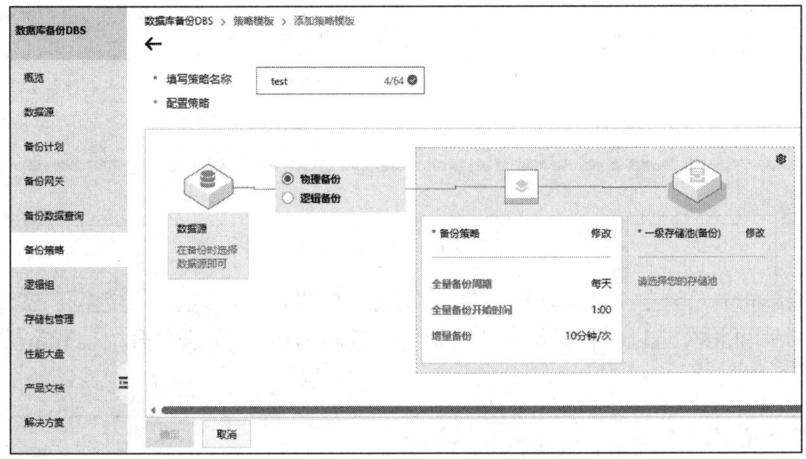

图 6-19　配置备份策略模板

① 逻辑备份：支持备份 RDS 实例、PolarDB 实例、云数据库 Redis、云数据库 MongoDB、本地互联网数据中心（Internet Data Center，IDC）自建数据库、ECS 自建数据库等。

② 物理备份：仅支持备份自建数据库。

随后单击一级存储池（备份）右侧的“修改”超链接，在弹出的“一级存储池（备份）”对话框中，将存储类型设置为“DBS 内置存储”，存储池设置为默认创建好的存储池，保留时间设置为“两年”，加密方式设置为“内置加密”，单击“确定”按钮，如图 6-20 所示。

图 6-20　“一级存储池（备份）”对话框

确认信息无误后，单击“确定”按钮，如图 6-21 所示，开始创建备份策略模板。

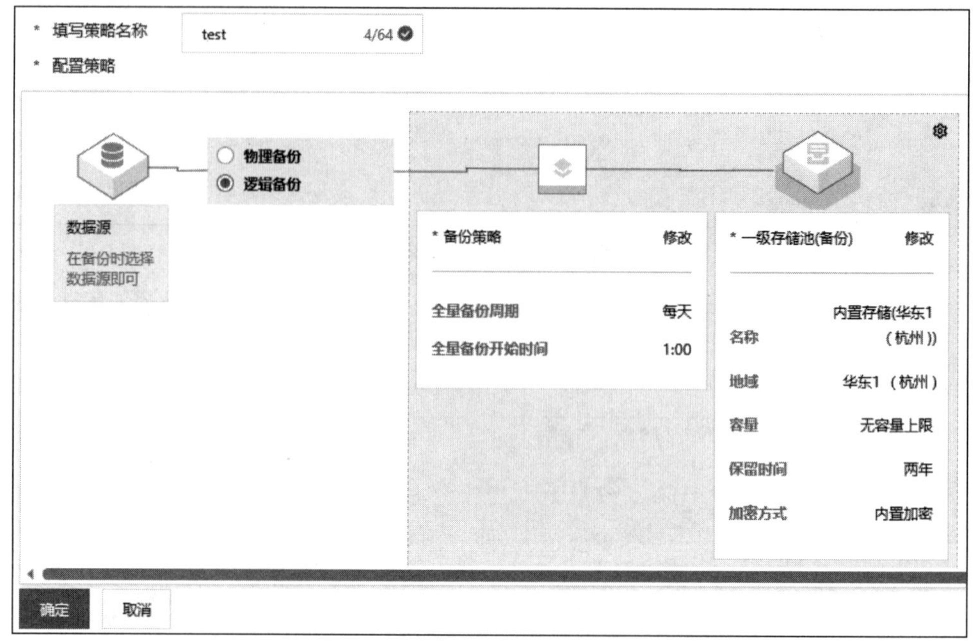

图 6-21　确认信息无误

在数据源页面中，单击“批量备份”按钮，弹出“选择备份源类型”对话框。在数据源类型区域中选择“MariaDB”选项，将备份方式设置为“逻辑备份”，单击“开始批量备份”按钮，如图 6-22 所示。

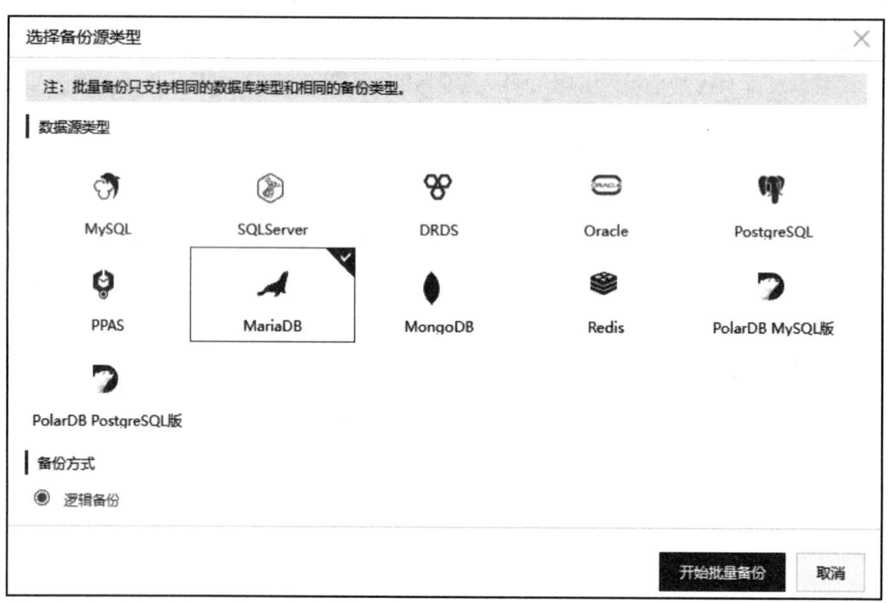

图 6-22　“选择备份源类型”对话框

在选择备份源时，勾选刚刚创建的 RDS 实例对应的复选框，单击“下一步选择备份对象”按钮，如图 6-23 所示。

图 6-23　选择备份源

在选择备份对象时，在“源数据库对象”列表框中选择“test_table”选项，单击 > 按钮，将该选项添加至“已选择数据库对象”列表框中。单击“下一步备份配置，已选(1/1)”按钮，如图 6-24 所示。

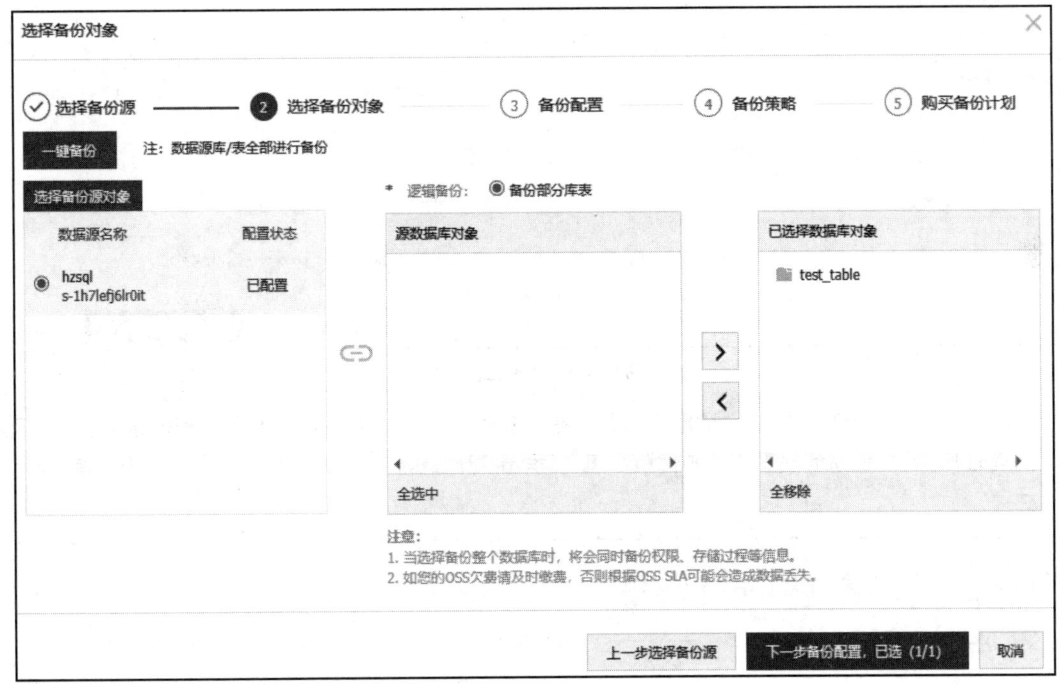

图 6-24　选择备份对象

在备份配置时，单击“修改规格”按钮，在弹出的“选择规格”对话框中选中“micro”单选按钮，单击“确定”按钮，如图 6-25 所示。

在备份策略时，选中刚刚创建的 test 备份策略，单击“下一步购买备份计划”按钮，如图 6-26 所示。

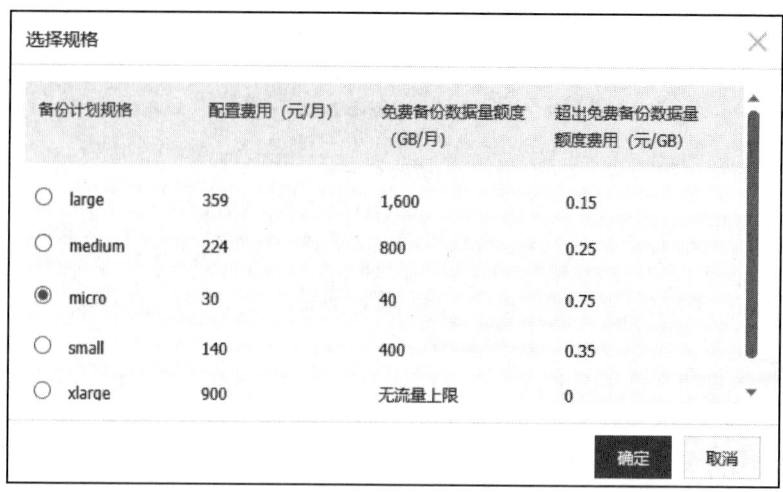

图 6-25　选中“micro”单选按钮

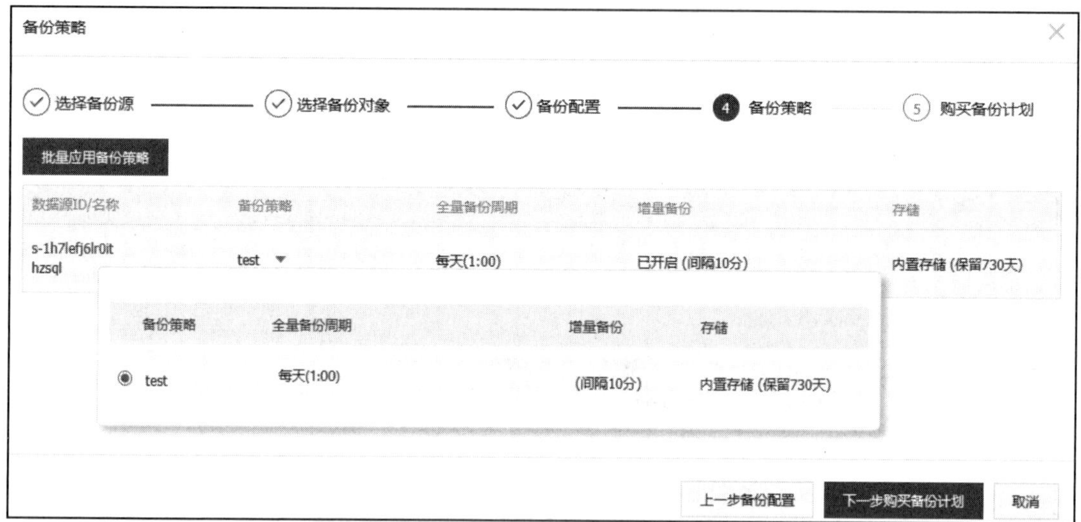

图 6-26　选择备份策略

在购买备份计划时，单击“批量下单”按钮，支付完成后，将开始预检查。预检查通过后，刚刚创建的 RDS 实例状态将变为“预检查通过”，单击“开启备份”按钮，开启数据库备份如图 6-27 所示。

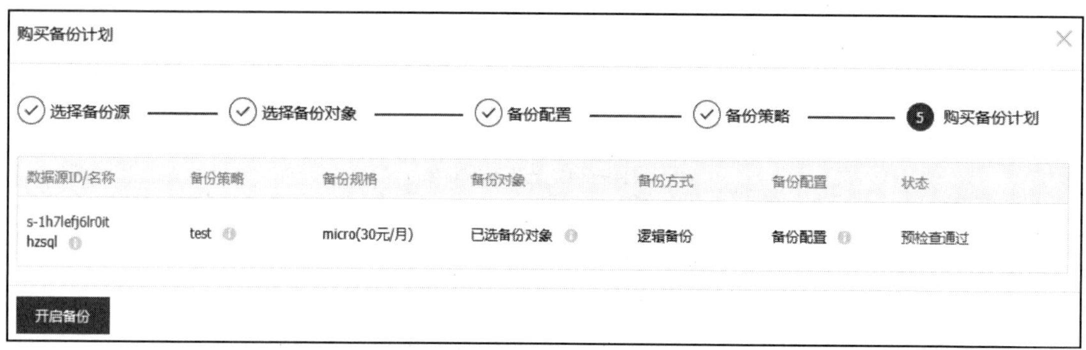

图 6-27　单击“开启备份”按钮

在数据库备份 DBS 页面中，选择左侧导航栏中的“备份计划”选项，可以看到刚刚创建的备份计划。随后，选择该备份计划，进入其管理页面，选择左侧导航栏中的“备份任务”→“全量数据备份”选项，如图 6-28 所示，可以看到数据已备份完成。

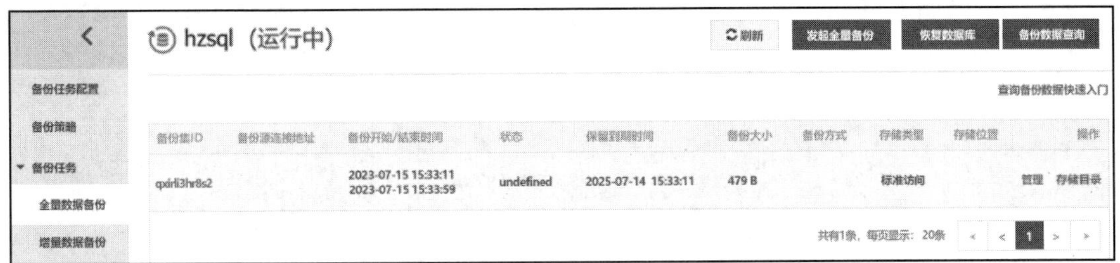

图 6-28　选择“全量数据备份”选项

子任务 6.1.2　阿里云 DBS 的使用

在数据库系统管理页面中，将所创建的数据库 test_table 删除。在数据库备份 DBS 页面中，选择左侧导航栏中的“备份计划”选项，进入备份计划页面后，单击名称为“hzsql”的备份计划，进入该计划的管理页面。选择左侧导航栏中的“恢复任务”选项，进入恢复任务页面后，单击“恢复数据库”按钮，如图 6-29 所示。

图 6-29　恢复任务页面 1

在恢复数据库页面中，选定备份计划中自动创建的备份，单击时间条上的●（蓝色圆点）图标。随后在“恢复目标数据库”区域中，将数据库所在位置设置为“RDS 实例”，将实例地区设置为“华东 1（杭州）”，将 RDS 实例 ID 设置为前面删除的数据库实例 ID，将数据库账号设置为“user1”，将密码设置为数据库的密码，并勾选数据跨境合规承诺对应的复选框，单击“测试连接”按钮，如图 6-30 所示。单击“下一步”按钮。

在恢复对象区域中，选择“源数据库对象”列表框中的“test_table”选项，并单击 > 按钮，将“test_table”加入“已选择数据库对象”列表框中，如图 6-31 所示。单击“预检查并启动”按钮。

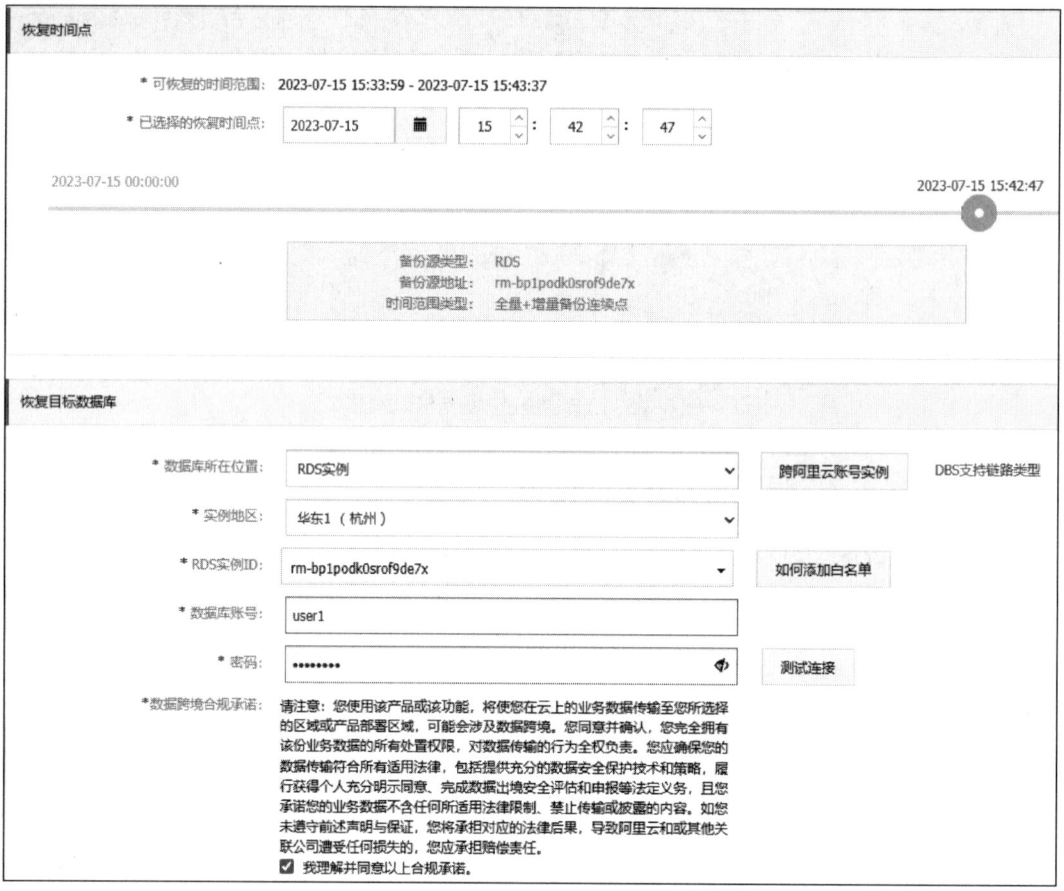

恢复时间点

* 可恢复的时间范围：2023-07-15 15:33:59 - 2023-07-15 15:43:37

* 已选择的恢复时间点：2023-07-15 15 : 42 : 47

2023-07-15 00:00:00　2023-07-15 15:42:47

备份源类型：RDS
备份源地址：rm-bp1podk0srof9de7x
时间范围类型：全量+增量备份连续点

恢复目标数据库

* 数据库所在位置：RDS实例　跨阿里云账号实例　DBS支持链路类型

* 实例地区：华东1（杭州）

* RDS实例ID：rm-bp1podk0srof9de7x　如何添加白名单

* 数据库账号：user1

* 密码：••••••••　测试连接

*数据跨境合规承诺：请注意：您使用该产品或该功能，将使您在云上的业务数据传输至您所选择的区域或产品部署区域，可能会涉及数据跨境。您同意并确认，您完全拥有该份业务数据的所有处置权限，对数据传输的行为全权负责。您应确保您的数据传输符合所有适用法律，包括提供充分的数据安全保护技术和策略，履行获得个人充分明示同意、完成数据出境安全评估和申报等法定义务，且您承诺您的业务数据不含任何所适用法律限制、禁止传输或披露的内容。如您未遵守前述声明与保证，您将承担对应的法律后果，导致阿里云和或其他关联公司遭受任何损失的，您应承担赔偿责任。

☑ 我理解并同意以上合规承诺。

图 6-30　配置数据库恢复

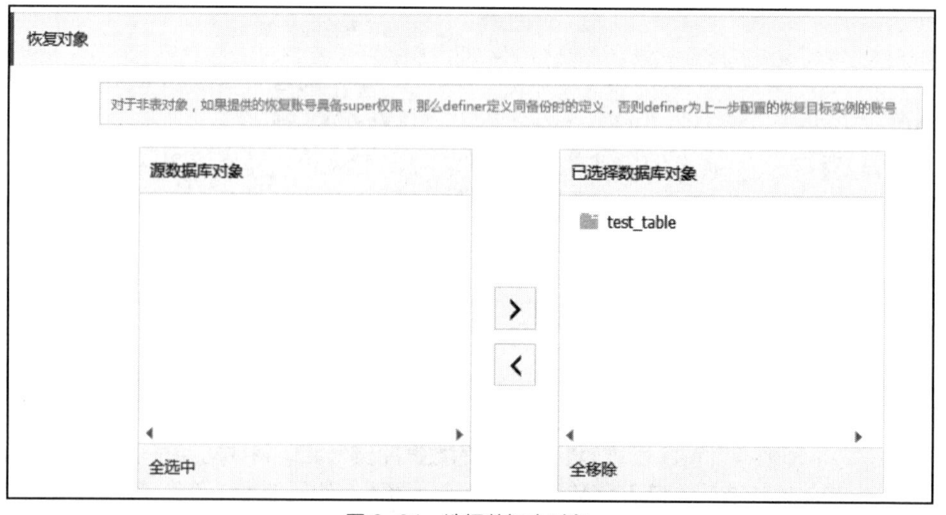

图 6-31　选择数据库对象

在“预检查”对话框中，系统将开始检查数据库是否可以被恢复，单击“立即启动”按钮，如图 6-32 所示。

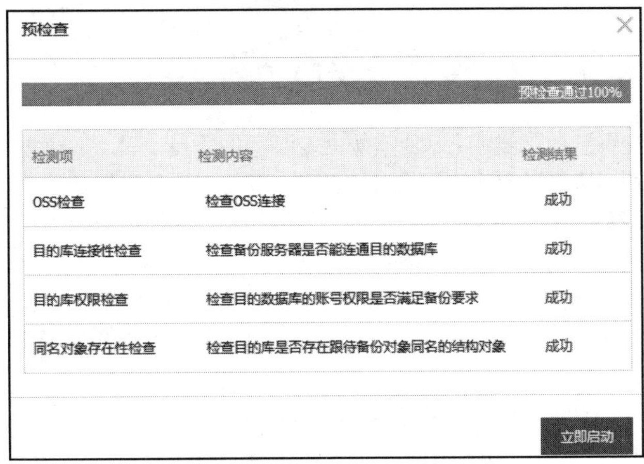

图 6-32 “预检查”对话框

在恢复任务页面中，等待任务状态变更为“完成”，如图 6-33 所示。

图 6-33 恢复任务页面 2

此时，返回数据库系统管理页面，查看数据库列表，可以看到刚刚被删除的数据库现在已恢复，如图 6-34 所示。

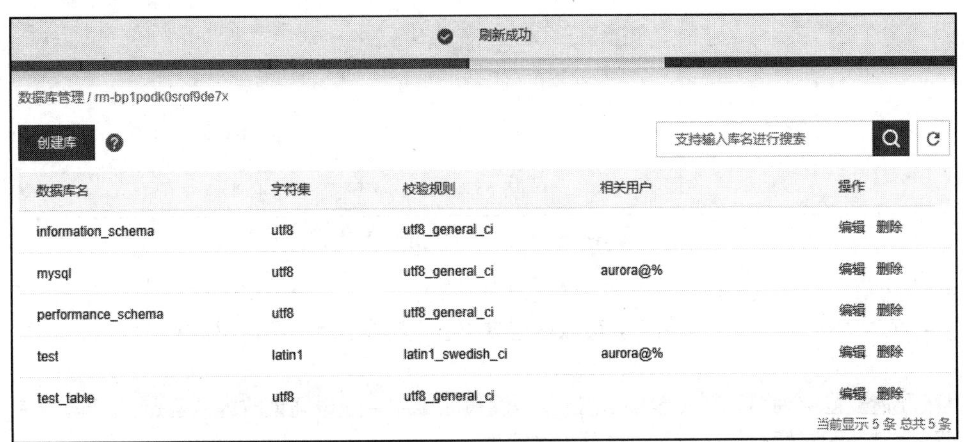

图 6-34 查看数据库列表

任务 6.2 ECS 文件备份服务实战

云容灾备份服务-项目实施 2

在本任务中，首先，读者需要在 ECS 实例上安装备份工具；其次，读者需要设置定期的备份计划，并选择合适的备份存储介质，以便自动备份指定目录或文件；再次，读者需要确保备份数据的完整性和可靠性，可以采用数据校验和压缩等技术手段；最后，读者需要验证备份数据的可恢复性，通过恢复备份文件，确保在需要时能够快速恢复文件。通过完成这些任务，读者可以实现对 ECS 实例中文件的定期备份，保障数据的安全性和可恢复性，降低数据丢失的风险。

子任务 6.2.1 阿里云 ECS 文件备份的购买

在实际使用阿里云 ECS 文件备份服务以前，读者需要先创建一台 ECS 实例以进行备份任务，在 ECS 购买的配置页面中将付费类型更改为“按量付费”，将地域设置为“华东 1（杭州）”，网络及可用区、实例均可以根据需求自行选择，如图 6-35 所示。

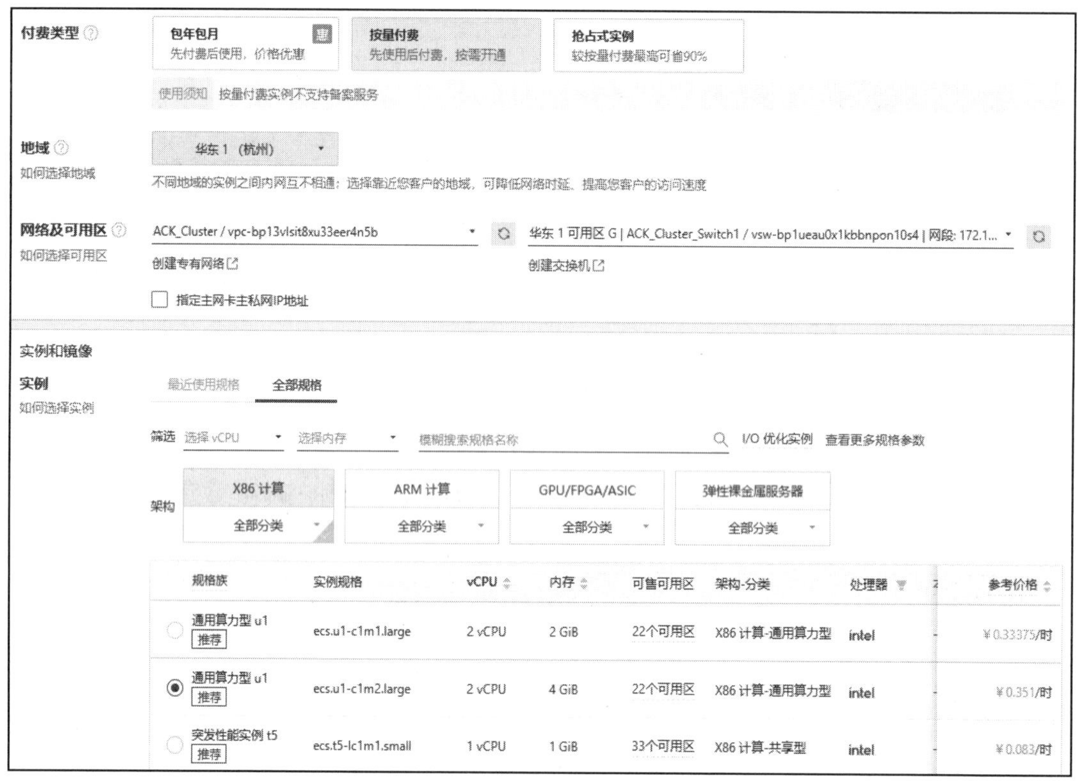

图 6-35 ECS 购买的配置页面

继续进行配置，将此 ECS 的系统镜像设置为“Rocky Linux 9.0 64 位”，存储采用“ESSD 云盘”，且容量为“50”GB，快照服务可以根据需求进行配置，其他配置保持默认即可，如图 6-36 所示。

继续配置安全组为“已有安全组”，在管理设置区域中将登录凭证改为“自定义密码”，并设置登录密码，其他配置保持默认即可，如图 6-37 所示。

图 6-36　ECS 系统配置

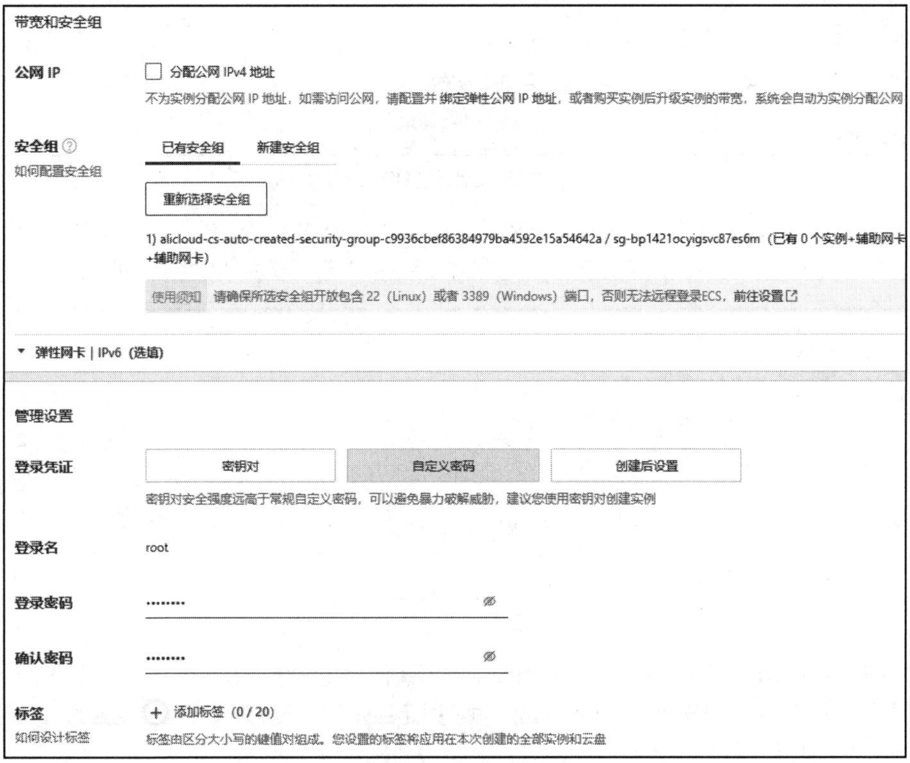

带宽和安全组

公网 IP　分配公网 IPv4 地址

不为实例分配公网 IP 地址，如需访问公网，请配置并 绑定弹性公网 IP 地址，或者购买实例后升级实例的带宽，系统会自动为实例分配公网

安全组　如何配置安全组　已有安全组　新建安全组

重新选择安全组

1) alicloud-cs-auto-created-security-group-c9936cbef86384979ba4592e15a54642a / sg-bp1421ocyigsvc87es6m（已有 0 个实例+辅助网卡+辅助网卡）

使用须知 请确保所选安全组开放包含 22（Linux）或者 3389（Windows）端口，否则无法远程登录ECS，前往设置

弹性网卡 | IPv6（选填）

管理设置

登录凭证　密钥对　自定义密码　创建后设置

密钥对安全强度远高于常规自定义密码，可以避免暴力破解威胁，建议您使用密钥对创建实例

登录名　root

登录密码　••••••••

确认密码　••••••••

标签　如何设计标签　添加标签（0 / 20）

标签由区分大小写的键值对组成。您设置的标签将应用在本次创建的全部实例和云盘

图 6-37　ECS 密码配置

配置完成后，单击“确认下单”按钮，随后单击“立即购买”按钮，完成 ECS 实例的创建。

随后通过远程连接进入该 ECS 实例，创建/test 文件夹，并在该文件夹中创建名为 1～20 的文件，如图 6-38 所示。

```
[root@iZbp1437yyzqqs0piq450oZ ~]#
[root@iZbp1437yyzqqs0piq450oZ ~]# mkdir /test
[root@iZbp1437yyzqqs0piq450oZ ~]# touch /test/{1..20}
[root@iZbp1437yyzqqs0piq450oZ ~]# ls /test
1  10  11  12  13  14  15  16  17  18  19  2  20  3  4  5  6  7  8  9
[root@iZbp1437yyzqqs0piq450oZ ~]#
```

图 6-38　创建文件夹

在阿里云控制台中，单击左上角的≡按钮，打开阿里云产品与服务列表。搜索关键词“HBR”，找到“存储数据服务”，并选择其中的“混合云备份 HBR”选项，如图 6-39 所示。

图 6-39　选择“混合云备份 HBR”选项

在混合云备份 HBR 页面中，进入备份区域的 ECS 文件备份页面，单击实例列表中的实例右侧的“更多”下拉按钮，在弹出的下拉列表中选择“安装客户端”选项，如图 6-40 所示。

图 6-40　选择“安装客户端”选项

客户端安装成功后，单击 ECS 实例列表中的“备份”超链接，在弹出的“创建备份计划”对话框的基本设置区域中，将备份目录规则配置为“指定目录”，将备份文件路径配置为“/test”，如图 6-41 所示。单击“确定”按钮。

图 6-41　配置备份文件路径

选择“备份计划”选项卡，可以看到刚刚创建的备份计划，随后在“更多”下拉列表中选择“立即执行”选项，如图 6-42 所示。

图 6-42　“备份计划”选项卡

等待任务完成后，可以在备份任务列表中看到备份任务的状态为“完成”，如图 6-43 所示。

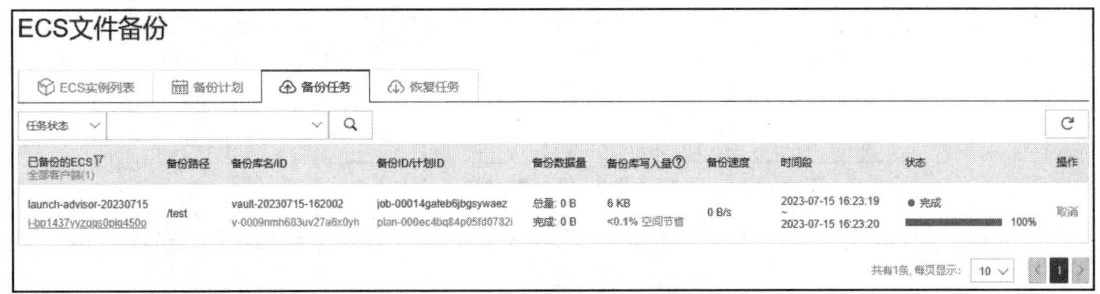

图 6-43　备份任务的状态为“完成”

子任务 6.2.2　阿里云 ECS 文件备份的使用

此时，ECS 实例中的/test 文件夹已经备份完毕，可先删除 ECS 实例中的/test 文件夹，再使用 ECS 文件备份服务对该文件夹进行恢复。删除/test 文件夹的示例命令如下。

```
[root@iZbp1437yyzqqs0piq450oZ ~]# rm -rf /test
[root@iZbp1437yyzqqs0piq450oZ ~]# mkdir /test
[root@iZbp1437yyzqqs0piq450oZ ~]# ls /test
```

在混合云备份 HBR 页面中，选择“恢复任务”选项卡，单击“创建恢复任务”按钮，在弹出的“新建恢复任务”对话框中选择需要的实例，如图 6-44 所示。单击“下一步”按钮。

图 6-44　“新建恢复任务”对话框

在选择备份时，选择源目录为“/test”的备份，如图 6-45 所示。单击“下一步”按钮。

图 6-45　选择备份

在选择恢复项目时，将恢复项目设置为“包含所有文件”。在恢复目的地时，选择刚刚创建的 ECS 实例，如图 6-46 所示。单击“下一步”按钮。

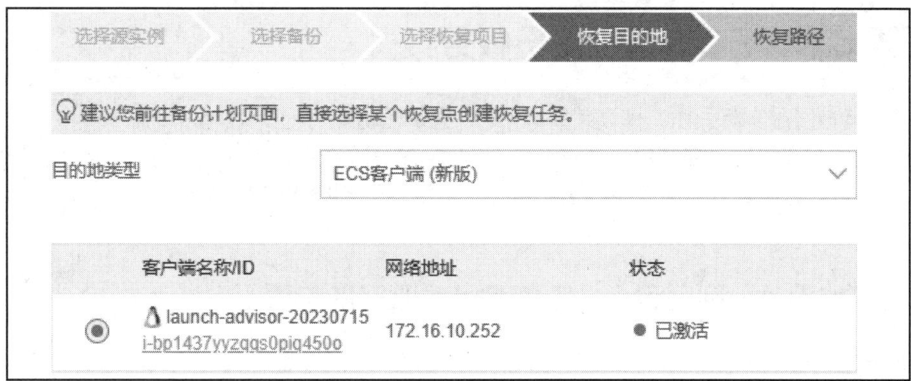

图 6-46　恢复目的地

在恢复路径时，将恢复路径类型设置为“指定路径”，恢复路径设置为“/”。当恢复路径存在同名文件时，可根据个人习惯选择处理方式，这里将其设置为“覆盖恢复路径同名文件”，如图 6-47 所示。单击“确定”按钮。

图 6-47　恢复路径

在恢复任务列表中，可以看到刚刚创建的恢复任务，其状态已变为“完成”，如图 6-48 所示。

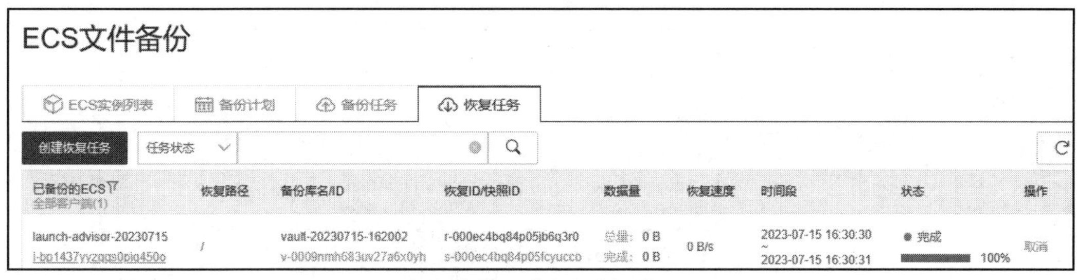

图 6-48　恢复任务列表

通过 ECS 远程连接进入 ECS 后，通过命令查看/test 文件夹是否已经恢复。

```
[root@iZbp1437yyzqqs0piq450oZ ~]# ls /test/
1  10  11  12  13  14  15  16  17  18  19  2  20  3  4  5  6  7  8  9
```

任务6.3 ECS 整机备份服务实战

本任务旨在通过实际操作，使读者掌握 ECS 整机备份服务的使用方法和流程。首先，读者要在阿里云控制台上创建 ECS 实例，并设置合适的备份策略（手动备份或自动备份）；其次，读者执行备份操作生成 ECS 整机备份文件；最后，读者通过复制操作创建新的实例。

云容灾备份服务-项目实施 3

子任务 6.3.1 阿里云 ECS 整机备份服务的购买

ECS 整机备份基于快照服务，可提供绝大部分快照服务的功能和覆盖绝大部分快照服务的应用场景，重点是引入简单、直观的 ECS 操作视角，能够自动发现和跟踪 ECS 的所有云盘，并可按整机或云盘维度灵活地进行恢复和复制操作。

在混合云备份 HBR 页面中，进入备份区域的 ECS 整机备份页面，单击“添加 ECS 备份”按钮，在弹出的“添加 ECS 备份”对话框中勾选已创建好的实例对应的复选框，如图 6-49 所示。单击“下一步”按钮。

图 6-49 “添加 ECS 备份”对话框

在备份选项中，将备份方式设置为“手动备份”，单击“确定”按钮。设置完成后，在 ECS 整机备份页面中选择“任务列表”选项卡，进入任务列表，如图 6-50 所示，等待备份任务的状态变为“完成”。

图 6-50 任务列表

子任务 6.3.2 阿里云 ECS 整机备份服务的使用

在 ECS 整机备份页面中，单击已备份的 ECS 右侧的“更多”下拉按钮，在弹出的备份历史框中，单击●（绿色圆点）图标，在弹出的信息框中选择“克隆”选项，如图 6-51 所示。

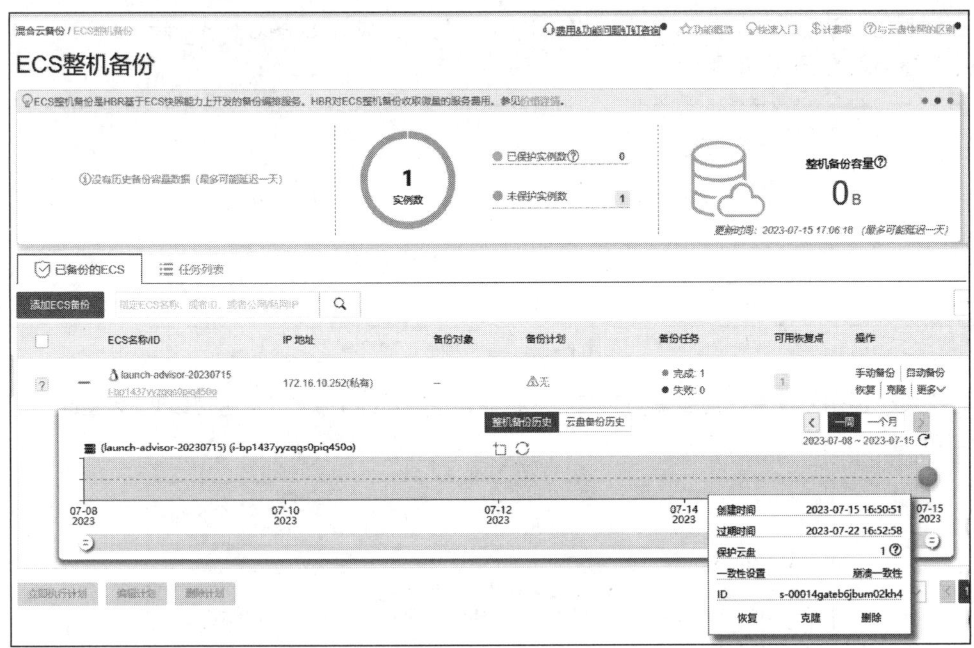

图 6-51　ECS 整机备份页面

在弹出的“从备份创建新 ECS”对话框中，配置保持默认即可，单击“创建”按钮完成复制操作，如图 6-52 所示。

图 6-52　“从备份创建新 ECS”对话框

在任务列表页面中等待复制完成，即任务状态变为“完成”，如图 6-53 所示，可在 ECS 实例列表中查看当前的 ECS 实例。

图 6-53　任务列表页面

在 ECS 实例列表中找到被复制的实例（名称通常以“clone”开头），并通过远程连接进入该实例，如图 6-54 所示。

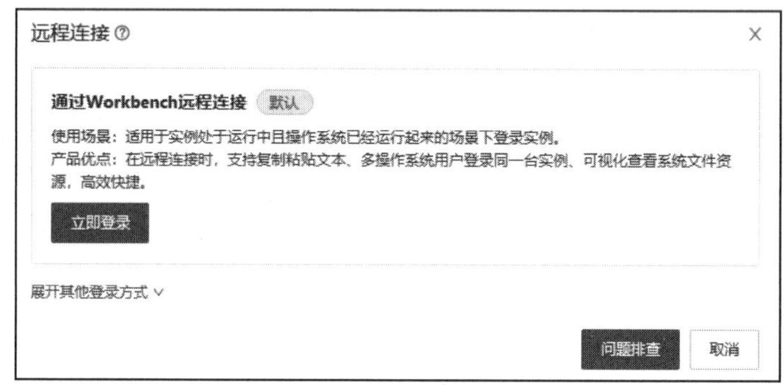

图 6-54　远程连接

在该 ECS 实例中可以看到复制得到的实例中也有/test 文件夹，并且其中的文件也未丢失，如图 6-55 所示。

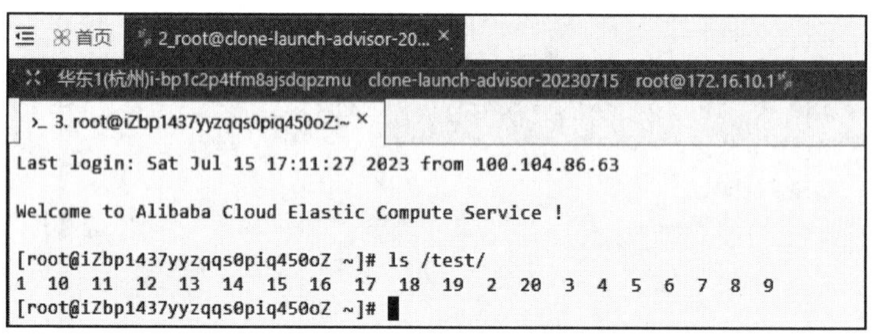

图 6-55　复制得到的实例中的/test 文件夹

【项目小结】

在本项目中，读者学习了数据安全的重要性、云数据库备份与恢复并熟悉了云服务器备份与容灾的类型。通过使用阿里云容灾备份服务，读者可以掌握云数据库备份与恢复、ECS 文件备份和 ECS 整机备份的方法及步骤。

在云数据库备份与恢复方面，本项目介绍了使用阿里云容灾备份服务进行数据库备份的方法和步骤。用户可以根据实际需求选择合适的备份策略和配置参数，以确保数据库的安全性和可靠性。

在 ECS 文件备份方面，本项目介绍了使用阿里云容灾备份服务进行 ECS 文件备份的方法和步骤。用户可以选择需要备份的文件和目录，并设置备份周期和保留时间，以便在需要时恢复文件和目录。

在 ECS 整机备份方面，本项目介绍了使用阿里云容灾备份服务进行 ECS 整机备份的方法和步骤。用户可以对整个 ECS 实例的数据和配置进行备份，确保在灾难发生时能够快速恢复整个系统。

通过对本项目的学习，读者可以掌握阿里云容灾备份服务的使用方法和步骤，并能够根据实际需求选择合适的备份策略和配置参数，确保数据和系统的安全性与可靠性。

【拓展知识】

在云容灾备份服务领域，分布式存储技术正取得显著进展。传统的集中式存储在面对大规模数据备份与容灾时，往往面临性能瓶颈和单点故障风险。而分布式存储通过将数据分散存储在多个节点上，利用分布式算法来管理和维护数据的一致性与可靠性。例如，纠删码技术在分布式存储中的应用日益广泛。它将数据分割成多个片段，生成额外的校验片段，并将这些片段存储在不同节点上。当部分节点出现故障或数据丢失时，可以利用校验片段恢复原始数据，大大提高了数据的冗余性和可靠性。此外，与传统的多副本存储方式相比，分布式存储能显著节省存储空间。

另外，软件定义存储（Software Defined Storage，SDS）也是一个重要的发展方向。SDS 将存储的控制面与数据面分离，使得用户可以通过软件灵活地定义和管理存储资源，实现存储资源的弹性分配、动态扩展及跨平台的兼容性。SDS 为云容灾备份服务提供了更灵活、高效的存储基础架构，能够更好地适应不同业务场景下的数据备份与容灾需求。例如，在应对突发的大规模数据增长或复杂的多数据中心容灾架构时，SDS 都能展现出其独特的优势，助力云容灾备份服务在技术层面不断革新与发展。

【知识巩固】

1. 在阿里云云数据库备份与恢复服务实战中，（　　）用于备份指定数据库的表结构。

   A. 数据库同步　　B. 自动备份计划　　C. 备份监控　　D. 表结构备份

2. 在 ECS 文件备份服务实战中，（　　）用于定时备份服务器上指定类型的日志文件。

   A. 文件同步　　B. 日志备份　　C. 文件监控　　D. 自动备份计划

3. 在 ECS 整机备份服务实战中，（　　）用于创建服务器快照备份并将备份数据复制到另一个地域。

   A. 备份监控　　B. 快照复制　　C. 整机恢复　　D. 自动备份计划

4. 在阿里云云数据库备份与恢复服务实战中，（　　）用于查看备份日志和备份完成时间。

   A. 数据库同步　　B. 备份监控　　C. 备份恢复　　D. 备份日志

5. 在 ECS 整机备份服务实战中，（　　）用于恢复整个服务器的备份并将备份应用到新的实例。

   A. 整机同步　　B. 实例恢复　　C. 自动备份计划　　D. 备份应用

【拓展任务】

1. 在阿里云控制台上选择合适的数据库类型和配置，用于创建一个数据库实例。设置备份时间、周期和保留备份的时间，以定义备份策略。通过备份与恢复功能手动触发数据库备份操作，验证备份功能是否正常。

2. 在阿里云控制台上选择合适的配置，用于创建一个 ECS 实例，在 ECS 实例上，按照阿里云提供的文档或工具包安装和配置备份客户端，设置备份时间、周期和备份文件的存储位置，以定义备份文件和目录的策略。通过备份客户端的命令或界面，选择需要备份的文件和目录，并完成手动备份文件和目录的操作。

项目7 云安全服务

07

【学习目标】

云安全服务的学习目标可以根据读者的需求和背景来制定，通常涵盖多个方面，包括了解阿里云安全体系、身份与访问管理、网络安全、安全威胁检测、数据加密、安全运维、合规性与审计、防护DDoS攻击等方面的知识。通过深入研究这些内容，开展最佳安全实践，并进行实际演练，读者可以提升在阿里云安全领域的专业技能，以保护云资源的安全，并应对潜在的安全威胁。同时，持续关注公有云安全领域的最新趋势和威胁情报至关重要。

云安全服务-理论讲解

【知识目标】

1. 了解云安全体系。
2. 了解阿里云云防火墙的概念及特点。
3. 了解阿里云DDoS相关产品及概念。

【技能目标】

1. 掌握阿里云云防火墙的创建与使用方法。
2. 掌握阿里云Web应用防火墙的创建与使用方法。
3. 掌握阿里云加密服务的创建与使用方法。

【素质目标】

1. 让学生深刻认识到云安全工作对社会的重要性，培养学生具备坚定的社会责任感。
2. 培养学生保密意识和爱国主义情怀，使其成为维护国家安全的忠诚卫士。
3. 培养学生具备良好的团队合作能力和沟通能力。

【项目概述】

在本项目中，读者需要完成阿里云云防火墙（Cloud Firewall）、Web应用防火墙及加密服务的创建。另外，读者需要学会在阿里云云防火墙中进行防护配置、入侵防御等安全配置的方法；需要学会在阿里云Web应用防火墙中进行实例的接入管理及配置防御规则等安全操作；还需要学会在测试环境中使用加密服务的方法。

【知识准备】

阿里云安全是指阿里云提供的一系列安全措施、产品和服务，旨在保护用户在云环境中的数据、应用和基础设施的安全。

在接下来的任务中，读者需要了解阿里云安全产品和服务，如云盾安全中心、DDoS防护、

Web应用防火墙等的特点、功能和应用场景。在本项目的学习中，读者需要深入了解各个产品和服务的工作原理和配置方法，以及如何使用它们保护云环境中的数据、应用和基础设施的安全。

7.1 云安全体系

目前，公有云的广泛应用已经深入各行各业。其被广泛应用不仅是因为公有云能够节约成本、使用方便等，更重要的是其在安全性方面具有显著优势。公有云提供了较安全、可靠的数据存储中心，使用户无须担心数据丢失或病毒入侵等问题，能够最大限度地保障用户的数据安全。

7.1.1 云安全体系介绍

1. 云计算面临的安全威胁和挑战

近几年，公有云应用的快速普及不可避免地带来了一些新的安全威胁和挑战。如何保障云端企业的数据安全，成为云服务提供商和用户共同面临的问题。由云安全联盟（Cloud Security Alliance，CSA）发布的云计算安全报告可以帮助企业了解云计算面临的安全威胁和挑战。

云计算目前面临的主要安全威胁和挑战包括以下几个方面。

（1）数据丢失或泄露。如果云服务提供商遭遇意外删除、火灾或地震等情况，则可能导致用户数据的永久丢失，因此必须采取适当措施备份数据，确保业务的连续性。

（2）系统和技术漏洞。操作系统组件中的技术漏洞使得所有服务和数据的安全性都面临重大风险。

（3）账号与身份管理不完善。网络犯罪分子可能会伪装成合法用户，甚至冒充运营人员或开发者，以读取、修改和删除数据，获取控制平台和管理功能。

（4）免费服务背后的欺诈隐患。滥用和恶意使用云服务、安全性差的云端部署、免费的云服务试用，以及通过支付工具进行欺诈性账号登录，会将云计算模式暴露在恶意攻击之下。

（5）API 安全存疑，DDoS 攻击泛滥。云服务提供商提供了一组供用户使用的软件用户界面（User Interface，UI）或 API，以便管理和与云服务交互。

2. 阿里云安全体系

阿里云非常注重安全性，为企业和个人提供了广泛的安全服务，并采取了多种措施来确保用户数据的安全和隐私保护。以下是阿里云安全体系涵盖的几个方面。

（1）数据加密。阿里云提供的存储和数据库服务支持数据加密功能。在数据传输和存储过程中，可以使用加密算法对数据进行保护，确保数据的机密性和完整性。

（2）访问控制。阿里云通过身份认证、访问权限管理和访问控制策略等措施，对用户进行身份认证和授权管理。用户可以设置访问权限，并限制能够访问其云资源的人员。

（3）漏洞扫描与修复。阿里云会对其云平台进行定期的漏洞扫描和安全评估，并及时修复已知漏洞，以提供更可靠的服务。

（4）安全监控与报警。阿里云提供安全监控与报警系统，会实时监控用户的云资源和网络活动，发现异常行为时会及时通知用户，以便用户尽快采取相应的安全措施。

需要注意的是，安全是一个持续的过程，阿里云会不断改进和完善其安全体系，以保护用户的数据和隐私。用户在使用阿里云服务时，也应采取适当的安全措施，如设置强密码、定期备份数据等，以增强数据的安全性。

7.1.2 云安全与合规

阿里云作为国内乃至国际云计算领域的重要企业，一直非常重视云安全与合规，致力于提供可信赖的云服务，并采取多种安全与合规措施以保护用户的数据和隐私。下面将介绍关于阿里云安全与合规的 7 个主要方面。

1. 云安全体系

阿里云建立了一套完善的安全体系，包括安全研发体系、安全运营体系和安全合规体系。这些体系相互合作，共同确保云服务的整体安全性。

2. 数据安全

阿里云提供了数据加密、存储备份和容灾等安全措施。用户可以通过数据加密，确保数据在传输和存储过程中的安全。同时，阿里云为用户提供了数据备份和容灾服务，以保障数据的可靠性和持续性。

3. 访问控制、身份认证和权限管理

阿里云通过访问控制、身份认证和权限管理等方式，对用户进行严格的身份认证和访问控制。用户可以根据自己的需求设置访问权限，限制特定人员或角色的访问，从而保护云资源的安全。

4. 网络安全

阿里云提供了专用网络 VPC 等网络安全功能，帮助用户构建安全的网络环境。VPC 提供了隔离和流量控制功能，可以防止未经授权的访问和网络攻击。

5. DDoS 攻击防护

阿里云具备强大的 DDoS 攻击防护能力，可以抵御各种规模和类型的 DDoS 攻击。通过实时监测和智能分析，阿里云能够及时发现并应对 DDoS 攻击，以保障用户业务的连续性和稳定性。

6. 安全与合规认证

阿里云通过了多项安全与合规认证，包括 ISO 27001 信息安全管理体系认证、PCI DSS 认证等。这些认证证明阿里云的安全控制符合国际标准和行业规范，可以为用户提供可信赖的云服务。

7. 安全事件监测与响应

阿里云建立了安全事件监测与响应系统，能够实时监测用户云资源和网络活动，在发现安全事件时及时采取相应的安全措施。阿里云还配备了专业的安全应急响应团队，可以快速响应并处理安全事件。

阿里云秉承安全第一的原则，持续改进和优化其安全与合规体系，以满足用户对安全与合规的需求。用户在使用阿里云服务时，也应加强自身的安全意识，采取适当的安全措施，如定期备份数据、使用强密码、及时更新软件等，共同保障数据的安全。

7.2 云安全服务介绍

阿里云旨在帮助用户保护其云计算环境和数据的安全。阿里云平台提供了防火墙、入侵检测系统、网络安全组和 DDoS 防护等安全服务。用户可以根据自身需求选择合适的安全服务，并结合其他安全措施，建立强大的云安全体系。

7.2.1 云防火墙

1. 云防火墙概述

云防火墙是一款云平台 SaaS 化的防火墙，可针对用户云上网络资产的互联网边界、VPC 边界及主机边界实现三位一体的统一安全隔离管控，是用户业务上云的第一道网络防线。

阿里云云防火墙是阿里云提供的一项安全服务，旨在帮助用户保护其云环境和应用程序免受未经授权的访问及网络攻击，云防火墙定位全景如图 7-1 所示。

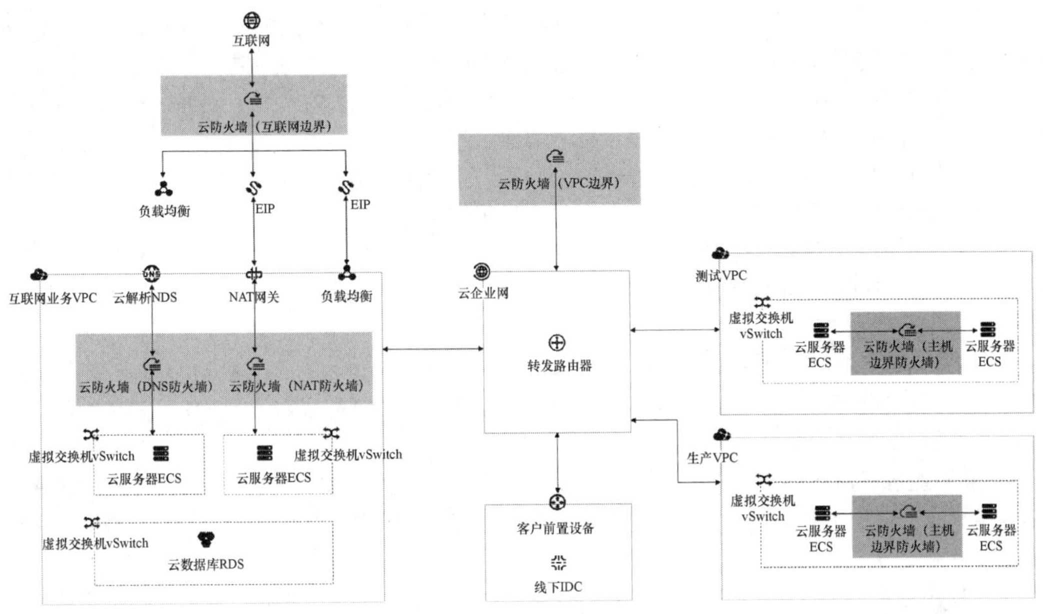

图 7-1　云防火墙定位全景

2. 云防火墙主要特点

以下是阿里云云防火墙的主要特点。

（1）提供全球威胁情报。阿里云云防火墙利用阿里云安全实验室提供的全球威胁情报，不断更新和优化其安全规则及策略。这使得阿里云云防火墙能够及时发现和阻止新型网络攻击，从而提供更高的安全性。

（2）自定义访问控制。阿里云云防火墙提供灵活的自定义访问控制功能。用户可以根据自己的需求创建和配置安全规则，控制进出云环境的流量。这些规则可以基于 IP 地址、端口、协议等进行精细控制，从而实现网络安全隔离和流量过滤。

（3）弹性扩展能力。阿里云云防火墙具有弹性扩展能力，可以根据用户的需求自动调整资源，以应对高流量和突发网络攻击。这确保了阿里云云防火墙的可靠性和性能，并保障用户的业务连续性。

（4）实时监测和智能分析。阿里云云防火墙可以实时监测云环境的网络流量和活动，并通过智能分析算法识别和过滤恶意流量。它能够监测各种类型的网络攻击，如 DDoS 攻击、结构查询语言（Structure Query Language，SQL）注入、跨站脚本（Cross Site Scripting，XSS）攻击等，并采取相应的防护措施。

（5）安全日志和报告。阿里云云防火墙提供全面的安全日志和报告功能，用于记录和呈现用户云环境的安全事件及活动。用户可以查看安全日志、事件报告和流量统计，及时发现异常行为，并采取相应的安全措施。

（6）与其他阿里云服务集成。阿里云云防火墙与其他阿里云服务紧密集成，可以与阿里云的专有网络、负载均衡、云服务器等服务无缝配合。这使用户能够在云环境中实现全面的安全防护。

通过使用阿里云云防火墙，用户可以有效保护其云环境和应用程序免受网络攻击，提高整体网络安全性。用户可以根据自身需求选择合适的阿里云云防火墙规格，并根据业务变化进行动态配置和管理。

3. 云防火墙分类

云防火墙主要包含互联网边界防火墙（Internet Firewall）、主机边界防火墙（Host Firewall）、VPC 边界防火墙（VPC Firewall），分别为用户提供互联网、主机、虚拟网络 3 种边界防护。

（1）互联网边界防火墙。互联网边界防火墙是云平台提供的一项安全服务，旨在保护用户云端资源和网络免受来自互联网的恶意攻击及未经授权的访问。以下是对互联网边界防火墙的介绍。

① 传输层防护。互联网边界防火墙通过识别和过滤各类传输层攻击，如 UDP Flood、ICMP Flood 等，防止这些攻击对云端资源造成破坏并导致服务中断。

② 应用层防护。互联网边界防火墙能够检测和阻止应用层攻击，如 SQL 注入、XSS 攻击、恶意文件上传等，保护应用程序免受漏洞利用和恶意代码的侵害。

③ DDoS 防护。互联网边界防火墙具备强大的 DDoS 攻击防护能力，可抵御各种规模和类型的 DDoS 攻击。它通过实时监测和智能分析，自动识别和过滤恶意流量，确保用户的业务持续性和可靠性。

④ 自定义访问控制规则和安全策略。互联网边界防火墙提供灵活的自定义访问控制规则和安全策略，用户可以根据自身需求设置访问控制规则和安全策略，限制互联网流量的访问和传输，保护云端资源的安全。

⑤ 实时监控和报警。互联网边界防火墙提供实时监控和报警功能，可以对云端资源的网络活动和安全事件进行实时监测。用户可以及时获得安全事件的报警信息，并采取相应的安全措施，保障网络的安全和稳定。

通过使用阿里云互联网边界防火墙，用户能够有效保护其云端资源和网络免受互联网的各种威胁及攻击。用户可以根据自身需求选择合适的防火墙规格，并结合其他安全服务和措施，建立全面的云安全体系。

（2）主机边界防火墙。主机边界防火墙是云平台提供的一项安全服务，旨在保护用户主机（服务器）免受来自互联网和内网的恶意攻击及未经授权的访问。下面是对阿里云主机边界防火墙的主要介绍。

① 入侵检测与防御。主机边界防火墙可以实时检测主机上的入侵行为，并采取相应的防御措施。它能够检测各类入侵行为，如端口扫描、暴力破解、恶意代码等，并阻止攻击者对主机的入侵。

② 应用程序防护。主机边界防火墙提供应用层防护功能，可以防止常见的应用层攻击，如 SQL 注入、XSS 攻击、命令注入等。它可以监测和过滤网络流量中的恶意行为，保护主机上的应用程序免受攻击。

③ 访问控制策略。主机边界防火墙允许用户创建和配置访问控制策略，限制主机的网络访问权限。用户可以根据需要设置允许或禁止特定 IP 地址、端口或协议的访问，从而加强主机的安全性，防止未经授权的访问。

④ 安全规则和防火墙策略配置与管理。主机边界防火墙提供直观、易用的管理界面，让用户可以轻松配置和管理安全规则与防火墙策略。用户可以灵活调整安全规则，并根据实际需求定制防火墙策略，以提供强大的主机安全保护。

⑤ 安全日志和报告。主机边界防火墙可以记录主机的安全事件和活动，提供全面的安全日志和报告功能。用户可以查看安全日志、事件报告和流量统计，及时发现异常行为，并采取相应的安全措施。

⑥ 与其他阿里云服务集成。主机边界防火墙与其他阿里云服务（如云服务器 ECS、负载均衡等）紧密集成。这使得用户能够在主机边界实现全面的安全防护，提高主机的安全性和稳定性。

通过使用阿里云主机边界防火墙，用户可以有效保护其主机免受来自互联网和内网的各种威胁及攻击。用户可以根据自身需求选择合适的防火墙规格，并灵活配置和管理安全规则，确保主机的安全和稳定。

（3）VPC 边界防火墙。VPC 边界防火墙是云平台提供的一项安全服务，专门用于保护用户在专用网络中的云资源免受来自互联网的恶意攻击和未经授权的访问。下面是对阿里云 VPC 边界防火墙的主要介绍。

① 网络隔离和流量控制。VPC 边界防火墙通过网络隔离和流量控制功能，限制来自互联网的流量访问 VPC 网络。用户可以定义访问控制规则，根据 IP 地址、协议、端口等因素对流量进行精确控制，确保只有经过授权的流量可以访问 VPC 网络。

② 入侵检测与防御。VPC 边界防火墙提供入侵检测与防御功能，可以实时检测 VPC 网络中的入侵行为，并采取相应的防御措施。它能够检测各类入侵行为，如端口扫描、暴力破解、恶意代码等，并阻止攻击者对 VPC 网络的入侵。

③ 应用程序防护。VPC 边界防火墙提供应用层防护功能，可以防止常见的应用层攻击，如 SQL 注入、XSS 攻击、命令注入等。它能够监测和过滤网络流量中的恶意行为，保护 VPC 内的应用程序免受攻击。

④ 安全规则和策略配置。VPC 边界防火墙允许用户创建和配置安全规则及策略，灵活控制 VPC 网络的安全性。用户可以根据需要设置允许或禁止特定 IP 地址、协议或端口的访问，实现精确的访问控制和流量过滤。

⑤ 安全日志和报告。VPC 边界防火墙能够记录 VPC 网络的安全事件和活动，提供全面的安全日志和报告功能。用户可以查看安全日志、事件报告和流量统计。

⑥ 与其他阿里云服务集成。VPC 边界防火墙与其他阿里云服务（如云服务器 ECS、负载均衡、云数据库等）紧密集成，这使得用户能够在 VPC 环境中实现全面的安全防护，提高 VPC 网络的安全性和稳定性。

通过使用阿里云 VPC 边界防火墙，用户可以有效保护其在 VPC 网络中的云资源免受来自互联网的各种威胁和攻击。用户可以根据自身需求选择合适的防火墙规格，并灵活配置和管理安全规则，确保 VPC 网络的安全和稳定。

4. 云防火墙应用场景

云防火墙是用户上云后的安全组件，支持全网流量识别、统一策略管控、入侵检测、日志等核心功能。

云防火墙不仅可以控制从互联网到业务的访问流量，还能控制从业务到互联网的主动外联访问流量，并对业务间的访问流量进行控制。云防火墙的主要应用场景如下。

① 互联网边界访问控制：对出入互联网的访问流量进行控制，拦截来自互联网的攻击和威胁，如攻击者入侵、挖矿和恶意流量等。

② 内网访问控制：对内网中 ECS 服务器之间的访问流量进行控制，对不同的业务进行安全隔离，避免因某 ECS 服务器存在安全风险而使整个云上业务受到安全威胁。

③ VPC 边界访问控制：对 VPC 间的访问流量进行控制，实现 VPC 的分区防御。

④ 入侵防御：对云资产主动外联的行为、互联网访问流量和内网 ECS 互访流量进行检测及分析，帮助用户实时了解网络流量动态，以判断哪些云资产已经处于风险状态且存在异常行为，并对这些异常行为进行实时阻断，防御潜在的风险。

⑤ 流量可视化：让用户全面了解资产的信息和访问关系，从而及时发现异常流量。

⑥ 等保合规：存储云资产的访问日志，助力网站符合等保合规要求。

7.2.2 Web 应用防火墙服务

1. Web 应用防火墙介绍

Web 应用防火墙会对网站或 App 的业务流量进行恶意特征识别和防护，在对流量进行清洗和过滤后，将正常、安全的流量返回服务器，避免网站或 App 服务器因恶意入侵导致性能异常等问题，从而保障网站或 App 的业务安全和数据安全。

2. Web 应用防火墙功能

阿里云 Web 应用防火墙提供多种功能，以保护 Web 应用程序免受各类网络攻击和漏洞利用。以下是阿里云 Web 应用防火墙的主要功能。

（1）攻击识别与防护。Web 应用防火墙可以识别和防护各种网络攻击，如 SQL 注入、XSS 攻击、跨站请求伪造（Cross-Site Request Forgery，CSRF）、命令注入等。它使用智能算法和规则集，对传入的请求进行分析和判断，防止攻击者利用漏洞进行攻击。

（2）机器学习和智能防护。Web 应用防火墙利用机器学习和人工智能技术，结合阿里云安全实验室的全球威胁情报，实现智能化的攻击识别和防护。它能够不断学习和适应新型攻击，提供高准确性的防护效果。

（3）自定义规则与策略。用户可以根据自身需求，灵活配置 Web 应用防火墙的防护规则和策略。通过设置安全策略、规则和白名单，用户可以自定义 Web 应用防火墙的防护规则和策略，满足特定应用程序的安全需求。

（4）低误报率。Web 应用防火墙注重降低误报率，以确保对合法用户的最小干扰。通过精细的攻击识别和算法优化，它能够准确地识别恶意请求，同时最大程度避免对合法用户的误拦截。

（5）实时监测与日志分析。Web 应用防火墙提供实时监测与日志分析功能，用于记录和分析 Web 应用程序的访问日志及安全事件。用户可以查看访问日志、安全事件报告和统计数据，及时发现异常行为并采取相应的安全措施。

（6）集成与扩展性。Web 应用防火墙与其他阿里云服务（如云服务器 ECS、负载均衡、CDN 等）集成紧密。它能够与这些服务无缝配合，实现全面的 Web 应用程序安全防护，而无须修改 Web 应用程序代码。

通过使用阿里云 Web 应用防火墙，用户可以有效保护其 Web 应用程序免受各类网络攻击和漏洞利用的威胁。用户可以根据自身需求选择合适的防火墙规格，并灵活配置和管理防护规则，确保 Web 应用程序的安全性和可靠性。

3. Web 应用防火墙应用场景

Web 应用防火墙适用于阿里云及阿里云外的所有用户，主要应用于金融、电商、线上线下商务（Online To Offline，O2O）、互联网+、游戏、政府、保险等行业，以实现对各类网站的 Web 应用安全防护。

（1）金融行业。Web 应用防火墙适用于金融行业，用于保护其 Web 应用程序的安全性。在金融行业，Web 应用程序通常涉及大量敏感数据和交易操作，因此安全防护尤为重要。

（2）电商行业。Web 应用防火墙适用于电商行业，用于保护电商网站和应用程序免受各类网络攻击及数据泄露的威胁。用户利用 Web 应用防火墙可以实现在线交易防护、防御恶意流量、阻止数据泄露以及实时监测与日志分析等安全防护。

（3）游戏行业。当应用于游戏行业时，Web 应用防火墙可以保护游戏平台和应用程序，确保游戏服务的安全性和稳定性。用户利用 Web 应用防火墙可以防护游戏平台和应用程序免受各类网络攻击，如 DDoS 攻击、恶意扫描等。这些攻击可能导致游戏服务中断、延迟或不可用，而 Web 应用防火墙能够识别并过滤恶意流量，确保游戏服务的可用性和稳定性。

7.2.3 DDoS 攻击防护

1. DDoS 攻击的概念

DDoS 是指将多台计算机联合作为攻击平台的一种攻击方式。通过远程连接，攻击者可以利用恶意程序对一台或多台目标服务器发起 DDoS 攻击，消耗目标服务器性能或网络带宽，从而使目标服务器无法正常地提供服务。

通常，攻击者使用一个非法账号将 DDoS 主控程序安装在一台计算机上，并在网络上的多台计算机上安装代理程序。在所设定的时间内，DDoS 主控程序与大量代理程序进行通信，代理程序收到指令时对目标服务器发起 DDoS 攻击。主控程序甚至能在几秒内激活成百上千次代理程序使其运行。

2. DDoS 攻击的危害

DDoS 攻击会对用户的业务造成以下几类危害。

（1）重大经济损失和品牌损失。在遭受 DDoS 攻击时，用户的源站服务器可能无法提供服务，导致用户无法访问业务，从而造成重大经济损失和品牌损失。

例如，某电商平台在遭受 DDoS 攻击时，无法被正常访问甚至出现短暂的关闭，导致合法用户无法下单购买商品等。

（2）数据泄露。攻击者在对用户的服务器进行 DDoS 攻击时，可能会趁机窃取用户业务的核心数据。

（3）恶意竞争。部分行业存在恶性竞争，竞争对手可能会通过 DDoS 攻击恶意攻击用户的服务，从而在行业竞争中获取优势。例如，某游戏业务遭受了 DDoS 攻击，游戏玩家数量锐减，导致该游戏业务在几天内彻底下线。

3. 阿里云 DDoS 原生防护与高防

阿里云 DDoS 原生防护是一款直接提升阿里云云产品 DDoS 防御能力的安全产品。相比于 DDoS 高防（DDoS High Defense），DDoS 原生防护可以直接将防御能力加载到云产品上，不需要更换 IP 地址，也没有 4 层端口、7 层域名数等限制。DDoS 原生防护部署简易，购买后只需要绑定需要防护的云产品的 IP 地址即可使用，其会在几分钟内生效。

DDoS 高防是阿里云提供的 DDoS 攻击代理防护服务。当用户的互联网服务器遭受大流量的 DDoS 攻击时，DDoS 高防可以保护其应用服务持续可用。DDoS 高防工作原理如图 7-2 所示。

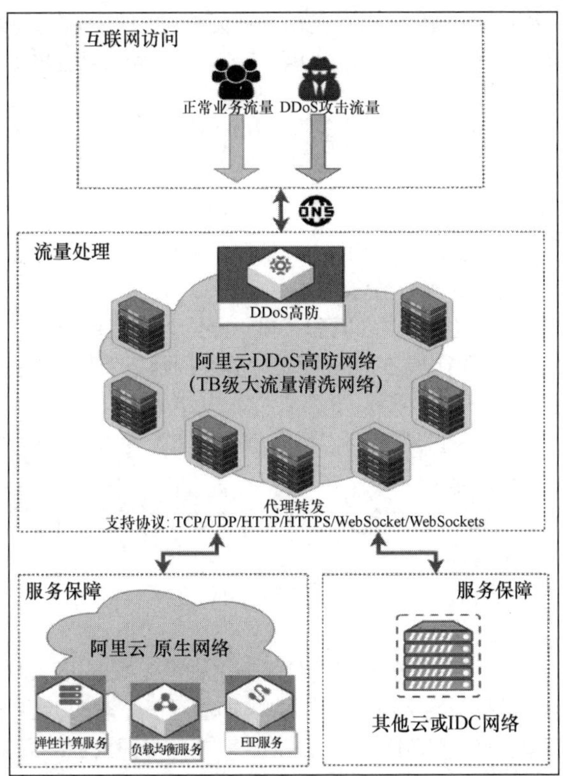

图 7-2　DDoS 高防工作原理

具体来说，DDoS 高防过程主要分为以下 3 个步骤。

① 互联网访问：来自互联网的流量包括正常业务流量和 DDoS 攻击流量，这些流量会进入后续的处理环节。

② 流量处理：阿里云 DDoS 高防网络（TB 级大流量清洗网络）负责处理从互联网进入的流量。该网络中存在多台服务器，具备处理大规模流量的能力。该网络支持多种网络协议，包括 TCP/UDP/HTTP/HTTPS/WebSocket/WebSockets，它能够对不同类型的网络协议流量进行处理。

③ 服务保障：DDoS 高防能够保障进入阿里云原生网络和其他云或 IDC 网络的正常业务流量的安全性，使云服务正常运行。阿里云原生网络包括弹性计算服务、负载均衡服务和 EIP 服务等云服务。经过 DDoS 高防网络处理后的正常业务流量会进入阿里云原生网络，保障云服务的正常运行。DDoS 高防网络同样保障进入其他云或 IDC 网络的正常业务流量的安全性，使其免受 DDoS 攻击的影响。

4. DDoS 原生防护和高防的应用场景、工作原理和特点

阿里云提供了两种防护方案，即 DDoS 原生防护和高防服务，可用于应对不同的 DDoS 攻击场景。

（1）DDoS 原生防护

① 应用场景：DDoS 原生防护适用于大部分应用场景，特别是对小型和中型规模的 DDoS 攻击具有良好的防护效果。

② 工作原理：DDoS 原生防护利用阿里云全球分布式的清洗节点和高性能硬件设备，实时监测和识别 DDoS 攻击流量，并对恶意流量进行清洗和过滤，仅将合法流量转发到用户服务器上。

DDoS 原生防护的特点如下。

① 即时性：DDoS 原生防护能够在几秒内响应并阻止 DDoS 攻击，确保应用的持续可用性。

② 自动化：无须用户干预，阿里云自动为用户启动 DDoS 原生防护服务，确保持续的安全防护。

③ 弹性扩展：DDoS 原生防护能够根据实际攻击流量的变化弹性扩展防护能力，保证防护效果不受限制。

（2）DDoS 高防服务

① 应用场景：DDoS 高防服务适用于面临大规模、持续性和复杂的 DDoS 攻击的高风险应用场景，如金融行业、电商行业、游戏行业等。

② 工作原理：DDoS 高防服务通过在阿里云骨干网络上部署专用的 DDoS 防护设备，提供更高级别的防护能力。这些设备具备更高的清洗能力、更大的网络带宽和更强的抗攻击能力。

DDoS 高防服务的特点如下。

① 定制化：阿里云 DDoS 高防服务可以根据用户的实际需求提供定制化的防护方案，确保针对特定应用场景具有最佳防护效果。

② 大规模防护：DDoS 高防服务具备大规模防护能力，能够抵御数百吉比特/秒的 DDoS 攻击流量，确保应用的持续、稳定运行。

③ 专业支持：DDoS 高防服务提供专业的安全团队支持，可根据攻击情况提供定制化的应急响应和安全分析。

综上所述，阿里云的 DDoS 原生防护和高防服务可根据不同的 DDoS 攻击场景提供相应的防护方案，保护用户的应用和数据安全。DDoS 原生防护适用于一般的 DDoS 攻击场景，而 DDoS 高防服务适用于面临大规模、持续性和复杂的 DDoS 攻击的高风险应用场景。

7.2.4 加密服务

1. 加密服务介绍

加密服务云硬件安全模块（Cloud Hardware Security Module，Cloud HSM）即云密码机，是云上的加密解决方案。加密服务使用经国家密码管理局检测认证的硬件密码机作为服务底层，通过虚拟化技术，帮助用户满足数据安全方面的监管合规要求，保护云上业务数据隐私。借助加密服务，用户能够对密钥进行安全、可靠的管理，也能够使用多种加密算法对数据进行可靠的加解密运算。

加密服务可以帮助用户执行如下密码计算。

（1）生成、存储、导入、导出和管理加密密钥，包括对称密钥和非对称密钥。

（2）使用对称和非对称算法加解密数据。

（3）使用哈希函数计算消息摘要和基于哈希的消息认证码（Hash-based Message Authentication Code，HMAC）。

（4）对数据进行数字签名和验证签名。

（5）生成安全随机数据。

2. 加密服务应用场景

阿里云 Cloud HSM 是一种基于硬件的安全模块服务，用于提供安全的密钥管理和加密操作。Cloud HSM 适用于以下重要应用场景。

（1）将本地机房中的密码机应用迁移到云服务器。当用户将本地机房中的密码机应用迁移到云服务器时，可以直接使用加密服务替代本地机房中的密码机，实现数据的加解密、签名、验签等功能，保护用户的云上数据安全。

（2）金融支付相关领域。例如，在证券、银行支付结算等场景中，用户可以使用金融数据密码机 EVSM（Electronic Virtual Security Module）实现个人识别码（Personal Identification Number，PIN）加密、PIN 转加密等功能，以保护金融数据安全；在网联平台支付清算等场景中，用户可以使用签名验证服务器 SVSM（Sign Virtual Security Module）实现签名、验签、证书解析、证书链验证功能，确保业务的真实性、完整性和不可否认性。

（3）为加密应用提供合规的加解密功能。例如，用户可以借助加密服务为阿里云专属密钥管理服务（Key Management Service，KMS）实现应用系统敏感数据的加解密，为数据库加密应用实现数据库数据的加解密，为文件加密应用实现文件存储的加解密等功能。

综上所述，阿里云 Cloud HSM 服务适用于需要高级密钥管理、数据加密和身份认证等场景。它提供硬件级别的安全性和性能，可用于满足合规性要求、保护敏感数据和提升应用程序安全性。

【项目实施】

任务 7.1 阿里云云防火墙服务实战

云安全服务-项目实施 1

在本任务中，读者需要完成云防火墙试用版的申请，了解攻击防护中的防护配置和高级配置的使用方法，并根据不同的使用场景申请 VPC 防护。

子任务 7.1.1　申请云防火墙

1. 申请云防火墙（网络安全）

使用浏览器访问阿里云官网，使用账号和密码登录。登录成功后，单击页面右上角的“控制台”按钮。在进入的页面中，单击左上角的≡按钮，打开阿里云产品与服务列表。搜索关键词“安全”，在搜索结果中找到“云安全”，并选择云防火墙服务对应的“云防火墙（网络安全）”选项，如图 7-3 所示。

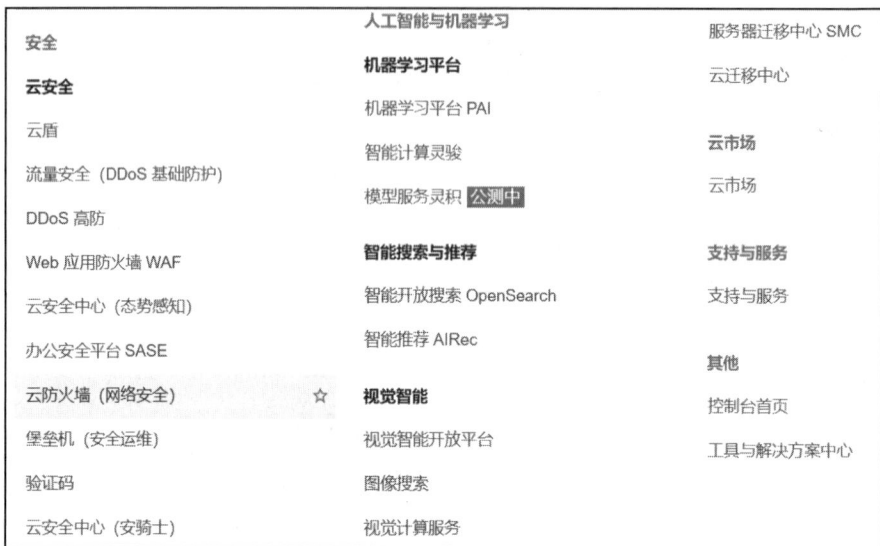

安全

云安全

云盾

流量安全（DDoS 基础防护）

DDoS 高防

Web 应用防火墙 WAF

云安全中心（态势感知）

办公安全平台 SASE

云防火墙（网络安全）☆

堡垒机（安全运维）

验证码

云安全中心（安骑士）

人工智能与机器学习

机器学习平台

机器学习平台 PAI

智能计算灵骏

模型服务灵积 公测中

智能搜索与推荐

智能开放搜索 OpenSearch

智能推荐 AIRec

视觉智能

视觉智能开放平台

图像搜索

视觉计算服务

服务器迁移中心 SMC

云迁移中心

云市场

云市场

支持与服务

支持与服务

其他

控制台首页

工具与解决方案中心

图 7-3　选择“云防火墙（网络安全）”选项

2. 免费使用云防火墙服务

在云防火墙概览页面中，单击右上角的“免费试用”按钮，如图 7-4 所示。

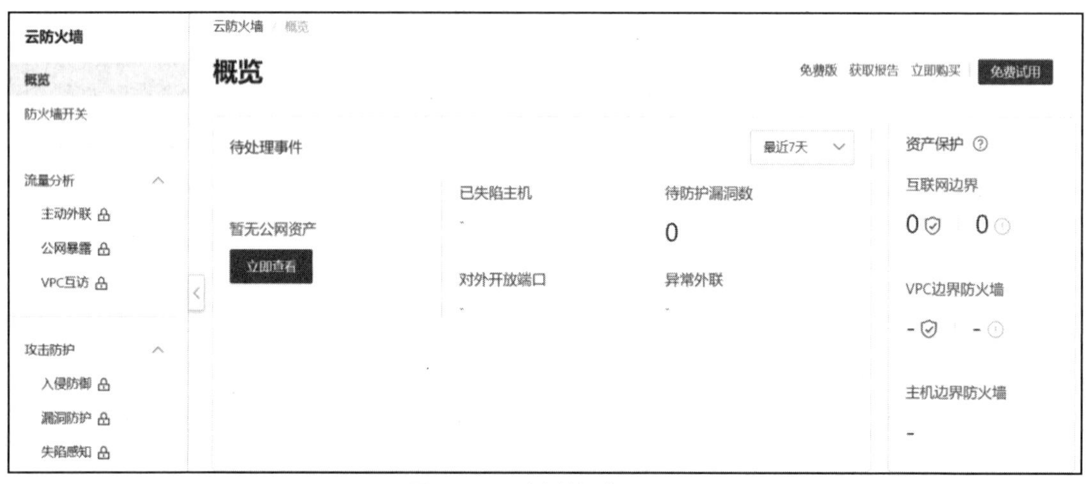

图 7-4　云防火墙概览页面

在弹出的开启云防火墙试用对话框中，用户可获得 7 天云防火墙高级版的试用权限。勾选“创建云防火墙服务关联角色”复选框后，单击“立即开启试用”按钮，如图 7-5 所示。

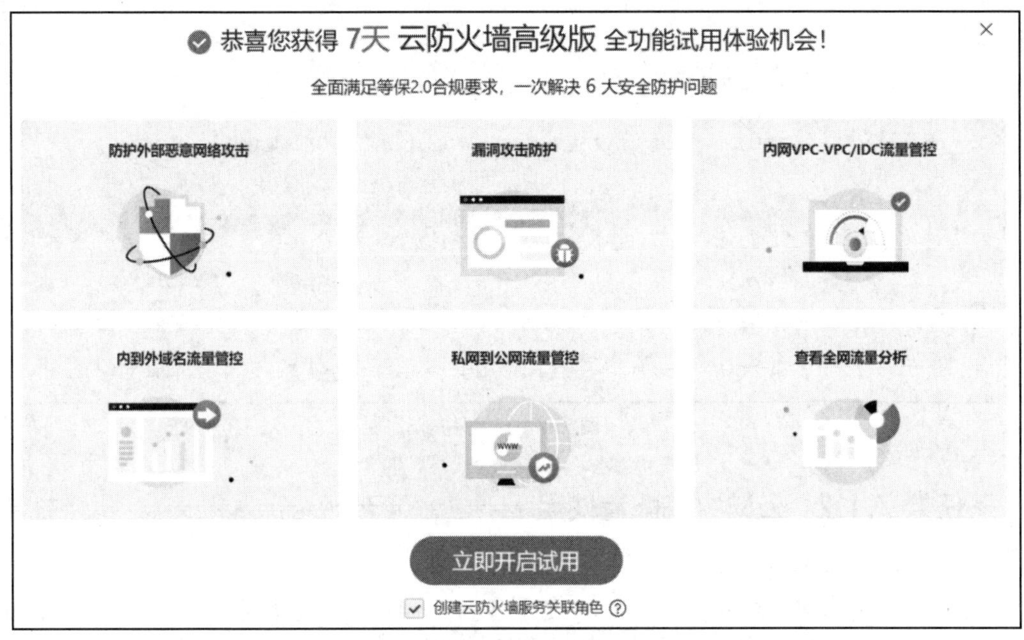

图 7-5　开启试用

等待几秒后，系统将自动返回云防火墙概览页面，如图 7-6 所示。

云防火墙 / 概览
了解云防火墙　常见问题
试用版-高级版　云防火墙等保合规能力　试用引导　获取试用报告
概览
试用期还剩余 6 天
2023年7月16日 14:44
前往购买　更多
概览　流量拓扑可视化
待处理事件　最近7天
暂无风险，云防火墙持续保护中
-
查看攻击趋势
已失陷主机 0
待防护漏洞数 0
对外开放端口 0
异常外联 0
资产保护
互联网边界
0　0
VPC边界防火墙
-　2
主机边界防火墙
-

图 7-6　返回云防火墙概览页面

在云防火墙概览页面中，用户可以看到当前待处理事件以及试用到期时间等。用户可根据待处理事件排查自己的云服务器所受到的威胁。

3. 开启保护

在左侧导航栏中选择“防火墙开关”选项，在“互联网边界防火墙”选项卡中单击“开启保护”超链接，以开启保护，如图 7-7 所示。

图 7-7　开启保护

子任务 7.1.2　云防火墙配置使用

1. 威胁引擎运行模式

在左侧的导航栏中选择“攻击防护”→“防护配置”选项，在防护配置的威胁引擎运行模式区域中，设置威胁引擎的运行模式为“拦截模式-严格”，如图 7-8 所示。

图 7-8　设置威胁引擎的运行模式

对于威胁引擎，可为其配置以下两种运行模式。

（1）观察模式：开启观察模式，对恶意流量进行监控并报警。

（2）拦截模式：开启拦截模式，对恶意流量进行拦截，阻断入侵活动。

针对用户的防护需求，可选择不同严格程度的拦截模式。

① 拦截模式-宽松：防护粒度较粗，主要覆盖低误报规则，适用于业务对误报要求较高的场景。

② 拦截模式-中等：防护粒度适中，介于拦截模式-宽松和拦截模式-严格之间，精准度较高，适用于日常运维的常规防护场景。

③ 拦截模式-严格：防护粒度精细，覆盖全量规则。相比拦截模式-中等，可能会有更高的误报率，适用于对安全防护漏报要求较高的场景。

2. 高级配置

在左侧导航栏中选择“攻击防护”→“高级配置”选项，在防护配置的高级配置中开启“智能防御”，如图 7-9 所示。

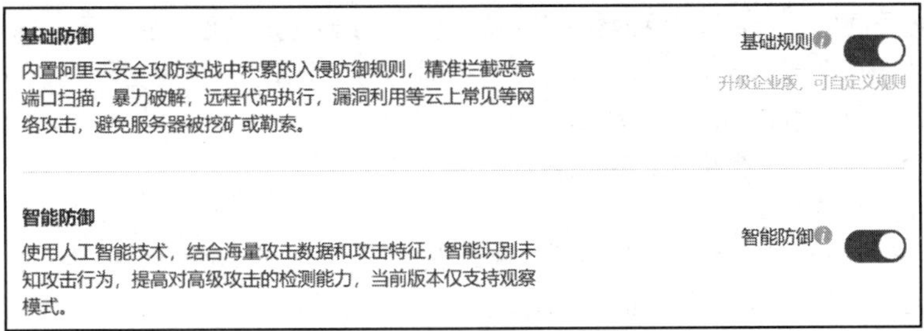

基础防御
内置阿里云安全攻防实战中积累的入侵防御规则，精准拦截恶意端口扫描，暴力破解，远程代码执行，漏洞利用等云上常见等网络攻击，避免服务器被挖矿或勒索。
基础规则
升级企业版，可自定义规则
智能防御
使用人工智能技术，结合海量攻击数据和攻击特征，智能识别未知攻击行为，提高对高级攻击的检测能力，当前版本仅支持观察模式。
智能防御

图 7-9　开启“智能防御”

3. 入侵防御

（1）互联网防护

在左侧导航栏中选择“攻击防护”→“入侵防御”选项，在入侵防御页面中选择“互联网防护”选项卡，可以通过概览查看一段时间内的攻击总数、攻击类型分布及拦截数据，如图 7-10 所示。

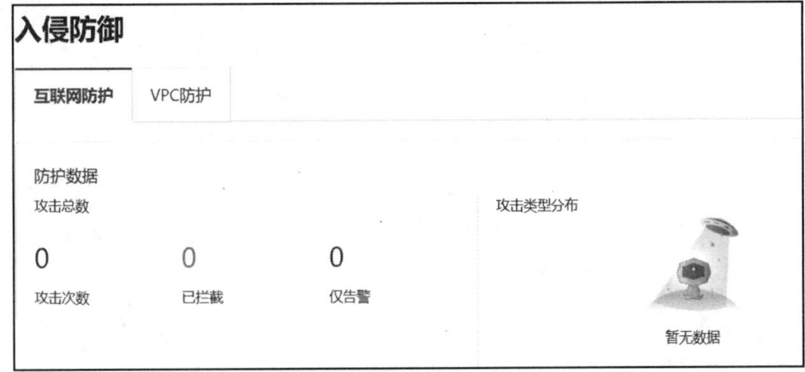

图 7-10　“互联网防护”选项卡

（2）VPC 防护

“VPC 防护”选项卡中展示了云防火墙拦截到的 VPC 网络之间的 VPC 拦截事件信息。用户可以查看指定时间段内 VPC 拦截事件的名称、风险级别、攻击类型、攻击载荷等详细信息。

对于 VPC 防护，需要将基础的 DDoS 防护服务或流量安全服务升级为不同版本后才能使用此功能。由于场景费用原因，此处仅介绍 VPC 服务的购买流程，不涉及实际使用过程。

在“VPC 防护”选项卡中，单击“立即升级”按钮，如图 7-11 所示。

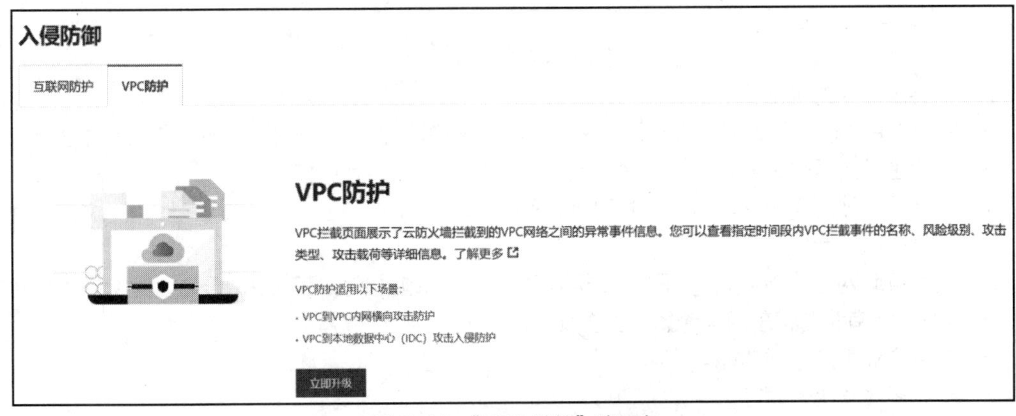

图 7-11　“VPC 防护”选项卡

在立即升级页面中，提供了 3 种类型的版本，分别为高级版、企业版和旗舰版。每一种类型的版本对应不同的防护功能，所支持的地域也有所不同，并且费用存在一定差异。图 7-12、图 7-13、图 7-14 所示为不同版本之间的单月费用。

下面对几个版本的具体特点进行描述。

① 高级版的特点如下。

- 提供互联网边界防火墙，帮助小型企业或机构实现云上公网资产的出向和入向流量安全保护，包括 EIP 地址、ECS 公网 IP 地址、SLB 等。
- 支持对公网资产实现 4～7 层访问控制，包括基于 IP 地址、域名、地理位置等的策略管控。
- 支持网络流量分析，可以及时发现主动外联和公网暴露的风险。
- 支持出向和入向攻击防御，包括命令执行、反弹 Shell、数据库攻击、挖矿木马、病毒蠕虫等。
- 支持漏洞防护、威胁情报和失陷感知等高级威胁检测防护能力。

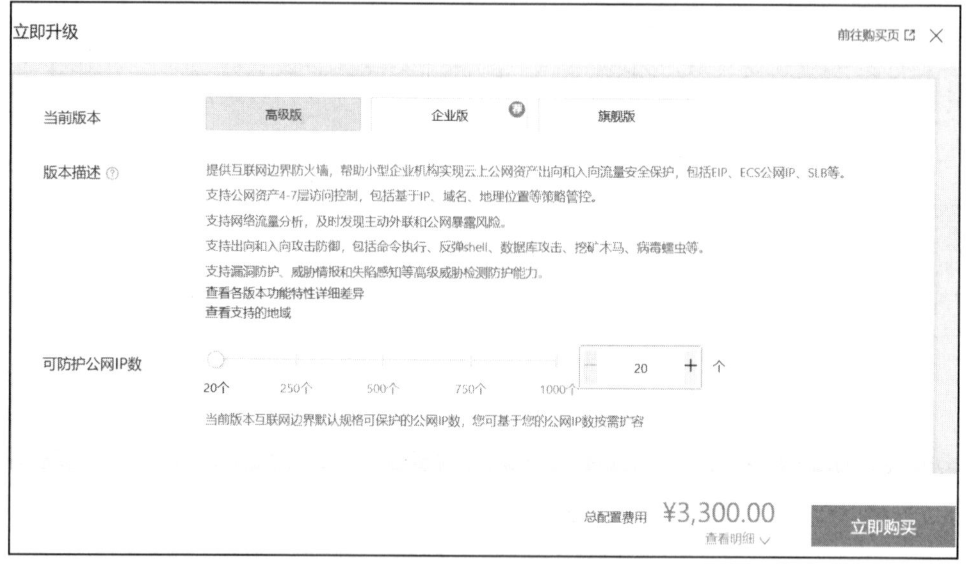

图 7-12 高级版单月费用

② 企业版的特点如下。

- 提供互联网边界防火墙、VPC 边界防火墙、主机边界防火墙功能，帮助中大型企业或机构实现云上南北向和东西向流量的安全保护。
- 帮助用户全面满足云上网络资产的等保合规要求。
- 支持高级版的全部功能。
- 支持 VPC 边界防火墙，提供跨 VPC 互访流量的访问控制、横向攻击防护、流量分析。
- 支持主机边界防火墙，包括安全组检查、微隔离可视化等功能。
- 支持防护规则自定义、流量拓扑可视化等功能。

③ 旗舰版的特点如下。

- 提供互联网边界防火墙、VPC 边界防火墙、主机边界防火墙功能，帮助大型和超大型企业或机构实现云上南北向和东西向流量的安全保护。
- 支持企业版的全部功能。
- 支持多账号统一管控。
- 支持云企业网环境下多账号间 VPC 互访的隔离防护。

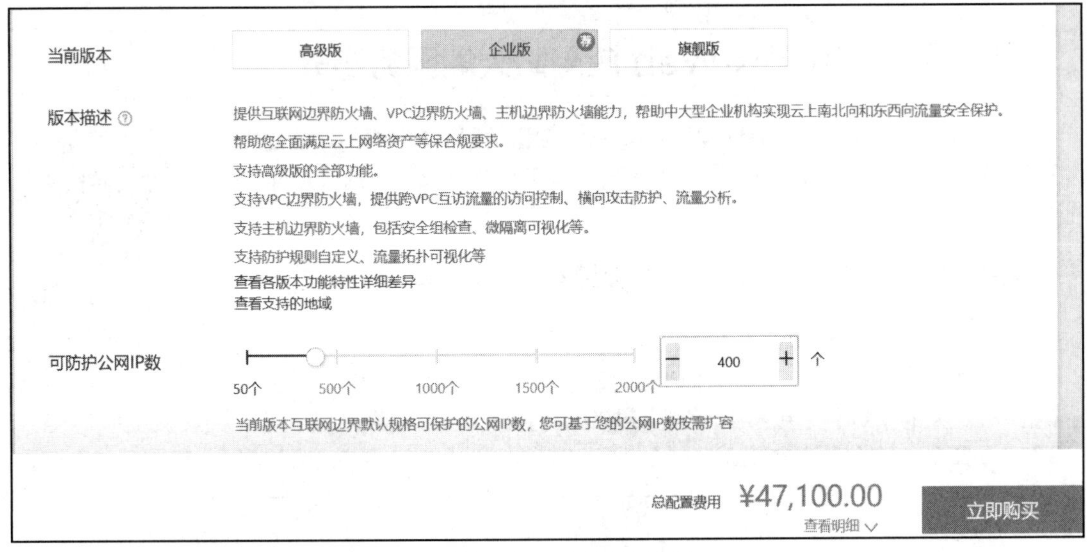

图 7-13　企业版单月费用

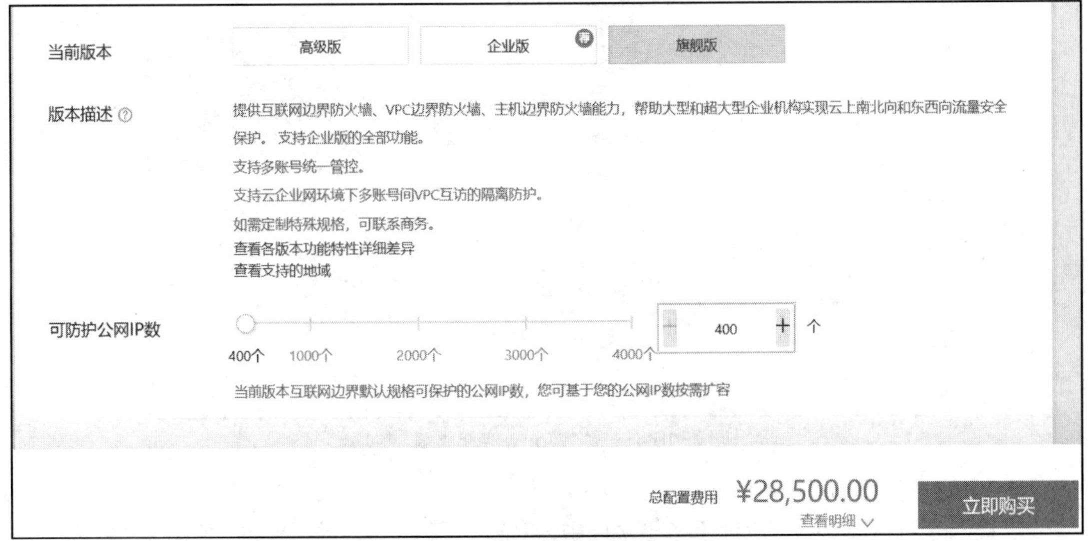

图 7-14　旗舰版单月费用

用户可根据实际使用场景选择合适的防护版本，并配置购买的防护能力规格。配置完成后，需要勾选云防火墙服务协议对应的复选框，并单击“立即购买”按钮。

4．释放服务

当前使用的云防火墙为试用版。用户体验完毕后，可按照以下步骤将其释放。

在左侧导航栏中选择“概览”选项，在页面右上角选择“更多”→“释放”选项，如图 7-15 所示，并在弹出的对话框中单击“确定”按钮即可完成释放。

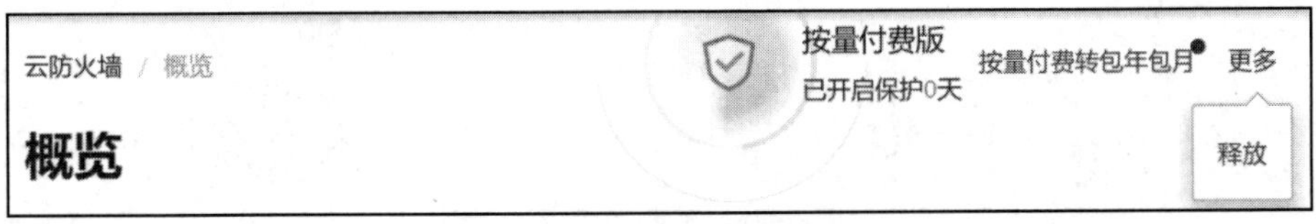

图 7-15　选择“释放”选项

任务 7.2　阿里云 Web 应用防火墙服务实战

在本任务中，读者需要完成阿里云 Web 应用防火墙的申请，并学会如何将云服务器实例接入 Web 应用防火墙 3.0，以及如何根据场景配置防护模板和规则。

云安全服务-项目实施 2

子任务 7.2.1　Web 应用防火墙服务的申请

1. 申请 Web 应用防火墙

使用浏览器访问阿里云官网，使用账号和密码登录。登录成功后，单击页面右上角的“控制台”按钮。在进入的页面中，单击左上角的≡按钮，打开阿里云产品与服务列表，搜索关键词“安全”，找到“云安全”，并选择 Web 应用防火墙服务对应的“Web 应用防火墙”选项，如图 7-16 所示。

图 7-16　选择“Web 应用防火墙”选项

2. 开通按量付费

在进入的 Web 应用防火墙服务欢迎页面中，单击“开通按量付费”按钮，如图 7-17 所示。

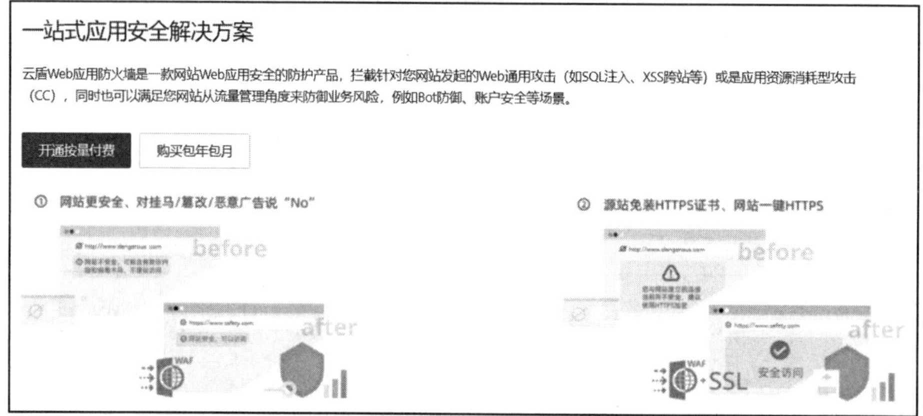

图 7-17　开通按量付费

在进入的配置页面中，配置付费模式为“按量付费”，地域为“中国内地区域”，WAF 版本为默认的“按量 3.0”，将流量计费保护阈值调整为“100000QPS”，如图 7-18 所示。

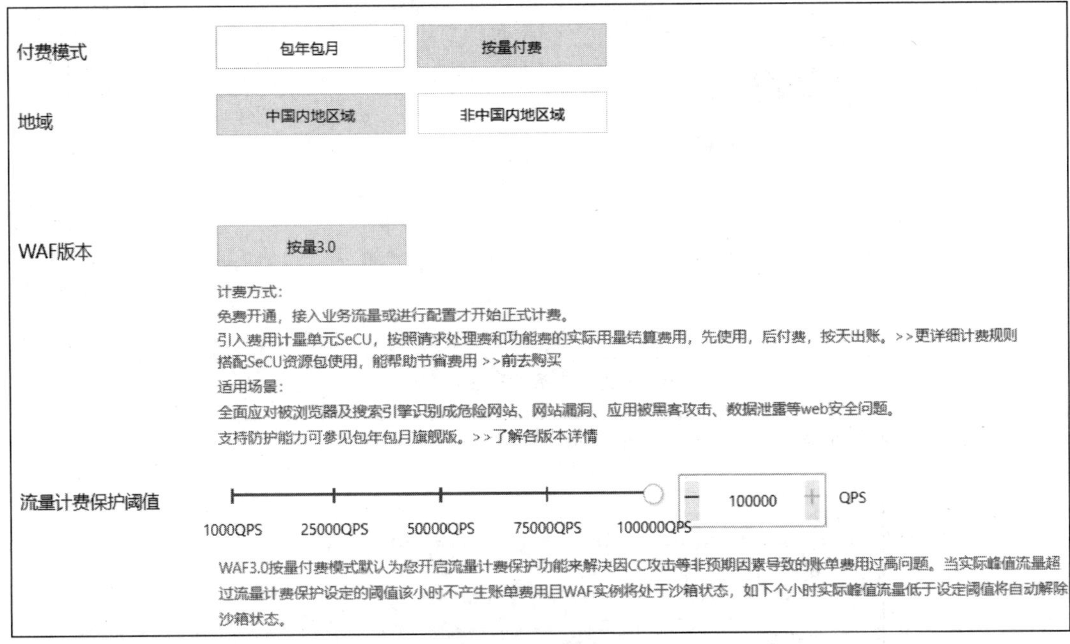

图 7-18　配置页面

配置完成后，勾选《Web 应用防火墙 3.0（按量付费）服务协议》对应的复选框，并单击“立即购买”按钮。

子任务 7.2.2　Web 应用防火墙服务的配置和使用

1. 接入 Web 应用防火墙 3.0

开通按量付费后，在进入的接入管理页面中，选择左侧导航栏中的“接入管理”选项，如图 7-19 所示。

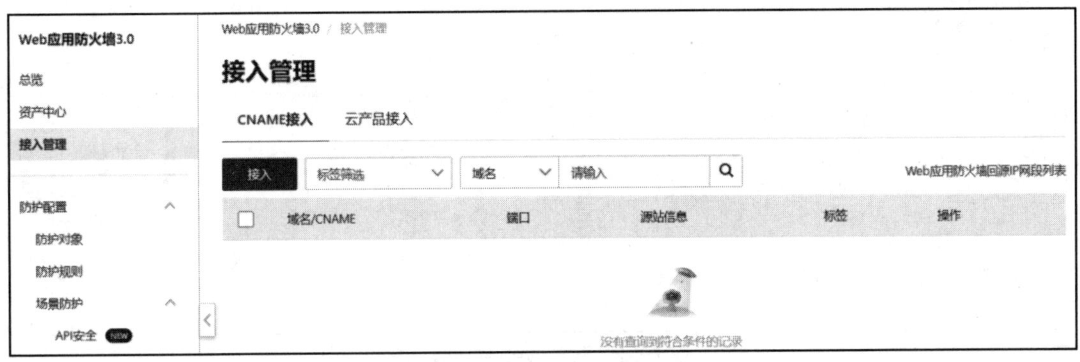

图 7-19　接入管理页面

在接入管理页面中选择“云产品接入”选项卡，在左侧导航栏中选择“ECS”选项，如图 7-20 所示。

单击“接入”按钮，进入接入配置页面，在接入配置页面中单击“添加端口”按钮，在弹出的

“添加端口”对话框中配置端口为“80”，协议类型为“HTTP”，如图 7-21 所示。如果使用 HTTPS，则需要上传证书。配置完成后单击“确定”按钮。

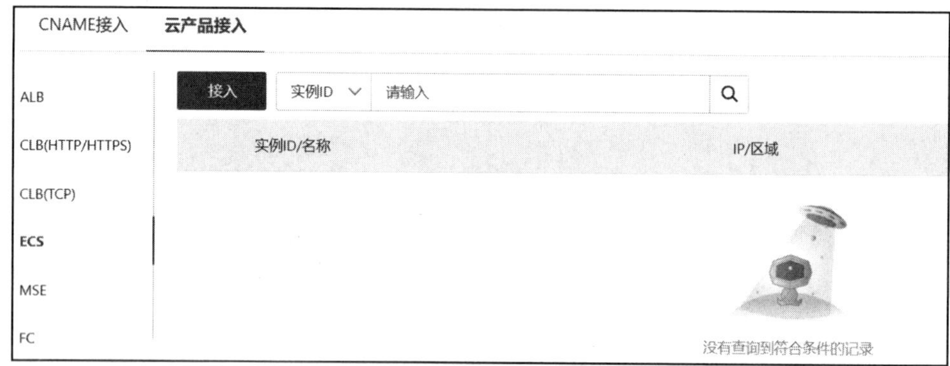

图 7-20　选择“ECS”选项

添加端口

* 端口

80

* 协议类型

HTTP　HTTPS

确定　取消

图 7-21　“添加端口”对话框

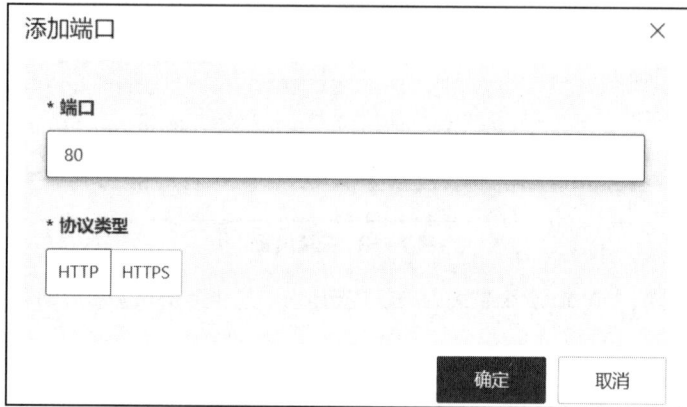

设置 WAF 前是否有七层代理（如高防/CDN 等）为“否”，其他选项均保持默认，如图 7-22 所示，配置完成后，单击“确认”按钮。

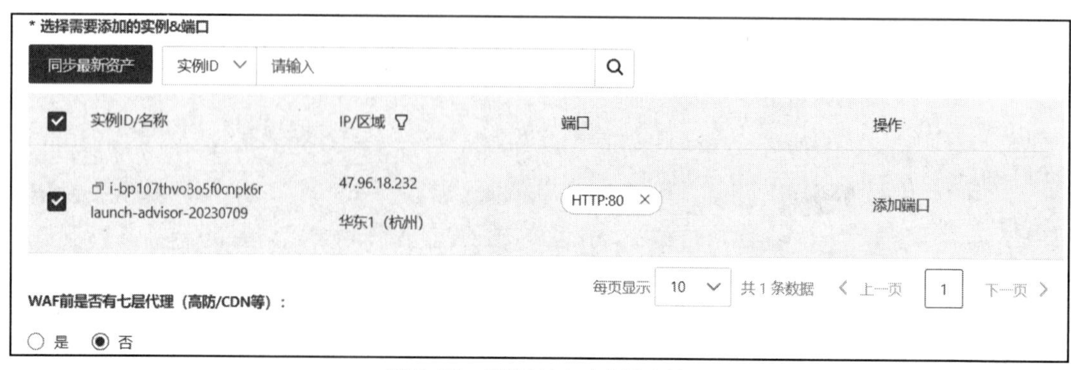

图 7-22　配置 Web 应用防火墙

2. 查看防护对象

将 ECS 接入 Web 应用防火墙 3.0 后，返回总览页面。选择“防护配置”→“防护对象”选项，可以在防护对象列表中查看 Web 应用防火墙接入的 ECS 实例，如图 7-23 所示。

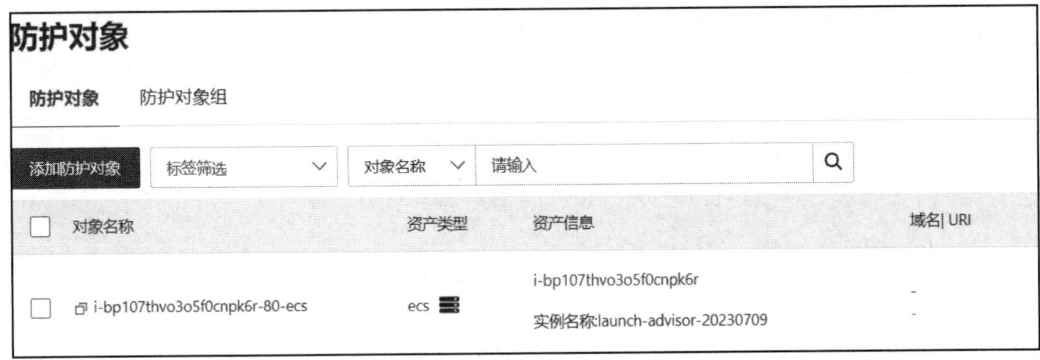

图 7-23　防护对象列表

3. 配置防护规则

选择“防护配置”→“防护规则”选项，在防护规则页面的基础防护规则中，单击“新建模板”按钮，如图 7-24 所示。

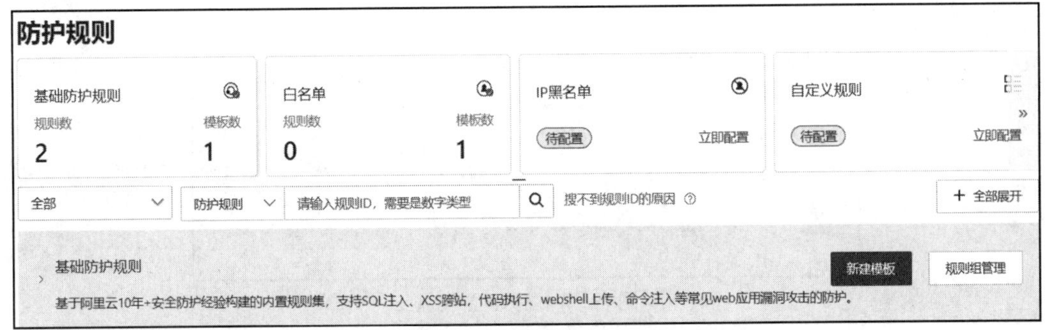

图 7-24　防护规则页面

在配置模板页面中，配置模板名称为“Protect-1”，规则动作为“拦截”，规则组类型为“默认”“严格规则组”，如图 7-25 所示。

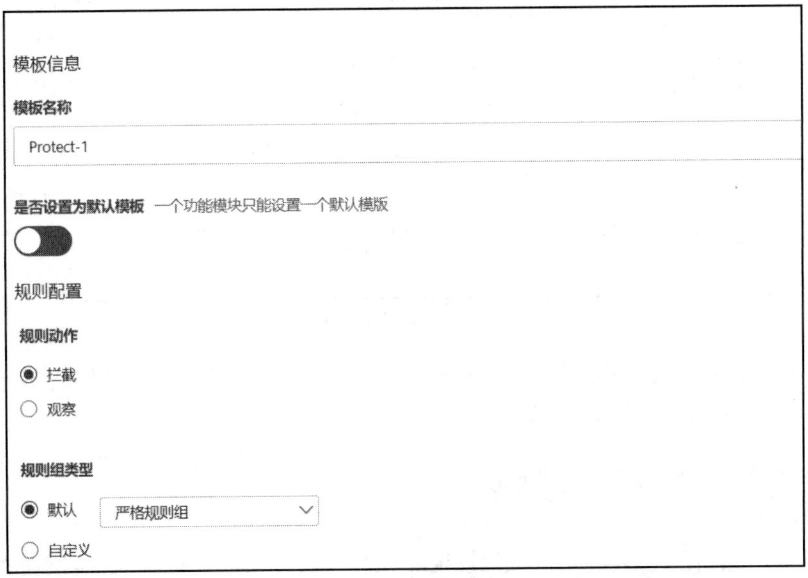

模板信息
模板名称
Protect-1
是否设置为默认模板　一个功能模块只能设置一个默认模版
规则配置
规则动作
拦截
观察
规则组类型
默认　严格规则组
自定义

图 7-25　配置模板页面

继续配置语义引擎的规则动作为“拦截”，并启用“非注入型攻击检测”，如图 7-26 所示。

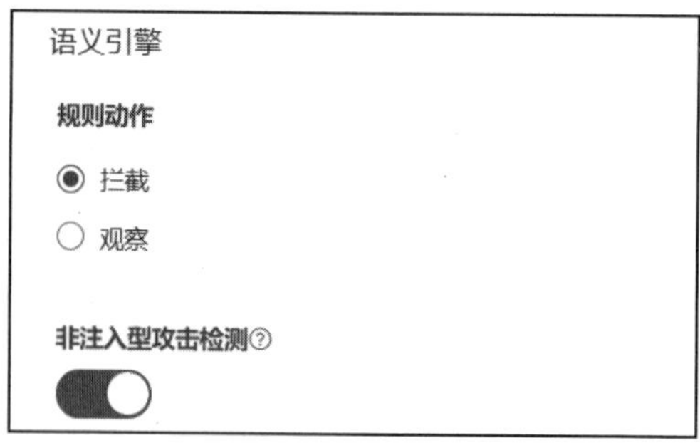

图 7-26　语义引擎配置

继续配置生效对象，勾选防护对象中的 ECS 实例对应的复选框，其他选项均保持默认，如图 7-27 所示，并单击“确认”按钮。

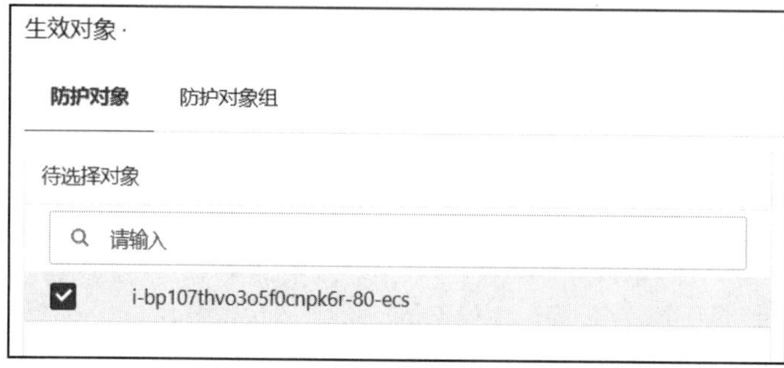

图 7-27　生效对象配置

4. 查看防护规则

防护规则配置完成后，返回防护规则总览页面，可以查看配置的模板及防护对象。防护对象的数量为 1，因为暂时没有配置防护对象组，所以防护对象组的数量为 0，如图 7-28 所示。

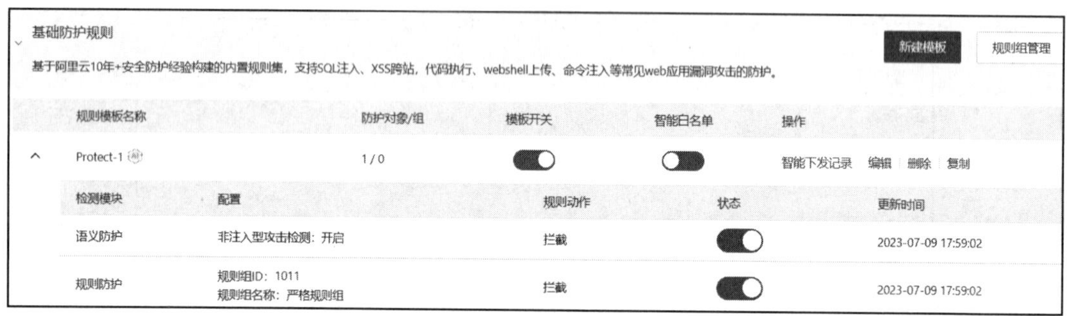

图 7-28　防护规则总览页面

此外，阿里云 Web 应用防火墙服务还拥有安全运营功能（安全报表、日志服务、安全报警），用户可以结合这些功能实现更加全面的防护效果。

任务 7.3　加密服务实战

在本任务中，读者首先需要完成阿里云加密服务的申请，并学会申请试用加密服务集群的方法，以及对加密集群进行初始化操作；其次需要学会如何按照阿里云官方步骤在测试环境中使用加密服务。

子任务 7.3.1 加密服务的申请

云安全服务-项目实施 3

1. 申请加密服务

使用浏览器访问阿里云官网，使用账号和密码进行登录，登录成功后，单击页面右上角的“控制台”按钮，并在进入的页面中单击左上角的☰按钮，打开阿里云产品与服务列表，搜索关键词“安全”，找到“数据安全”，并选择加密服务对应的“加密服务”选项，如图 7-29 所示。

数据安全
数据安全中心
数据库审计
加密服务 ☆
密钥管理服务
数字证书管理服务（SSL 证书）
蚂蚁隐私计算服务平台
智能工业·工业视觉智能
货架商品识别与管理
全息空间
图像检测
文字识别 OCR
自然语言处理
自然语言处理

图 7-29 选择“加密服务”选项

2. 创建密码机实例

在进入的页面中单击“申请试用加密服务集群”按钮，在进入的页面中配置试用的地域为“华东 1（杭州）”，可用区为“杭州 可用区 G”，密码机型号为“GVSM”，如图 7-30 所示。

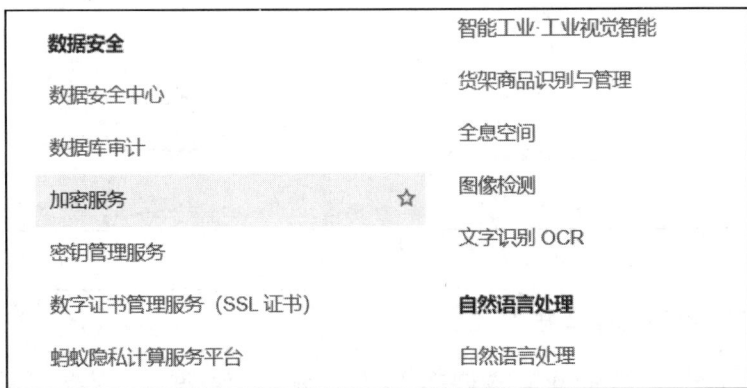

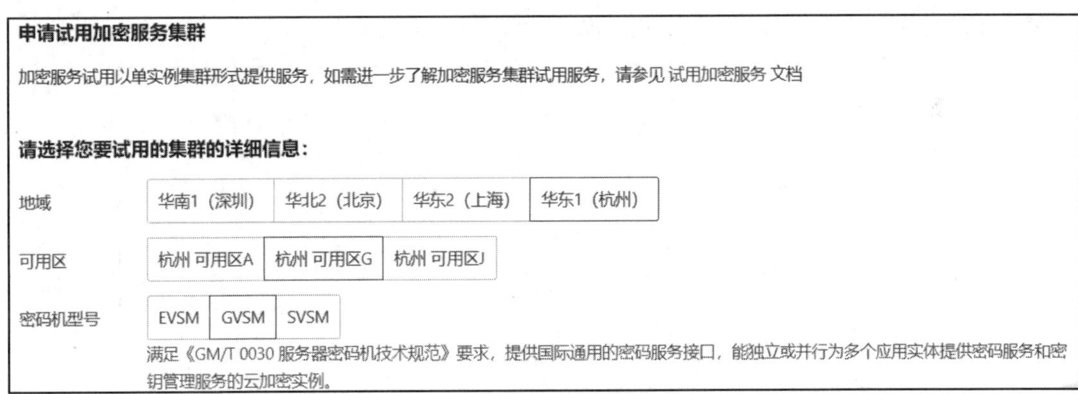
申请试用加密服务集群
加密服务试用以单实例集群形式提供服务，如需进一步了解加密服务集群试用服务，请参见 试用加密服务 文档
请选择您要试用的集群的详细信息：
地域
华南1（深圳）
华北2（北京）
华东2（上海）
华东1（杭州）
可用区
杭州 可用区A
杭州 可用区G
杭州 可用区J
密码机型号
EVSM
GVSM
SVSM
满足《GM/T 0030 服务器密码机技术规范》要求，提供国际通用的密码服务接口，能独立或并行为多个应用实体提供密码服务和密钥管理服务的云加密实例。

图 7-30 设置集群的详细信息

继续配置 VPC 信息，VPC 选用已创建的“vpc-bp1mks2k5e4m5vhl7swpf”，交换机选择“192.168.1.0/24”，并勾选加密服务试用服务协议对应的复选框，如图 7-31 所示。配置完成后，单击“创建试用集群”按钮。

3. 激活集群

在跳转页面下方，单击“一键初始化主密码机实例”按钮，弹出“初始化密码机实例并激活集群”对话框，如图 7-32 所示，根据提示完成密码机初始化及集群激活操作。需要注意的是，使用一键初始化功能时，用户的密码机必须是通用密码机 GVSM，且没有使用 USB 密钥（UKEY）的需求，初始化时间大约为 5 分钟。

为帮助您快速完成集群网络配置，请设置VPC及交换机信息，我们根据您设置的交换机自动为实例分配IP地址

VPC

vpc-bp1mks2k5e4m5vhl7swpf

如需新建专有网络，请到 专有网络控制台 创建

交换机

192.168.1.0/24

如需新建子网，请到 专有网络控制台 创建

试用时长　14天
如需继续使用，请及时续费。请注意：使用资源到期即刻停机并释放

试用实例数量　1台
如需使用更多实例，您可以在集群激活后点击"购买扩容集群"添加实例

我已阅读并同意加密服务试用服务协议。

图 7-31　VPC 配置

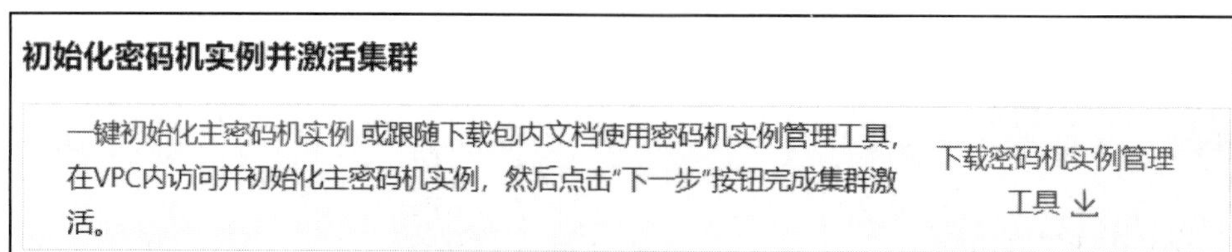

图 7-32　“初始化密码机实例并激活集群”对话框

初始化完成后，在实例的功能中再次单击“初始化”按钮，在弹出的“初始化实例”对话框中可看到初始化状态为“已初始化”，如图 7-33 所示。单击“确定”按钮。

图 7-33　“初始化实例”对话框

子任务 7.3.2　在测试环境中使用加密服务

在密码机软件包中找到密码机的开发手册、软件开发工具包（Software Development Kit，SDK）、测试程序等。用户可以参考开发手册，调用 API 使用密码机实例。用户可以在加密服务控制台的实例列表页面中，单击目标密码机实例的规格列，在弹出的面板中单击“下载密码机实例管理工具”按钮，如图 7-34 所示。下载并解压该工具后，即可得到密码机软件包。

图 7-34　单击“下载密码机实例管理工具”按钮

以通用密码机 GVSM 为例，在解压后的阿里云加密服务 GVSM 软件包/SDK/JAVA/服务器密码机接口资料/测试 demo 目录中找到测试用例 APITest.java，使用该测试用例测试密码机实例。

【项目小结】

本项目主要带领读者学习如何使用阿里云云防火墙和 Web 应用防火墙，以及如何创建加密服务，使读者能够灵活运用这些云产品。

通过本项目，读者可以了解阿里云为用户提供的全方位安全服务。这些安全服务可以帮助用户降低云安全风险，提高数据和应用的安全性，并提供更直观、易用的安全管理界面，使用户能够更方便地管理和监控云安全。

【拓展知识】

云安全领域正不断涌现创新技术。同态加密是一大亮点，它允许在密文上直接进行计算，计算结果解密后与直接使用明文计算得到的结果相同。同态加密能够在不暴露数据的情况下实现数据处理，适用于对数据安全性要求高的数据分析等场景。阿里云也在探索其应用，助力数据隐私保护与合规利用。在网络安全层面，软件定义边界（Software Defined Perimeter，SDP）技术兴起。它基于零信任理念，只有经过身份认证和授权的设备与用户才能访问特定资源。SDP 能够动态调整访问权限，有效抵御外部攻击与内部威胁。阿里云正逐步将 SDP 融入云安全体系，强化网络访问控制。此外，人工智能技术在威胁检测方面的应用愈发成熟。通过机器学习算法可以分析海量网络数据，精准识别异常行为与潜在威胁，如识别新型恶意软件、异常流量模式等。阿里云利用人工智能技术持续提升威胁检测的准确性与及时性，为云环境筑牢了安全防线。

【知识巩固】

1. 为了提升云上账号的安全性，建议用户在管理云服务时遵循一些基本原则，（　　）不属于建议的基本原则。

A. 匿名登录　　B. 登录验证　　C. 账号授权　　D. 授权分配

2.（　　）服务可以用来发现潜在的入侵和高隐蔽性攻击，回溯攻击历史，预测即将发生的安全事件。

A．安骑士　　　　B．Web 应用防火墙

C．态势感知　　　　D．云监控

3．阿里云安全体系的核心是什么？

4．使用阿里云云防火墙服务的优势是什么？

【拓展任务】

1．在“华东 2（上海）”地域使用阿里云流量安全（DDoS 原生防护）服务。

2．在此服务中新建策略，设置策略名称为“Rules”，策略类型为“IP 防护策略-触发模式”。